金融理论与实务研究

池启水　著

知识产权出版社

图书在版编目(CIP)数据

金融理论与实务研究/池启水著．—北京:知识产权出版社,2005.9

ISBN 7-80198-429-3

Ⅰ.金…　Ⅱ.池…　Ⅲ.金融—研究　Ⅳ.F830

中国版本图书馆 CIP 数据核字(2005)第 097026 号

内容提要

本书分为上、中、下三篇。上篇为“金融概论”,确立全书基调并对我国银行信用建设、利率市场化改革、金融机构建设等课题进行研究;中篇为“金融运行”,阐释、分析货币政策及金融四大主业运行问题;下篇为“金融创新与金融安全”,针对我国金融风险状况,提出金融创新、防范和化解金融风险的思路。在研究金融理论与实务的同时,作者强调悉心洞察生活,深切感悟人生。

金融理论与实务研究

作　　者:池启水

责任编辑:宋　云

出版发行:知识产权出版社

社　　址:北京市海淀区马甸南村 1 号	邮　　编:100088
网　　址:http://www.cnipr.com	电子信箱:zscq-bjb@126.com
电　　话:(010)82000860 转 8324	传　　真:010-82000890
印　　刷:知识产权出版社电子制印中心	经　　销:新华书店及相关销售网点
开　　本:850mm×1168mm　1/32	印　　张:12.875
版　　次:2005 年 10 月第一版	印　　次:2009 年 2 月第 3 次印刷
字　　数:321 千字	定　　价:48.00 元

ISBN 7-80198-429-3/F·039

如有印装质量问题,本社负责调换。

谨以此书献给至亲最爱的父母。预祝父亲池宗蔚80岁生日快乐安康；祈盼后王山坡小草常青，细水长歌，慈母张凤娇魂安梦甜！

序

1991年，邓小平同志在上海视察时说："金融很重要，是现代经济的核心。金融搞好了，一着棋活，全盘皆活。"在2002年2月召开的全国金融工作会议上，江泽民同志阐述了"金融是现代经济的核心"的思想内涵。

近25年来，全球共有120多个国家曾经发生严重的金融风险和危机，这些国家为此付出了惨重的代价，为解决金融问题所直接耗费的资金高达3000多亿美元，金融安全问题显然已经成为国家经济安全的核心；1998年以来，我国实施了积极的财政政策和稳健的货币政策，在内有百年一遇洪灾肆虐、外有亚洲金融风暴威胁的内忧外患中，国民经济继续保持快速增长，成为世界经济的"一朵奇葩"，金融已成为成功调节我国宏观经济的重要杠杆；长期以来，金融市场引导着生产要素的流向和流量，并促进储蓄向投资的转化，金融在我国经济资源配置中发挥着日趋关键的作用。

加强金融理论研究和实践探索，是时代赋予我们的神圣使命。

《金融理论与实务研究》在金融理论和实务的探讨上作了许多有益的尝试。该书具有两个相对突出的特征。其一，作者看问题的角度比较新颖、独到，书中有许多值得借鉴与引发进一步思考的观点和看法。比如，在第十章《金融混业经营》中，作者建立了全新的"混业经营福利增进数量模型"，用数学方法从定量的角度探讨分业、混业"孰优孰劣"的问题，提出："该国分业经营的损失是巨大的，采用混业经营可使该国福利得到增进，并且模式切换后带来的巨额福利增进,可以用货币单位表示并计算出来,作为金融当局经营模式决策的重要依据。”从而避免了这一课题定性分析所产生的“公说公有理,婆说婆有理”的尴尬局面。其二,本书的总体架构主要由金融理论与金融实践两大模块组成,理论阐释与实务分析结合紧密。各章通常是在阐述相关金融理论的基础上,对我国金融实践中的相关课题进行深入研究。例如,在第七章《信托运营》中,作者从古罗马的“遗产信托”、英国的“尤斯制”和“双重用益”入手,解读信托内涵,既而对美、日信托业进行解析,最后,分析我国信托业的发展策略。

从人生的高度审视金融问题,是该著作的其中一条主线。作者一直主张“以‘出世’的心态做‘入世’的事情”。在研究金融相关具体问题的同时,强调对生活的洞察、对人生的领悟。“惟有如此,金融学研究才有意义,我们的努力才不至于失去方向。”也正是源于这一基调,作者将“树立正确的货币观”、“端正资本运作观念”等置于十分显要的位置。从某种意义上讲,这同时也是书中某些观点新颖性产生的思想基础。例如,传统的货币理论研究,一般从货币起源入手,研究货币作为一般等价物的本质。《金融理论与实务研究》则另辟蹊径,从“避免成为贫穷的有钱人”等角度剖析货币,具有一定的现实意义。对几种典型的错误货币观的探讨也是比较深刻的。文中对公益博彩业的观点,值得我们进行认真思索。对我国现实生活中“人际关系”的理解,对资本实际操作的观点,等等,均体现了这一基调并具有一定的参考价值。

池启水的新作《金融理论与实务研究》尽管在内容上并无穷尽推敲之处,但我深信:对广大读者来说,肯定是开卷有益的。

吴慎之

2005 年 10 月

前　言

我们赖以生存的星球日行数万公里，高速运转。我们的工作、生活节奏如同这个星球运行一般，人们终日奔波，忙忙碌碌。

“忙”，已经成为出现频率最高的词语。我们忙，忙得没有时间回家吃饭；我们忙，忙得一再压缩并不富足的睡眠时间；我们忙，忙得当中一些人壮志未酬就已“过劳而死”；我们忙，忙得没有空闲和父母多说一句话；我们忙，忙得没有工夫思考：为什么自己总是这么忙？许多人也似乎忙得其所：房子的面积不再小了，自行车因小轿车的到来光荣“退休”了，等等。然而，忙碌之中，人与人之间似乎也冷漠了许多，邻居相熟而不相识，同事相助而不相交……

行色匆匆，担心带来人类情感的缺位。失去人类情感的社会不能称其为人类社会，最多只是一个行尸走肉者的部落。

世间何物如此多娇，引无数“英雄”竞折腰？

过去，无数仁人志士或南征北战、或奔走呼号，为的是人类的解放。他们真正读透了人生，懂得人类情感的分量，并为维护人类情感而前赴后继，为人类社会成为人类社会而忙碌匆匆。他们身上有太多太多的爱恨情仇，他们始终沐浴着人类的情感而忙碌，他们一个个匆匆离去，伟岸的身影是我们这个生物种群的希望。今天，不少人仍秉承先辈遗志忘我工作，但是，不为此目标或根本不知目的而忙碌的人与日俱增。现实生活中，我们看到形形色色的金融奴隶，他们似乎充满“智慧”，“游刃有余”地穿梭于金融市场。其实，很多人充其量只不过是“智慧的愚者”。他们或疯狂地利用自己的"金融智慧"非法交易，最终身陷囹圄，财去人空；或天良未泯，仅埋头于合法买卖，然而，一些人除了买卖还是买卖，终日将躯壳在金融市场里提来送去，一辈子从来就没有到过人间。

人类社会早已步入货币时代、金融时代，金钱已经影响到人们生活的方方面面。金钱，当之无愧地成为许多人梦寐以求的东西。在这些人眼里，金钱成了花天酒地的门票，金钱成了驱逐孤独的工具。况且，这个社会还有许多吸引这些人的诱惑——"权力"、"成就"、"尊贵"等，不一而足。毋庸置疑，我们生活的时代是一个百家争鸣的时代，神鬼共舞的时代。各种流派的思想、观念或者看法激烈碰撞，折射出色彩各异的金钱光环。熙攘尘世中，劳动者的金钱与金钱的劳作者同在。

金钱与人生的课题，由此不容我不去思索。我们探讨货币问题，同样是出于避免成为金钱奴隶的需要，是基于避免成为贫穷的有钱人的必需。因此，研究经济问题，必须首先研究金钱与人生的关系问题，从人生的高度俯视人类自身创造的货币。为此，《金融理论与实务研究》将"树立正确的货币观"放在了开篇的重要位置，并将此灵魂贯穿全书始终。

金融问题也好，财政课题也罢，我们研究它们，最终目的是要它们为我们所用。面对金融，我们只有两种选择——成为主人或者奴隶。欲成为真正的主人，必须始终明确并牢记人类研究金融课题、从事金融实务的初衷。惟有如此，金融研究与实践才有意义，我们的努力才不至于失去方向！

《金融理论与实务研究》分为上、中、下三篇。上篇为"金融概论"，确立全书基调并对我国银行信用建设、利率市场化改革、金融机构建设等课题进行研究；中篇为"金融运行"，阐释、分析货币政策及金融四大主业运行问题；下篇为"金融创新与金融安全"，针对我国金融风险状况，提出我国金融创新、防范和化解金融风险的思路，并主要从金融创新和风险规避两个角度，进行金融混业经营研究。笔者在各篇章中，或借鉴其他国家相关经验教训，或根据对理论的领会、对现实社会的调查与思考，提出自己的看法。

池启水

2005 年 10 月

目　　录

上篇　金融概论

中篇　金融运行

下篇　金融创新与金融安全

上篇 金融概论

人，是生而自由的，却无往不在枷锁之中，那些想成为一切主人的人，却往往沦为奴隶。

——卢　梭

第一章 货 币

一、树立正确的货币观

（一）典型的错误货币观

1. “金钱有害”。英文单词“Galaxy”是“银河系”的意思，同时也可以翻译为“一群地位显赫者”。的确，在银河系中，有许多“地位显赫者”。例如，火星“Mars”同时也指“战神”，金星“Venus”同时也指“爱神”，等等，都是神仙一级的东西。总之，太阳系中的七大行星以及许多卫星的名字和神的名字都有对应关系。其中，冥王星“Pluto”对应的是希腊神话中的冥王哈德斯，他不但是死亡之神，而且是财富之神。1978 年，天文学家发现了冥王星还有一颗卫星，就以查任命名。在古希腊神话中，查任是冥河上的船神，他负责把死者的灵魂渡往冥府——死亡之地（同时也是财富丰饶之地）。

作为唯物论者，笔者自然不会相信行星、卫星都是神的说法，但我认为，西方神话以冥王星为载体，紧紧地将“死亡”和“财富”联系在一起，是有其深刻社会、文化原因的。这反映了人们视财富为祸根的思想，是“金钱有害”论的具体表现。

西方还广泛流传着《米达斯国王的金手指》、《木马赢家》的故事。米达斯国王具有点石成金的本领，他的手指把一切（包括他最心爱的女儿）都变成了金子，最后他后悔不已；而在《木马赢家》中，主人公保罗为其母一次又一次地赢得了货币，但是却付出了无法享受母子亲情的高昂代价。许多人将这些故事作为经典在心头珍藏,原因之一就在于他们潜意识中认为"金钱有害"。

法国著名教士、作家波舒埃(1627～1740)说:"在魔鬼给人类制造的所有障碍中,没有比财富更难以攻克的。"

1952年,戴高乐说:"长期以来,金钱是我惟一的对手,也是全法国人民惟一的对手。"

1971年弗朗索瓦·密特朗说:"钱可以用来行贿,可以用来收买,也可以用来搞垮对手。金钱主宰着一切,直至腐蚀人的意志。"

三个多世纪以来,一些人就是这样不停地批判着金钱,认为"金钱有害",并且这种思想很容易引起许多人的"共鸣"。除了以上这些大人物的名言外,欧洲的民间还流传着许多有关金钱的格言警句:"钱是好的仆人,坏的主人"等。

在我国,"金钱有害"古来有之。张说(667～731),字道济,一字说之,洛阳人。武则天时,应诏对策,授太子校书。此人擅长文辞,著有《张燕公集》、《钱本草》等。在《钱本草》中,张说阐释金钱的"性味"、"药性"与"功用",独具匠心,构思独特。张说认为钱的性味:"味甘,性热,有毒。"相对于酸、苦、辣味来说,"甘"是大部分人都乐于品尝的味道,因而"味甘"的金钱注定为众人所喜欢;"性热"是指金钱乃烫手之物,并非轻易即可获得,赚取金钱时则有可能被钱所"烫";"有毒",则说得更为直白,张说在此指金钱如毒药一般,乃害人之物。

在今天的中国,"金钱有害论"也有一定的市场。我们经常听到类似这样的说法:

"仇人变朋友是为了生存;朋友变仇人多半是为了金钱。"

"有了几个'破钱',他就看不起老朋友了。"

"他(她)这一生被钱毁了。"

"男人有钱就变坏,女人变坏就有钱。"

……

2. “金钱万能”。我国自古就有“人为财死，鸟为食亡”的“高论”，为了“万能”的金钱，一些人可以“献出”自己的“生命”。可见，“金钱万能论”源远流长。

除了前面提到的《钱本草》外，在我国的货币思想史上，还有两部极具代表性的关于货币观的作品：一部是元末明初的《乌宝传》，另一部是晋代鲁褒的《钱神论》[1]。其中，《钱神论》最为有名。鲁褒在《钱神论》中虚构了两个人物：一个是“富贵不齿，盛服而游京邑”的“司空公子”；另一个是“尚质”、“守实”、“班白而徒行”的清贫学究“綦母先生”。一次，“司空公子”和“綦母先生”相遇，两人展开了关于金钱的辩论。“司空公子”讥讽“綦母先生”迂腐而不识时务，接着他又发表自己对货币作用的看法。“司空公子”认为，钱能“解严毅之颜，开难发之口。”“钱多者处前，钱少者居后。处前者君长，在后者为臣仆。”“钱之所在，危可使安，死可使活。钱之所去，贵可使贱，生可使杀。”谈到钱的权力地位，“司空公子”认为，“忿争辩论，非钱不胜；孤弱幽滞，非钱不拔；怨仇嫌恨，非钱不解；令问笑谈，非钱不发”。鲁褒借“司空公子”之口讽刺那些嗜钱如命的人：“洛中朱衣，当涂之士，爱我家兄，皆无已已。执我之手，抱我终始，不计优劣，不论年纪，宾客辐凑，门若如市。”“谚曰‘钱无耳，可使鬼！’”“有钱可使鬼，而况于人乎？”在《钱神论》里，“司空公子”把金钱描绘成无所不能、无所不及的事物。

莎士比亚也有一段描述：“金子！黄黄的，发光的，宝贵的金子！只这一点点儿，就可使黑的变成白的，丑的变成美的，错的变成对的，卑贱变成尊贵，老人变成少年，懦夫变成勇士。”

---

[1] 关于鲁褒所处历史时代，一说是东晋时期，例如，黄达主编的《货币银行学》第 4 页（四川人民出版社，1992 年 9 月第 1 版）；一说应是西晋时期，例如，孟建华所著的《金融白话》第 78 页（福建人民出版社，2004 年 5 月第 1 版）。因为鲁褒是隐士，生平事迹不详，故笔者推断可能由此产生以上分歧。

世俗的说法则有:“有钱能使鬼推磨”(更有甚者,“有钱能使磨推鬼”,有些旅游景点,设置了这样的游戏),“钱能通神”,等等。

以上这些说法是比较典型的“金钱万能”论调。“金钱万能”,即金钱有繁多无比的功能,或说无所不能,是人们对金钱作用的一种错误认识。

在我国,一部分人对市场经济理论产生误解。在一些人眼里,市场就等于赚钱,赚钱就等同于搞市场经济。“升官不发财,请我都不来,当官不收钱,退了没本钱。”这是福建省政和县原县委书记丁仰宁的当官信条。一些地区不注重精神文明建设,人们活得“很实在”,开口必言钱,举止必为利,把市场经济庸俗化为钞票经济和金钱拜物经济,价值观念体系发生巨大变化。在充满商品、货币的市场经济社会中,金钱的作用被进一步扩大了。我国改革开放后,这种物质经济关系的深刻变化势必冲击传统价值观念,使其发生巨大变化。

在现实生活中,许多人一方面认为“金钱不是万能的”,因为钱可以买到药品,但买不到健康与长寿;钱可以买到书籍,但买不到知识与智慧;钱可以买到服从,但买不到孝顺与忠诚;钱可以买到婚姻,但买不到爱情与忠贞,等等;另一方面,这些人同时又认为“没有钱是万万不能的”,因为金钱是人们生活所必需的,衣、食、住、行都离不开它。在货币经济高度发达的现代社会,这一观点既对货币的作用给予肯定,又否认了“金钱万能”,在理论上,这种说法是合乎逻辑、切合实际的。但是,其中很大一部分人过分强调“没有钱是万万不能的”,尽管似乎也承认“金钱不是万能的”,其实质依然是支持“金钱万能”的。

无懈可击的理论被人利用,最后成为地地道道的“金钱万能论”者的工具或借口,对此不必大惊小怪。类似的现象也很多,比如儒教、佛教、基督教对于人类社会关系、人及人生目的所做的一些回答。“孔丘、释迦牟尼和耶稣的思想都涉及了人本质中的一个方面或环节，也都具有明显的进步性，但随着时代的演变，又都被后来的统治者改造为维护其统治的工具。”❶所以，必须看到问题的实质。现实中，认为“钱不是万能的，但没有钱万万不能”的人群中，有相当一部分人实际上是“金钱万能论”的忠实信徒。

3. “金钱无用”。西方各派空想社会主义者设计了各种各样的无货币的理想国，提出有名的“劳动券”，结果只能成为“空中楼阁”。关于空想社会主义者欧文的“劳动券”，马克思曾在《资本论》中指出：“……欧文的‘劳动货币’，同戏票一样，不是‘货币’。欧文以直接社会化劳动为前提，就是说，以一种与商品生产截然相反的生产形式为前提。劳动券只是证明生产者个人参与共同劳动的份额，以及他个人在可供消费的那部分共同产品中应得的份额。”❷马克思后来又指出：“在社会公有的生产中，货币资本不再存在了。社会把劳动力和生产资料分配给不同的生产部门。生产者也许会得到纸的凭证，以此从社会的消费品储备中，取走一个与他们的劳动时间相当的量。这些凭证不是货币。他们是不流通的。”❸马克思在《哥达纲领批判》中重申了这个设想：“他从社会方面领得一张证书，证明他提供了多少劳动(扣除他为社会基金而进行的劳动)，而他凭这张证书从社会储存中领得和他所提供的劳动量相当的一份消费资料。”❹

1958 年“大跃进”，在工业生产“放卫星”的同时，农村人民公社运动在全国铺开，人民公社“一大二公”。到 1958 年 9 月底，全国一下子办起了 23384 个人民公社，毛泽东同志 1958 年 9 月中旬视察安徽时，听说舒查人民公社实行了食堂吃饭不要钱，指出：舒

---

❶ 刘永佶：《主义・方法・主题》，北京，中国经济出版社，2001 年 12 月第 1 版，第 16 页。

❷ 《马克思恩格斯全集》第 23 卷，北京，人民出版社，1972 年，第 112、113 页。

❸ 《马克思恩格斯全集》第 24 卷，北京，人民出版社，1972 年，第 397 页。

❹ 《马克思恩格斯全集》第 19 卷，北京，人民出版社，1963 年，第 21 页。

查公社能做到吃饭不要钱,其他有条件的公社也能办到。既然吃饭可以不要钱,将来穿衣服也就可以不要钱了❶。毛泽东同志的初衷是好的,但是,当时的历史条件不允许他实现其宏图抱负。当时的典型河北徐水县通过实行供给制,全县进行了共产主义试点。山东范县宣布了两年过渡到共产主义的规划,当时的县委书记编了一首顺口溜来阐释共产主义生活:人人进入新乐园,吃喝穿用不要钱;鸡鸭鱼肉味道鲜,顿顿可吃四大盘;天天可以吃水果,各样衣服穿不完;人人都说天堂好,天堂不如新乐园。

人民公社食堂吃饭不要钱的做法,是不遵守等价交换原则、按劳分配原则的分配办法。这高估了人们的思想觉悟水平,很快给经济生活造成了巨大的损失。等待 20 世纪 50 年代末"大跃进"的,就是 60 年代初的"三年经济大困难"。

我们经常听到"视金钱如粪土"、"铜臭味"、"谈钱色变"等,这些都是"金钱无用论"的翻版,对货币采取了虚无的态度。晋朝名士王夷甫,从不肯说"钱"字。一天,他的妻子将钱堆放在床铺周围,王夷甫就让人"与却阿堵物",在任何情况下,永不言钱。

"金钱无用论"在一些古代士人以及现在的某些知识分子身上表现得比较突出。人们往往用"又酸又臭"、"迂腐"、"假道学"等这些不好的辞藻来形容他们。《钱神论》中虚构的"綦母先生"就是以这一群体为原形。

(二) 正确看待货币

当前,我国经济具有典型的转型经济的特征。在这一特定的历史时期,各种思潮或观点必然要发生激烈的碰撞。深入分析货币的本性,有助于人们树立正确的人生观、货币观,正确看待货币。

货币的起源是与商品交换紧密相连的。先是物物直接交换,

---

❶ 彭刚、黄卫平、郭郁彬:《中国经济发展理论与实践研究》,北京,中国人民大学出版社,2004 年 2 月第 1 版,第 267 页。

然后是通过媒介的交换。在古埃及的壁画中可以看到物物交换的情景：有用瓦罐换鱼的，有用一束葱换一把扇子的。我国古书有这样的记载：神农氏时，“日中为市，致天下之民，聚天下之货，交易而退，各得其所”。这也是指物物交换。古希腊的亚里士多德认为：“一地的居民有所依赖于别处居民的货物，人们于是从别处输入本地所缺的货物，而抵偿这些收入，他们也得输出自己多余的产品，于是作为中间媒介的‘钱币’就应运而生了。”这种钱币是“中介货物”，是“某种本身既有用而又便于携带的货物。我国古书还有这样的记载：“农工商交易之路通，而龟贝金钱刀布之币兴焉，所以来久远。”[1]即货币产生于商品交换的发展之中。南宋叶适提出的“钱币之所起，起于商贾，通行四方”，都已接近于货币是在商品交换过程中自发产生的观点。最初货币的产生，纯粹以便利商品流通为目的。我们的先辈在设计货币时，也许并没有想到：在他们的后人中，有人会对货币顶礼膜拜，有人对其深恶痛绝，有人视其如草芥。

对金钱的错误认识，源于特定的政治背景、社会环境以及文化基础。例如，《钱神论》反映的历史时代是一个政治动荡、物欲横流的时代。它是对晋代社会的真实写照。公元 265 年，司马昭之子司马炎上演了一出“禅让”闹剧，废魏帝曹奂，自立为帝，国号晋。司马炎灭吴统一中国后，天下并没有太平。当时的晋朝，天子贵族淫侈，外有匈奴等“五胡”严重的边疆民族危机，内有贾后专权和“八王之乱”。在此社会背景下，西晋（以及后来的东晋）社会有着强烈的爱钱风尚。钱权交易、买官卖官、贪赃枉法、行贿受贿等腐败现象极为猖獗，金钱左右王法。许多豪门大富，“性至吝”，时人称之为“钱癖”。名门士族热衷于滚滚财源，相互之间争奢斗富。晋代时期，拜金主义已经渗透到社会生活的各个角落。

---

[1] 司马迁：《史记·平准书》，兰州，甘肃民族出版社，1997 年 5 月第 1 版，第 241 页。

在剥削阶级社会(甚至社会主义社会初级阶段),一方面,社会上不同程度地存在着权钱交易等丑恶行为,另一方面,人们的思想文化水平还有待提高,享乐主义等思潮不同程度地存在,因此,一些人很容易产生“金钱万能”的幻觉,掉入拜金主义的泥潭。社会中政治腐败、钱权交易等现象越严重,越容易使一部分人认为金钱是“万能”的;反过来,一个社会中“金钱万能论”者越多,在法制建设又不健全的情况下,整个社会会逐步地堕落。

货币的本质是一般等价物，是商品价值的表现形态。货币产生以后，一切商品都必须换成货币才能实现其价值。货币作为社会财富的一般代表，可以被无限制地保存起来，并可以随时变换成其他商品。随着商品经济的发展,人们必须掌握货币以适应市场变化的需要。拥有更多的货币，使人们觉得拥有更大的生存权和生产经营权，以及对他人的控制权。由此，产生了“金钱万能”的拜金主义萌芽。货币出现以后，一切商品都必须通过货币才能还原为抽象劳动。价值是凝结在商品中的无差别的人类劳动，货币作为价值的现象形态同样也具有抽象性。所有的东西，无论是不是商品都要转化为货币，包括假冒伪劣产品、奴隶、毒品、名誉、权力等全都可以交易，最后以货币的形式结晶出来。“货币是没有臭味”，是一种无味的结晶。商品生产者贮藏货币的欲望是无限的，因为货币在质的方面是无限的，它是社会财富的一般代表，能与任何商品进行交换；而在量的方面是有限的，一定量的货币只能换取一定量的商品。货币的这种质和量的矛盾，迫使商品生产者处于永无止境的追求之中。在商品经济条件下，商品原本是商品生产者生产出来的劳动产品，却成为支配他们命运的主宰；市场的盲目、自发力量，成为一种神秘的力量统治着商品生产者，商品生产者之间的人与人之间的关系，变成物与物之间的关系。“有钱能使鬼推磨”、“钱能通神”，就是对货币社会权力形象化的说法。

卢梭曾说："人，是生而自由的，却无往不在枷锁之中，那些想成为一切主人的人，却往往沦为奴隶。"若不彻底摈弃"金钱万能"的错误思想，必将使人们疯狂地、不择手段地追逐金钱，带着成为"一切主人"的幻觉，最终沦为金钱的奴隶。

"金钱有害论"同样是不能成立的。货币本身是中性的，正确对待它，就会给人们生活、工作带来便利；错误对待它，则必然产生相反结果。正如刀具，用于削苹果，则为对人有益的水果刀；用于削脑袋，则为凶器。何去何从，取决于使用者。"男人有钱就变坏，女人变坏就有钱。"它给人的直觉是：有钱乃是"坏事"，无钱方为"好事"。现实生活中，绝大多数人是通过诚实劳动、合法经营而获得货币收入的。"有了钱"后，将钱用于发展生产、提高文化生活水平也是正常的事。将钱用于支援农村和贫困山区、用于公益事业、帮助弱势群体、投资生态建设的也大有人在。圣经中有这样一句话："对金钱的爱，是所有罪恶之源。"请注意，不是金钱本身，而是对金钱的爱，更确切地说，应该是对金钱的五体投地的崇拜，才是真正的"罪恶之源"。

认为"金钱无用"，只有两个原因：要么无视市场经济规律；要么就是所谓的自视"清高"。英国空想社会主义者欧文就属于前者。欧文的理想是美好的，但他无视客观规律，脱离社会实际，结果他的设想没有成功。1824 年，欧文带着他的 4 个儿子和一些学生，到美国印第安纳州购置了 3 万英亩土地，进行"新协和公社"的试验。在公社中消灭了生产资料私有制和剥削。他想以示范的方式引起社会的广泛关注。然而这个公社为资产阶级社会所不容，4 年后就瓦解了。1829 年，欧文返回英国。在 1832～1834 年间，欧文一方面成立"全国生产部门大联盟"建立合作工厂；另一方面则在流通领域中创办"全国劳动产品公平交换市场"。欧文设计了劳动券领取产品的办法，结果使优良产品很快被领取罄尽，而质劣不适用的产品则大量积压，商人乘机倒卖劳动券从中牟利。有劳动券的人买不到适用产品，劳动券贬值，劳动产品公平交换市场的尝试终于失败。在我国1958年的“大跃进”中，人民公社食堂无须金钱买饭的做法，也同样带来负面影响。在商品经济社会里，我们必须充分认识到金钱的作用。货币是金融系统，乃至整个国民经济系统的血液。无视金融规律或者“自视清高”而否认、低估货币的作用，终究会遭到惩罚的。

在此我需要特别强调一下：设想不能脱离时代。欧文的试验和人民公社食堂吃饭不要钱的做法都失败了。如果人们的思想发展到很高级的阶段，上述做法则可能产生人间奇迹。2004年暑假，我回到家乡(福建省尤溪县)度假，看到昔日勤劳善良的乡亲大部分都参与一种被称为“六合彩”的赌博，已经达到痴迷的地步。我三番五次地劝阻其中的一些人，但是，他们“义正词严”地回敬我道：“国家都在开赌，我们为什么不能赌？你打开电视看看，经常是这个频道正在摇奖，那个频道也在宣布中奖号码。”家乡“六合彩”泛滥的原因是多方面的，而国家体育彩票铺天盖地的宣传，客观上对“六合彩”泛滥起了推波助澜的作用。我认为，应对我国公益博彩业的功过得失予以理性评价。在目前的实际国情下，尽管发行体育彩票的初衷是好的，但在现实生活中，它对社会稳定所产生的巨大负面影响不容忽视，一味地谈论体育彩票等的积极作用，是不负责任的。如果有人认为笔者措辞偏激，有请亲自到福建进行社会调查，相信调查者会比我更为惊讶与忧虑。在人们思想文化水平亟待大幅提高的情况下，在西方腐朽思想频频冲击的国度中，公益博彩业带来的负面影响较大，相形之下，其积极作用不足言道。

言归正传，我们不但要摈弃错误的金钱观，而且还要认真、深入地研究货币，研究和它密切相关的事物，掌握其内在客观规律，为管理国家、企业理财、个人理财等工作打造坚实的理论基础。

研究货币本质的同时，我们还应提倡奉献精神，加强自身的道德修养。这样，才能正确看待货币。

二、货币类型

当我们拿起一份充当过货币的物品清单时,将会看到这是一份十分庞杂的记录。例如,从公元前2000年夏朝的“贝壳货币”到春秋战国时的“布币、刀币、蚁鼻钱”;从秦始皇的“秦半两”到汉武帝的“五铢钱”;从初唐的“开元通宝”到宋朝“交子”;从元朝的“扬州元宝”到明朝的“大明宝钞”;从“顺治通宝”到太平天国的“圣宝”;从“光绪元宝”到“袁大头”;从国民党政府的“金圆券”到新中国的人民币。我国的老百姓经历了贝壳、铁、铜、金、银、纸币等各种各样的货币。国外一些国家和我国相似,也存在过样式各异的货币,在此就不逐一枚举了。在确定货币的类型时,可以顺着这样的思路来给名目繁多的货币归类:最早作为货币的物品与该物品作为非货币的用途都具有同等的价值,以后用替代物,最后到目前的信用货币形态。依据这样一条线索,可以将货币分为三种类型:实物货币、代用货币、信用货币。

(一)实物货币

许多中国父母都深情地称呼自己的儿女为“宝贝”,这与“贝”曾经作为实物货币有关。我国最早的货币是贝,其上限大概是公元前2000年。古书有“夏后以玄贝”的说法,商周的铜器铭文和甲骨文都有关于用贝作赏赐的记载。作为货币的贝,单位是朋,1朋等于10贝。贝何时退出的历史舞台,目前尚无定论。在我国的文字中也可看出贝作为货币长期存在的事实。很多与财富有联系的字,其偏旁都从“贝”,如赏、赎、贷、账、赐、财、贸、贡、贱、贫等。

在人类经济史上,许多商品都曾经充当过货币,在古代作为货币的有牛、盐、茶叶、皮革、酒、铜、铁、银、金等。在古波斯、印度、意大利等地,都有用牛羊做货币的记载。《荷马史诗》中,经常用牛标识物品(或奴隶)的价值,如一个工艺娴熟的女奴值4头牛。

实物货币可以这样来描述：如果作为非货币用途的价值与作为货币用途的价值相等，那么，则称这种货币为实物货币。它是一种足值货币。

然而，许多实物货币都有缺点。例如，有些作为货币的实物笨重，不能分割为较小的单位，因此，价值小，数量却往往很大，携带运送极不方便，无法充当理想的交换媒介。同时许多实物质地不一，有的易腐烂，有的易遭受损失，也不适合作为价值的尺度和贮藏的手段。19世纪，在太平洋卡罗群岛中的雅普岛上，当地人用巨大的难以搬动的轮形石块作货币，这种石头钱叫做“斐”，直径从1英尺到12英尺不等。谁在轮形石块凿上自己的印记，谁即拥有其所有权。我国从魏晋到唐朝的几百年间，以布匹为货币，与铜铸币并行流通。布匹质量不统一，为了获利，会越织越薄；不宜裁断，剪得越短，价值损失越大；长期贮存易于糟损，不便于保值。

所以，在长期的交换活动中，人们逐渐认识到，能充当理想的交换媒介必须具备下述条件或特征：普遍接受性；价值稳定性；价值均质性；使用便利性。显然，某些金属具有这样的特性。

在实物货币的类型中，金属货币最具有典型的特征。

在近代的货币历史中，很多国家把贵金属定为法定的货币，并相应规定了一套办法，以保证这种货币制度的有效性和稳定性。

最初的铸币有各式各样的形式，但后来都逐步过渡到圆形，以便于携带，且不易磨损。我国最古老的金属铸币是铜铸币。有三种形制。一是“布”，是铲形农具的缩影。最早出现在西周、春秋，先是“空首布”，后来是“平首布”，在周、三晋、郑、卫等地广泛流通；二是“刀”，即刀的缩影。主要流通在齐国；三是铜贝，在南方的楚国流通，通常称为“蚁鼻钱”。在秦国，圆形铸币流行，有两类：一是中有圆孔，称为秦“半两”钱。秦统一中国的前后，正是这种铜铸币统一了中国的铸币流通。二是中有方孔，称为“孔方兄”。意为“天圆地方”。有孔是为了可以串在一起以便携带。我国自宋代开始大量流通白银,其计量单位是“两”,所以也说“银两”。

各国究竟用何种金属作为法定货币,这往往依据该国的矿产资源情况、商品交换的规模、习俗等因素而定。大致而论,有用铜、银、金作为本位币的,其中又以金为典型。以金为本位币的则称为金本位,各金本位币制又有许多变种形态。

(二) 代用货币

代用货币是代表金属货币使用的纸币或银行券,通常由银行发行。其本身价值低于货币价值,与实物货币不同,它是一种不足值货币,但都有十足金银为保证。持币人有权随时要求货币当局将纸币兑换为金银货币或金银条块。例如,在北宋年间,已有大量的纸币——“交子”,最初在四川流通,可以随时兑换。元代则在全国范围实行纸币流通制度,元太祖成吉思汗晚年在博州发行过纸币,“以丝数印置会子,权行一方,民获贸迁之力。”❶太宗 8 年(1236),仿交会印制交钞,“诏印造交钞行之。”❷宪宗 3 年(1253),设交钞提举司,专事其职,“又立交钞提举司,印钞以佐经用。”❸当时各地发行的纸币名称混杂,互不流通,发行量不大。元世祖中统元年(1260),发行“丝钞”和“中统元宝”,并规定“丝钞”1 两等于“中统元宝”1 贯,50 两等于白银 1 锭。资本主义早期,在欧洲出现的用纸印制的货币,发行银行券的银行保证随时可按面额兑付金币、银币。

代用货币起到代用实物货币的作用。它通常作为可流通的金属货币的收据,一般是纸制的凭以换取实物的金属货币或金属条块。就实质特征而论,其本身价值就是所替代货币的价值。马可·

❶ 《元史·何实传》
❷ 《元史·太宗纪》
❸ 《元史·世祖纪》

波罗曾向西方人介绍我国:“用纸币以给赏用、以购商物、以取其货币之售价,竟与纯金无别。”

代用货币的优点是:(1)印刷纸币的成本较铸造金属为低,这是显而易见的;(2)避免了金属币在流通中所造成的磨损,甚至有意的磨削,一定程度上避免了道德风险造成的损失,这是对金铸币的节约;(3)降低了运送成本,代表同样价值的纸币显然会比同样价值的金属货币在体积上、重量上小得多;(4)避免金属货币的“劣币驱逐良币”❶问题,在金属货币流通条件下,若金属货币的法定价值和实际价值发生偏差,人们往往把实际价值较高的金属货币收藏、熔化或输出国外,而实际价值较低的金属货币则继续在本国流通,造成“劣币驱逐良币”现象。

代用货币是以黄金作为保证或准备的。这种兑换上的联系,使得这种供应货币的方式缺乏适应不断扩大的商品生产和交换需要的弹性,因为交易量越来越大,而金银有限,这些缺陷随着商品生产迅速发展表现得越来越明显。虽然在这一过程中对代用货币曾进行过变化改良,由原来的全额准备方式,即有十足的贵金属作为发行纸币的准备,变为部分准备方式(对所发行的纸币只有部分的准备),但仍满足不了商品生产和交换的需要,最后只好让其和黄金脱钩。纸币的发行彻底地从制度上、名义上摆脱金的束缚只是近 30 多年来的事情。1973 年,国际货币基金组织正式宣布黄金非货币化。以往人们以纸币作为普通的交换媒介,是建立在它和黄金相联系的基础之上。同黄金脱钩后,这种货币从某种意义上说是建立在人们信心的基础之上,因此,代用货币的出现是对人们心理承受力的一次考验。

---

❶ “劣币驱逐良币”规律由英国财政大臣 Tomas Gtesham 首先发现,因此又称之为 Gtesham 法则。

(三) 信用货币

信用货币本身价值低于其货币价值,而且不再代表任何贵金属,不能与金属货币兑换,实际上信用货币已经成为一种货币价值符号。目前,世界上几乎所有的国家都采用这一货币形态。信用货币是金属货币制崩溃的直接后果。20 世纪 30 年代,由于世界性的经济危机接踵而至,各主要经济国家先后被迫脱离金本位和银本位,所发行的纸币不能再兑换金属货币,因此,信用货币便应运而生。

一般说来,信用货币作为一般的交换媒介,必须满足两个条件:(1)人们对此货币的信心;(2)货币发行的立法保障。两条缺一不可。

对信用货币的信心很重要。例如,在一国恶性通货膨胀时期,人们往往拒绝接受纸币。据经验所得,只要一国政府或金融管理机构能将货币发行量控制在适应经济发展的需要之内,仍会使公众对纸币保持信心。大多数采用信用货币制度的国家虽然在中央银行的资产负债表中有黄金一项作为准备金,但那往往是名义上的,只能给“外行人”以信心。信用货币的发行,既不受黄金数量的制约,同时信用货币也不能兑换黄金。

信用货币还需要立法保障,由国家强制发行和行使。我们随便拿一张草稿纸,“信心百倍”地到食堂买面条:“师傅,我这张草稿纸一定能买下你做的那碗面条,对此我充满信心。”这是一种近乎愚人的荒唐行为,但是,如果这时国家立法规定这张草稿纸是该国的法定货币,那么,它就真的可以买到面条了。

所以,信心和立法保障不可或缺。

1935 年,国民党政府实行“法币改革”,规定中央银行、中国银行、交通银行(以及后来的农民银行)发行的钞票为法币,是法定不兑现的银行券。

人民币是中国人民银行发行的,也是采用不兑现银行券的形式。目前通用的信用货币，如果再进一步加以细分，则可分为以下五种形态。

1. 主币。主要功能是作为人们日常生活用品的购买手段。一般为具有流通手段的纸币，其发行权或为政府或为金融机构专有。发行机构因各国的货币信用管理体制而异，多数为各国中央银行、财政部或政府专门成立的货币管理机构。少数主币采用金属作为币材，例如，我国 2000 年 10 月 16 日发行的 1 元面值的人民币，就是以钢芯镀镍为币材。

2. 辅币。主要功能是作为小额或零星交易中的媒介手段。多以成本相对低廉的金属制造，如铜、镍、铝等，我国的辅币是以主要含铝等成分的金属铸造。铸币权在目前世界各国完全由国家独占。在我国，由中国人民银行下属的铸币厂专门铸造。我国古代的一些货币以“两”为基本单位，而辅币以“文”等计量。现在的人民币，“元”以下还有以“角”和“分”计量的辅币。

辅币是法律规定的不足值货币，即其法定面额价值高于其币材的实际价值。其高出的部分称为铸币利差，归国家所有。当通货膨胀十分严重时，可能使一些辅币实际上成为不足值货币。辅币是有限法偿货币。所谓有限法偿货币是指以辅币支付的金额不能过大，若超过一定限额，债权人有权拒绝接受。

在美国，dime 指 10 美分银币，nickel 指 5 美分镍币，而印有林肯头像的 1 美分辅币称为 penny。在英国，pence 为铜币，1 pence 等于 1/100 英镑。

3. 银行存款。银行存款种类很多，主要有活期存款、定期存款和储蓄存款。此外，还有大额可转让定期存单、可转让支付命令账户、自动转账服务账户和定活两便存款账户等新形式。它具有以下优点：(1)可以避免丢失和损坏的风险；(2)传输便利，降低运输成本；(3)实收实支，免去找零的麻烦；(4)支票可以在一定范围内背书流通。银行存款在信用货币中的比重最大，在经济交易中已被人们普遍接受。

4. 电子货币。是指电子计算机系统存储和处理的存款。技术发达国家采用电子资金转移系统,利用电子计算机记录和转移存款。顾客在购物、享受服务或通过网络进行交易时,计算机自动将交易金额分别记入双方的银行账户。它具有转移迅速、安全和节约费用的优点,是货币形式发展的新趋势。电子货币是信用货币的表现形式之一。如何防范电子货币被盗、如何对个人资信情况保密等,是摆在电子货币面前的新课题。

5. 纪念币。流通纪念币是国家为某种特定纪念意义(如科学家、艺术家、历史名人、重大事件、珍稀动植物等)而特别发行的、标明票面价值并可以按照票面价值流通使用的货币,它是一国货币当局发行的特殊货币。我国也发行过纪念币。例如,1995 年我国发行了第四次世界妇女大会纪念币;1996 年发行朱德诞辰 110 周年纪念币;1997 年发行香港特别行政区成立纪念币;1998 年发行周恩来诞辰 100 周年纪念币。纪念币限量发行,一般不复制,且工艺精湛。购买者可将其作为工艺品收藏,或作为一种保值手段持有。纪念币和其他货币一样可以进行流通。

三、新中国发行的 5 套人民币

人民币的全称是“中国人民银行券”,它是一种信用货币。人民币的基本单位为“元”,人民币的票券、铸币种类由国务院决定。人民币以“¥”为符号,即由“元”的汉语拼音“Yuan”的第一个字母加横线而成。从中国人民银行成立到今天,新中国共发行了 5 套人民币。

(一) 第 1 套人民币

1947 年解放石家庄之后,华北的几个解放区逐渐联结起来,华北各根据地财经工作会议决定统一货币。于是,先把晋察冀解放区的边区银行同晋冀鲁豫解放区的冀南银行合并为华北银行,原来两家银行发行的冀南银行券（冀南币、冀钞）与边区银行券（边币）相互流通。1948年冬，辽沈、淮海等战役取得胜利，华东、中原等几个解放区基本上连成一片。全国解放和统一的形势要求改变货币分散发行为统一发行。1948年12月1日，华北银行、北海银行和西北农民银行合并为“中国人民银行”，开始发行中国人民银行券，即“人民币”。时任华北人民政府主席的董必武同志为该套人民币题写了中国人民银行行名。人民币发行后，逐步扩大流通区域，原各解放区的地方货币陆续停止发行和流通，并按规定比价逐步收兑华北、华东、西北三个大区原来发行的货币。1949年3月，又把原中原解放区的中州农民银行改为人民银行中原区行，按1∶3比价，用人民币收兑中州币。1951年3月，以人民币1∶9.5比价，收兑东北流通券和内蒙古流通券（新蒙币）。除西藏和台湾外，全国实现了统一的人民币流通。

第1套人民币共12种面额、62种版别，其中1元券2种、5元券4种、10元券4种、20元券7种、50元券7种、100元券10种、200元券5种、500元券6种、1000元券6种、5000元券5种、10000元券4种、50000元券2种（见图1-1～图1-48）。

图1-1　第1套人民币50000元券(甲)

图 1－2　第 1 套人民币 50000 元券(乙)

图 1－3　第 1 套人民币 10000 元券(甲)

图 1－4　第 1 套人民币 10000 元券(乙)

图 1-5　第 1 套人民币 10000 元券(丙)

图 1-6　第 1 套人民币 5000 元券(甲)

图 1-7　第 1 套人民币 5000 元券(乙)

图 1－8　第 1 套人民币 5000 元券(丙)

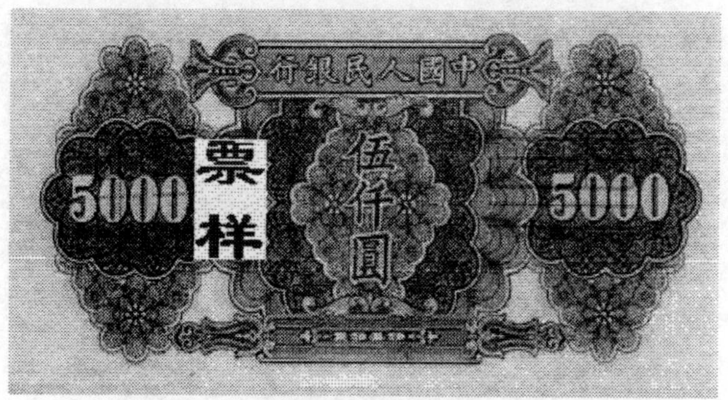

图 1－9　第 1 套人民币 5000 元券(丁)

图 1－10　第 1 套人民币 1000 元券(甲)

图 1-11 第 1 套人民币 1000 元券(乙)

图 1-12 第 1 套人民币 1000 元券(丙)

图 1-13 第 1 套人民币 1000 元券(丁)

图 1－14　第 1 套人民币 1000 元券(戊)

图 1－15　第 1 套人民币 500 元券(甲)

图 1－16　第 1 套人民币 500 元券(乙)

图 1-17　第 1 套人民币 500 元券(丙)

图 1-18　第 1 套人民币 500 元券(丁)

图 1-19　第 1 套人民币 500 元券(戊)

图 1-20　第 1 套人民币 500 元券(己)

图 1-21　第 1 套人民币 200 元券(甲)

图 1-22　第 1 套人民币 200 元券(乙)

图 1－23　第 1 套人民币 200 元券(丙)

图 1－24　第 1 套人民币 100 元券(甲)

图 1－25　第 1 套人民币 100 元券(乙)

图 1-26　第 1 套人民币 100 元券(丙)

图 1-27　第 1 套人民币 100 元券(丁)

图 1-28　第 1 套人民币 100 元券(戊)

图 1-29　第 1 套人民币 100 元券(己)

图 1-30　第 1 套人民币 100 元券(庚)

图 1-31　第 1 套人民币 100 元券(辛)

图 1－32　第 1 套人民币 50 元券(甲)

图 1－33　第 1 套人民币 50 元券(乙)

图 1－34　第 1 套人民币 50 元券(丙)

图 1－35　第 1 套人民币 50 元券(丁)

图 1－36　第 1 套人民币 20 元券(甲)

图 1－37　第 1 套人民币 20 元券(乙)

图 1－38　第 1 套人民币 20 元券(丙)

图 1－39　第 1 套人民币 20 元券(丁)

图 1－40　第 1 套人民币 20 元券(戊)

图 1-41　第 1 套人民币 20 元券(己)

图 1-42　第 1 套人民币 10 元券(甲)

图 1-43　第 1 套人民币 10 元券(乙)

图 1－44　第 1 套人民币 10 元券(丙)

图 1－45　第 1 套人民币 5 元券(甲)

图 1－46　第 1 套人民币 5 元券(乙)

图 1-47　第 1 套人民币 1 元券(甲)

图 1-48　第 1 套人民币 1 元券(乙)

统一发行人民币是为迎接全国解放采取的一项重大措施，它有力地支援了解放战争，统一了各根据地货币，消除了前国民政府发行的各种货币，结束了国民党统治后期恶性通货膨胀和外币、金银在市场流通、买卖的历史，对稳定社会秩序，恢复生产，促进城乡物资交流发挥了重要作用。同时，正因为第 1 套人民币诞生在解放战争的特定环境中，所以它具有战时货币的某些特征。

（二）第 2 套人民币

中国人民银行自 1955 年 3 月 1 日开始正式发行第 2 套人民币（俗称 53 版），同时收回第 1 套人民币，新旧币兑换比例为 1∶10000。新面额主币为 1 元、2 元、3 元、5 元、10 元 5 种，辅币为 1

分、2 分、5 分、1 角、2 角、5 角 6 种，共计 11 种（见图 1－49～图1－59）。

图 1－49　第 2 套人民币 10 元券

图 1－50　第 2 套人民币 5 元券

图 1－51　第 2 套人民币 3 元券

图 1-52　第 2 套人民币 2 元券

图 1-53　第 2 套人民币 1 元券

图 1-54　第 2 套人民币 5 角券

图 1－55　第 2 套人民币 2 角券

图 1－56　第 2 套人民币 1 角券

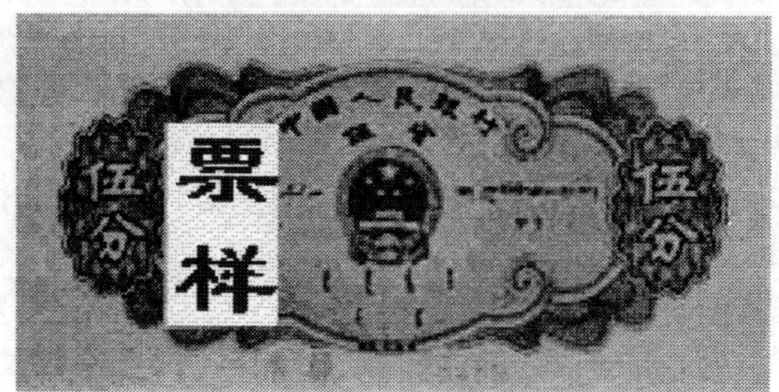

图 1－57　第 2 套人民币 5 分券

图 1-58 第 2 套人民币 2 分券

图 1-59 第 2 套人民币 1 分券

第 2 套人民币的发行是为了适应国民经济恢复时期的需要，1950 年开始发行准备工作，1953 年完成设计试制。各种面额的票面上都采用了汉、蒙、维、藏四种民族文字，中国人民银行行名由马文蔚同志书写，字体为魏体，后成为中国人民银行行名的通用标准字体。该套人民币的设计和印制具有明显的特征。辅币主景采用汽车、飞机、轮船、拖拉机、火车、水电站等生产和交通运输工具以及能源设施，主币 1 元至 3 元券采用北京天安门、延安宝塔山、井冈山龙源口三个革命圣地图景，5 元、10 元券采用民族大团结和工农联盟图景。票面图案活泼大方，正面上下花边对称，背面左右花符对称，一改中国传统纸币呆板的四边框形式。主色调分券别配置，票种间有明显区别。在印制技术上有所区别，三种分币采用胶版印刷，角币、元币采用胶凹套印，10 元券运用了当时先进的多色接线技术。

1961年3月25日发行了1956年版1元券，仍以天安门为主景，但主色调改为蓝黑色。1962年4月20日又发行了深棕色1956年版5元券。第2套人民币纸币先后发行了11种面额、13种版别的人民币。1964年4月14日，中国人民银行发布《关于收回3种人民币票券的通告》，决定从翌日起限期收回原苏联代印的1953年版3元、5元和10元券，并于当年5月15日停止收兑和流通使用。

第2套人民币消除了第1套人民币特有的战时货币痕迹，为促进社会主义经济建设发挥了重要作用。

（三）第3套人民币

中国人民银行于1962年4月15日起陆续发行第3套人民币，角券和元券共有1角、2角、5角、1元、2元、5元、10元7种面额、9种版别。其中，1角券有3种版别(见图1－60～图1－69)。

图1－60　第3套人民币1分券

图1－61　第3套人民币2分券

图 1－62　第 3 套人民币 5 分券

图 1－63　第 3 套人民币 1 角券

图 1－64　第 3 套人民币 2 角券

图 1－65　第 3 套人民币 5 角券

图 1－66　第 3 套人民币 1 元券

图 1－67　第 3 套人民币 2 元券

图 1－68　第 3 套人民币 5 元券

图 1－69　第 3 套人民币 10 元券

第 3 套与第 2 套人民币的比价为 1∶1，两套人民币在混合流通一段时间后，逐步收回第 2 套人民币的元、角券，分币则继续流通至今。第 3 套人民币的主景表现了社会主义建设的新成就、新风貌。角券分别是教育与生产劳动相结合、武汉长江大桥、纺织车间等画面；元券分别是女拖拉机手、车床工人、炼钢工人、人民代表步出大会堂等画面。该套人民币进一步打破了边框式的设计风格，采取开放式构图，在较小的票面上呈现出开阔、深远的画面。每种票券除有一个基本色调外，还运用了多色彩印制技术，使画面色调活泼、丰富。在制版工艺中，主景采用手工雕刻，面额文字的衬底花纹图案多采用机器雕刻，并运用多色接线技术，提高了票券的防伪性能。

该套人民币的发行，为社会主义国民经济的进一步发展作出了积极贡献。

（四）第4套人民币

中国人民银行自1984年4月27日起陆续发行第4套人民币，计有主币1元、2元、5元、10元、50元、100元6种，辅币1角、2角、5角3种，与第3套人民币混合流通，两套人民币比价为1∶1（见图1－70～图1－78）。

图1－70 第4套人民币1角券

图1－71 第4套人民币2角券

图 1－72　第 4 套人民币 5 角券

图 1－73　第 4 套人民币 1 元券

图 1－74　第 4 套人民币 2 元券

图 1－75　第 4 套人民币 5 元券

图 1－76　第 4 套人民币 10 元券

图 1－77　第 4 套人民币 50 元券

图 1-78　第 4 套人民币 100 元券

在中共十一届三中全会以后，我国的社会主义建设进入了一个新的历史时期，国民经济发展水平迅速提高，商品经济空前发展，对货币的需求量大大增加，原有的券别结构已不能适应新的经济形势需要，因此，在该套人民币中增加了 50 元、100 元两种券别。

该套人民币设计主题思想突出，民族风格鲜明，印制工艺先进。其设计主题是各族人民在中国共产党领导下，为建设社会主义而奋斗。票券正面饰以人物头像：100 元券为毛泽东、周恩来、刘少奇、朱德四位同志侧面浮雕像，50 元券为工人、农民、知识分子头像，其他元、角券分别为身着民族服饰的人物头像。背面主景则是祖国名山大川。票面纹饰采用了许多富有我国民族特色的图案，如凤凰牡丹、仙鹤松树、燕子桃花等。辅币背面分别以各民族图案衬托国徽，具有浓郁的民族风格和高度的艺术性。印制中还广泛采用了水印、磁性油墨、荧光油墨等先进技术。第 4 套人民币首次使用了金属安全线，增强了防伪性能。

（五）第 5 套人民币

为适应经济发展需要，进一步完善我国货币制度，提高人民币的防伪性能，中国人民银行从 1999 年 10 月 1 日起陆续发行第 5

套人民币。

第5套人民币与现行人民币的比价是1:1，即新版人民币1元和现行人民币1元等值，其余类推。第5套人民币发行后，与现行人民币混合流通，具有同等的货币职能。新版人民币共有100元、50元、20元、10元、5元、1元、5角和1角8种面额。首先发行的是100元券，其他券种陆续发行。100元券主色调为红色，票幅长155mm，宽77mm，票面正面主景为毛泽东同志头像，左侧为椭圆形梅花图案，左上方为中华人民共和国国徽图案，右下方为盲文面额符号。票面背景主景为人民大会堂内圆柱图案，右上方为“中国人民银行”的汉语拼音字母和蒙、藏、维、壮四种民族文字的“中国人民银行”字样和面额。第5套人民币增加20元面额券种，因为随着经济的发展，在商品交易中10元面额货币的使用增多，客观上需要一种介于10元与50元面额之间的货币，以满足货币流通的需要(见图1-79～图1-83)。

第5套人民币采取“一次公布，分次发行”的办法，它是由中国人民银行首次完全独立设计与印制的货币。经专家论证，其印制技术已达到了国际先进水平。在设计

图1-79　第5套人民币1元券

图 1-80　第 5 套人民币 10 元券

图 1-81　第 5 套人民币 20 元券

图 1-82　第 5 套人民币 50 元券

图 1-83　第 5 套人民币 100 元券

上通过有代表性的图案，更能体现出我们伟大祖国悠久的历史和壮丽的山河。其水印、面额数字均较以前放大，便于群众识别，收到较好的社会效果。应用了先进的科学技术，在防伪性能和适应货币处理现代化方面有了较大提高。总之，第 5 套人民币是一套科技含量较高、具有较鲜明民族特色的货币。

四、我国人民币的地位

人民币是中华人民共和国规定的惟一合法、独立自主的本位币。我国严禁金银、外汇计价流通（准许持有）。人民币是独立自主的货币。国家规定，人民币只准在境内流通，禁止人民币出入国境，未经允许，国内团体、个人不得用人民币私自兑换外币，也禁止外币在国内自由流通。

为保证人民币的特殊地位和作用，中央政府及中国人民银行在第 1 套人民币发行时采取了各种措施：

(1) 彻底肃清国民党政府在大陆发行的货币。1935 年 11 月国民党政府实行“法币改革”以来，全国通货膨胀严重。1948 年，“法币”贬值到无法流通的程度。同年 8 月，国民党政府宣布“币制改革”，发行金圆券，以1∶3000000的比例兑“法币”。1949 年 7 月，国民党政府又在广州发行银圆券，银圆券按1∶5亿元兑换金圆券。据刘涤源《反通货膨胀论》测算，若以1937年6月为基期，则1949年5月的物价比基期物价上涨了36.8万倍。100元法币在1937年可以买2头牛，1945年只能买2个鸡蛋，1947年只能买1个煤球，到1949年只能购买1粒米的0.245%。中国人民解放军每解放一个地方，首先明确人民币作为惟一合法流通的货币，禁止法币、金圆券、外国货币的流通；其次是限期兑换国民党政府发行的货币，广设兑换点，并将换回的货币拿到"国统区"换回物资。

(2) 禁止外国货币在我国市场流通。解放初期，在北平、上海等大城市，流通的美元达3亿之多，广州附近地区流通的港币约5.8亿港元。这些外币对我国新的金融秩序形成现实的冲击。对此，中央政府采取断然措施：坚决取缔外国银行在我国发行货币，收兑各种外币，禁止外币在市场流通和私下买卖，一切外汇业务均由中国人民银行及其指定机构办理。

(3) 严禁金银计价流通和私下买卖。华中、华北、华南、华东地区人民政府先后颁发了《金银管理办法》，明确规定：金银计价流通、私下买卖都属于违法行为，对金银投机活动严厉制裁；金银由中国人民银行统一管理；国家允许人民持有金银，但禁止私下买卖，需要出售的只能卖给国家银行；金店、银楼可以继续经营金银饰品，但禁止从事金银买卖，饰品原料由国家统一配售。发出规定后，采取了一系列专项行动，打击地下"钱庄"及各类金银投机活动，建立了正常的金融秩序。

(4) 回收"边币"。中国人民银行采取"固定比价，混合流通，逐步收回，负责到底"的方针，用了3年时间，全部收回了各根据地银行发行的货币——"边币"，使人民币成为新政权惟一合法的货币[1]。

(5) 禁止国家货币出入国境。当时，国内外反动势力私运伪造人民币破坏市场秩序，并损害人民币的形象。因此，新生政权规定：禁止国家货币出入国境，凡携带或私运国家货币出入国境的，一律予以没收；私运、伪造、变造人民币出入国境者，由司法机关依法惩处。

(6) 颁布、实施《妨害国家货币暂行条例》。政务院于1951年4月19日颁布《妨害国家货币暂行条例》，规定凡以反革命为目的，伪造国家货币者，以刑事犯罪论处。通过以上强有力的措施，人民币的地位逐步得以建立和巩固。正如马社香在《中国货币文化史》中归纳的那样："1927～1949年，国共两党在大陆一张一弛、一兴一灭，惟有发行钞票上都是越来越大，国民党是发行钞票的票面越来越大，共产党是发行钞票的区域越来越大。钞票面额大者脱离了币值，也就脱离了人民和土地；发行区域大者，币值贴近真实，也就贴近了民心，最终迎来了万紫千红的春天。"

我国存在一些针对人民币的违法犯罪现象，对人民币形象和地位构成最大威胁的是伪造、变造人民币的行为。伪造币是指仿造真币原样，利用各种手段，非法重新仿制的各类假票币。变造币是指在真币基础上或以真币为基本材料，通过挖补、剪接、涂改、揭层等办法加工处理，使原币改变金额、形态，以此实现升值的假货币。假币种类包括机制、拓印、复印、照相、描绘、石、木版以及蜡版、油印假币等。其中电子扫描分色制版印刷的机制假币数量最多，伪造水平较高，危害性最大。针对人民币的违法犯罪现象还包括出售、购买伪造、变造的人民币；运输、持有、使用伪造、变造人民

---

[1] 对新疆、西藏采取了特殊政策。1951年11月1日，在新疆发行有维吾尔文的人民币，限期收回原新疆省银行发行的银元，对已经解放的西藏则允许银元、藏币和人民币混合流通，直至1959年8月10日。

币;故意毁损人民币,例如,肆意将人民币撕毁、烧毁,或者在人民币上乱写乱画,严重损害了人民币的尊严,将50元券、100元券的防伪金属安全线抽出等;在宣传品、出版物或其他商品上非法使用人民币图样。

为维护人民币的特殊地位,《中华人民共和国银行法》作了相关规定。例如,第41条规定:伪造人民币、出售伪造人民币的或者明知是伪造的人民币而运输的,依法追究刑事责任。变造人民币、出售变造人民币或者明知是变造的人民币而运输构成犯罪的,依法追究刑事责任;情节轻微的,由公安机关处15日以下拘留,5000元以下罚款。第42条规定:购买伪造、变造人民币或者明知是伪造、变造的人民币而持有、使用构成犯罪的,依法追究刑事责任;情节轻微的,由公安机关处15日以下拘留、5000元以下罚款。第43条规定:在宣传品、出版物或者其他商品上非法使用人民币图样的,中国人民银行应责令改正,并销毁非法使用的人民币图样,没收违法所得,并处50000元以下罚款。第44条规定:印制、发售代币票券,以代替人民币在市场上流通的,中国人民银行应当责令停止违法行为,并处20万元以下罚款。

我们在日常生活中发现伪造、变造的人民币,应立即就近送交银行鉴定,并向公安机关和银行举报及提供有关详情,协助破案。银行收到假币时,应按规定予以没收,并在假币上加盖假币戳记印章,同时开具统一格式的"假人民币没收收据",并将所没收的假币登记造册,妥善保管,定期上缴中国人民银行当地分支行。企事业单位的财会人员在收付现金时发现假币,应立即送交附近的银行鉴别。单位发现可疑币而不能断定其真假时,发现单位不得随意加盖假币戳记和没收,应向持币人说明情况,开具临时收据,连同可疑货币及时报送中国人民银行当地分支行鉴定。经中国人民银行鉴定,确属假币时,按发现假币后的处理方法处理,如无法确定,应及时将钞票退还持币人。假币没收权属于银行、公安和司法部门。其他单位和个人如发现假币，按上述办法处理或按当地反假币法规所规定的办法办理。

残损人民币（伪造、变造人民币除外）兑换标准：

（1）凡有下列情况之一的，可以到银行及其营业网点按面额全额兑换：①票面残损不超过 1/5，其余部分的图案、文字能照原样连接的；②票面污损、熏焦、水浸、变色，但能辨别真假，票面完整或残缺不超过 1/5，票面其余部分的图案、文字能照原样连接的。

（2）票面残缺 1/5 至 1/2，其余部分的图案、文字能照原样连接的，可以向银行按面额半数兑换。如不兑换，此票券不得在市场流通。

（3）不能兑换的残缺人民币包括：①票面残损 1/2 以上；②票面污损、熏焦、水浸、油浸、变色，不能辨别出真假者；③故意挖补、涂改、剪贴拼凑、揭去一面的。

为维护人民币的地位，必须普及真假人民币鉴别常识。鉴别方式包括人体感官鉴别和仪器鉴别。

感观鉴别是人们日常生活中使用最为普遍的鉴别方法。包括：

（1）视觉辨别。主要观察货币是否具备防伪措施，如水印、安全线是否存在。即使有水印，也要辨别真伪，真币水印透视图案清晰，层次分明，看得很清楚，有层次感和立体效果，假币则无上述特征。以真币为标准，与可疑相应图案对照比较，要注意钞票规格尺寸是否符合标准、假钞票边缘是否整齐等。

（2）触觉辨别。通过手摸，假币用纸往往不是专门的钞纸，厚度较大而且绵软，挺度、坚韧度差；真币使用的是特殊纸张，挺度强，有较强的韧度。假币一般不是雕刻凹版印刷，没有凹凸感，而真币“元”以上的券别均采用了凹版印刷，有凹凸感。

（3）听觉辨别。这是新钞票（纸币）常用的鉴别方法。抖动钞票听其声响，真钞发出清脆的声音，而假钞的声响发闷不脆。

仪器鉴别主要有：

(1) 紫光灯。目前鉴别钞票真伪最为常用，紫光灯可用于测试可疑钞票用纸是否有荧光反映。

(2) 磁性仪。测定钞票是否具有磁性印证，看磁性油墨部位指示灯是否发亮。

(3) 放大镜。利用放大镜仔细观察票面图案、花纹、平印、凹印线条颜色特征是否与真币一致，尤其是平印线接线技术是否与真钞一致。

为维护人民币的特殊地位，我国十分重视人民币发行时的防伪工作。这在第5套人民币发行上体现得更加明显。例如，中国人民银行2000年10月发行的第二批第5套人民币中，20元面额的纸币采用了比较先进、全面的防伪技术。位于正面左侧空白处，迎光透视，可见立体感很强的荷花水印；在票面上，可看到纸张中有红色和蓝色纤维；正面主景的毛泽东同志头像采用手工雕刻；迎光观察，钞票纸中有一条明暗相间的安全线；正面右上方有一装饰图案，将票面置于与眼睛接近平面的位置，面对光源作平面旋转45度或90度角，可看到面额"20"的隐形面额数字；正面右侧和下方及背面图案中，多处印有胶印缩微文字"RMB20"字样；中国人民银行行名、面额数字、盲文面额标记等均采用雕刻凹版印刷，用手指触摸有明显凹凸感；正面采用双色号码(2个字母，8位号码)印刷，号码左半部分为红色，右半部分为黑色。

人民币的地位不容动摇，我们要维护我国人民币法定地位，爱护人民币，使它继续为我国金融业的繁荣和社会文化的进步作出有益的贡献。

第二章　信用与利息

一、解读信用

信用是一种以还本付息为前提条件的借贷经济行为，体现了借贷当事人之间的特定经济关系。一方面，我们应注意区分“信”与“信用”的不同含义，日常工作、生活中所见所闻的“信”，甚至“信用”，不一定就是指前面定义中的“信用”，一般意义上的“信用”与经济学上的“信用”是有本质区别的；另一方面，高利贷是一种特殊的“信用”，而许多人往往“想当然”地认为高利贷肯定不属于“信用”的范畴。

（一）把握信用内涵

春秋时，吴人季札出使徐国，徐君对他佩带的宝剑很喜欢，一再注视。季札本想立即赠送，但他想到自己还要出使他国，身上不佩剑是不合礼的，于是内心许诺：等到出使他国回来后，再将佩剑送给徐君。季札回到徐国时，徐君已经去世了。季札就把佩剑挂在徐君坟前的树上。有人问他：“你何必这样做呢？你又没有说要送给他，而且他已经死了。”季札说：“不，我过去已经心许了，我要守信。”季札因此赢得了称颂。

孙策招降太史慈后，邀请太史慈上坐，并设宴款待。慈曰：“刘君新破，士卒离心。某欲自往收拾余众，以助明公。不识能相信否？”策起谢曰：“此诚策所愿也。今与公约：明日日中，望公来还。”慈应诺而去。诸将曰：“太史慈此去必不来矣。”策曰：“子义乃信义之士，必不背我。”众皆未信。次日，立竿于营门以侯日影。恰将日中，太史兹迎一千余众到寨。孙策大喜[1]。太史兹守信、孙策知人，成为千古美谈。

吴人季札、太史兹所恪守的"信"，虽然和我要谈的"信用"有共同之处，但是，它和经济学意义上的信用有明显区别。经济学所讲的信用，是指用契约关系保障本金回流和增值的价值运动。可见，信用体现的是当事人之间的经济关系。以上历史典故中，季札和徐君、太史兹与孙策没有发生经济关系，仅仅体现出"信任"和"恪守诺言"。

《论语》说："与朋友交而不信乎？"墨子说："志不强者智不达，言不信者行不果。"人无信则不立，一个人"背信弃义"，就会成为"无信小人"。具备了"仁"、"义"、"礼"、"智"、"信"，就会受到别人的尊重。楚人有"得黄金百斤，不如得季布一诺"之谚[2]。中华民族历来强调的这个"信"字，没有体现经济关系，而信用体现的一定是一种经济关系。信用是财产使用权暂时的、有偿的让渡，体现的是一种契约关系，是以借贷为基础并受法律保护的产权契约关系。

国外对"信用"内涵的阐释也是有区别的。在法律意义上使用"信用"一词，最早可以追溯到《罗马法》。在《罗马法》中，"Fides"（拉丁文指信用、信义）表示"相信他人会给自己以保护或某种保障"。古罗马人创设的"信用"一词与其人格制度密切相关。人格一旦发生变更或减损，往往会导致其"名誉的减损"。例如，凡作伪证的，证人事后拒作证明的以及用文字侮辱他人的，都要受到"无信用"（intestablilis）的制裁，即被宣告为"无信用"的人，从此丧失作证或请他人为自己作证的资格。在古代德国，"信用"一般用于交易活动的誓约中。人们为了求得交易更加可靠，常常在诚实之

[1] 罗贯中：《三国演义》，第15回。

[2] 季布，楚人，为项羽大将，"以任侠著名，重然诺"。参见《史记》或《汉书》。

外加“glauben”(信用)一词作为誓言，以确保契约义务的履行。日本民法则是确立“信义则”为权利义务的普遍指导原则。上述意义上的信用，多从“守信”、“诚信”等一般意义上阐释。当然，古代德国的“glauben”有时与经济具有一定的联系。在英美法系国家，信用(credit，trust，reliance)一般体现在赊购、信贷等交易活动中，是当事人特殊经济能力的表现，同时，信用也是对偿债能力的评价。就一般意义而言，信用是指遵守诺言，实践成约，从而取得别人的信任。我们讨论的信用不同于一般意义上的信用，而是经济学意义上的信用。

自古至今始终存在的高利贷活动，应当说也是一种信用关系，只不过从其存在方式和经济后果来说具有扭曲的特性罢了。在延安“鲁艺”人集体创作，贺敬之、丁毅执笔的歌剧《白毛女》中，恶霸地主黄世仁与杨白劳之间的借贷关系就是一种特殊的信用关系，它被扭曲到了“旧社会把人变成鬼”的地步，所以，今天很多人“想当然”地认为高利贷并非信用的一种形式，恐怕与对高利贷强烈的憎恨之情有关。20 世纪 70 年代，《白毛女》歌剧在某地的一次演出中，扮演黄世仁的演员险些命赴黄泉。一位解放军战士被剧中情节深深打动，身不由己地准备一枪打死演黄世仁的演员。许多人将信用想当然地视为珍贵无比的“信义”、“一言九鼎”，在这种情况下，怎么可能将其恨之入骨的高利贷归入信用的“麾下”呢？

西汉景帝时，无盐氏的高利贷，“其息什之”，即借 1 还 10。“文景之治”尚且如此，动乱时代自不必言。统治者将高利贷的“息”用于营造自己的糜烂生活，这在剥削阶级社会中，自然是一种常见的现象，因此，马克思在对高利贷作定性分析时，曾提出两个标准亦即高利贷活动的两个特征：(1)高利贷的借用货币资金总是要投向非生产领域；(2)高利贷者在贷出货币资金时提出的资本增值要求往往违反社会平均利润分配规律。

在马克思所处的历史条件下，这种定性分析无疑是十分正常的。然而，从现代经济发展的实际来看，目前有许多情况需要重新进行研究。高利贷者的放款事实上已经进入了生产、流通等各个经济领域。以货币资金的投向作为划分高利贷活动与正常信用活动的标准已很难自圆其说了。

所以，高利贷和正常信用关系的划分标准只能是利息率的高低，极高的利率是高利贷的显著特征。在旧中国，民间借贷习惯按月计息，月息3分，即月息3%，被认为是"最公道"的水平。至于以多高的利率作为划分标准，在实际经济分析中很难统一界定，只能视各国的具体情况和所处的特定历史时期而定。

（二）信用的调剂功能

资财的收支状况无非三类：结余型、负债型、平衡型。对国家财政收支而言，表现为财政节余、财政赤字和财政平衡。若一国财政出现赤字，国家可以凭借政府信用发行公债以平衡财政收支，国家信用实现了社会闲置资金（或投资资金）与国家财政之间的调剂。企业的融资行为，如上市公司发行企业债券，上市公司的筹资行为也体现了信用的货币余缺调剂职能。商业银行向企业提供信贷，同样也是一种货币余缺的调剂，只是信用的性质和前二者有区别，后者是银行信用。

信用关系的存在，解决了不同货币所有者之间货币余缺的矛盾，克服了货币收入在社会中不同类型货币收支单位存在的时间与空间上的不平衡，所以，信用最根本的职能就是调剂，是一种以借贷形式出现的调剂。

1823年出生于徽州绩溪的胡雪岩，被世人称为"红顶商人"。此人架构起了以钱庄、当铺为网点，覆盖全国的金融行当，同时还营造出了一家享誉全国的金字招牌药店——"胡庆余堂"。胡雪岩的成功和一个落魄文人——王有龄密切相关。在封建社会，要想当官，至少有两条途径："科考"、"捐官"，但是，"捐官"之后还必须"投供"。在清代，"捐官"只是得到一个虚衔，凭一张吏部所发的

"执照",取得某一类官员的资格,如果要想补缺,必须到吏部报到,称为"投供",然后抽签分发到某一省候补。王有龄"捐官"后,没有钱"投供"。此时,胡雪岩将500两银票给王有龄,以作北上"投供"之用,后来王有龄给胡雪岩在生意上很大的帮助作为回报。这500两银票体现了信用在不同货币所有者之间货币余缺调剂的职能,在胡雪岩和王有龄之间实现了余缺调剂。

"中庸之道"对我国社会、经济、文化的渗透可谓入木三分,长期以来,我们的老祖宗在国家财政收支安排上大多奉行"量入为出,略有节余"的准则。他们往往把收入使用的理念限制在结余型、平衡型之中,然而,从商品经济的角度看,负债型收支安排并不像他们中大多数人认为的那样令人望而生畏。我们日常工作、生活中所接触到的货币,包括纸币和银行的活期存款,都是由各种类型债务所组成的。例如,我们手中持有的美元,可以看成是美联储发行的债务凭证;人民币现钞,则可视为中国人民银行发行的债务凭证;活期存款则是商业银行的短期债务。在现代社会中,一个国家也好,一个法人或自然人也罢,没有负债而是全靠自有资金去经国济世、去经营企业、去发展个人事业,并非最为理想的方式。我不主张信用的过度膨胀,比如当前美国的政府信用❶,同时,"既无内债,又无外债"也不可取,更不是一个国家的光荣。目前,越来越多的人们认识到了适度负债的益处。将来,相信会听到更多的中国老大娘在说:"我活了一辈子,终于可以把住房贷款还清了。"而不是像以前那样,经常听到中国老太太说:"我辛苦了一辈子,终于攒够买房子的钱了。"观念的更新十分重要。

人们通常认为信用的调剂功能是单向的,实际上,它的调剂作用是双向的。例如,人们通常认为政府(国家)信用仅指国家向臣

---

❶ 2004年1～10月,美国联邦政府的财政赤字比2003年同期增加了22%,达到3958亿美元。

民借债，其实，政府也可以是债权人。《周礼·泉府》记载："民"可以从"泉府"赊贷，"泉府"的利息收入用于"国事"；在汉朝，有官府贷放籽种、口粮的做法；北宋王安石变法时，政府就曾对农民和商贩提供信贷支持。

分配是财政的职能之一，按照"国家分配论"的观点，分配还是财政的最基本的职能，但是，分配不是信用的根本职能。比如，财政支出中的补贴，国家把补贴支付给我们，我们不需要回报国家，这就是分配，它具有无偿性。胡雪岩将500两银票给王有龄北上"投供"之用，后来王有龄给胡在生意上很大的帮助作为回报，这不能说是分配行为，只能是调剂行为。我们在史书中看到，在这500两银票的"转移"过程中，王有龄一再推脱，胡雪岩一再表示"不图回报"。然而，真实情况却是：商人胡雪岩事先早已盘算好了，要以王有龄为赌注，在他身上"投资"。这和历史上有名的吕不韦以秦王之孙子楚为赌注的典故如出一辙❶。胡雪岩与王有龄之间的这一行为，完全符合"信用是以契约关系为基础，保障资金回流和增值的价值运动"的定义，只不过其中的契约关系是无形的，这位被鲁迅先生称为"封建社会的最后一位商人"❷深知大多数中国士人是"知恩必报"的，而且是"涌泉相报"。认为信用在商品经济中的职能是分配，是国家有计划分配货币的工具。这一错误认识源起高度计划经济的管理模式。在经济体制改革以前，我们虽然也承认信用关系的存在，也有银行金融机构存在，但那仅是形式问题，或者说那仅是附属于财政分配的，这种信用关系实际成了财政分配的补充，并不是真正的信用关系。这可以从计划经济时期

---

❶ "吕不韦者，阳翟大贾人也……子楚，秦诸庶孽孙，质於诸侯，车乘进用不饶，居处困，不得意。吕不韦贾邯郸，见而怜之，曰"此奇货可居"……子楚乃顿首曰："必如君策，请得分秦国与君共之。"……吕不韦乃以五百金与子楚，为进用，结宾客……参见《史记·吕不韦列传》。

❷ 史源：《商经》，金城出版社，2001年1月第1版，第1、2页。

国有企业对货币借贷几乎未感到应及时偿还的压力这种现象得到佐证。

（三）银行信用

从实物借贷到货币借贷，从简单的货币借贷活动到现代信用关系，这是历史向我们展示的信用发展过程。当今世界，信用发展速度极快。例如，美国的消费信用规模在 1929 年是 71 亿美元，1987 年达到 6000 多亿美元，58 年增长了 85 倍。美国商业银行和储蓄机构 2003 年第 4 季度盈利从 2003 年第 3 季度的 304 亿美元上升至 311 亿美元。银行盈利大幅增长主要是由于 2002 年上半年单身家庭按揭增长，且下半年信用卡和住房贷款增长[1]。美国几乎到了"全民负债"的程度。以信用创造主体来划分，现代信用大致有以下五种：商业信用、银行信用、政府（国家）信用、消费信用和民间信用。本书主要探讨的信用形式是银行信用。

银行信用是指银行及其他金融机构，通过存、贷款方式与其他经济主体之间所形成的信用。银行信用是在商业信用广泛存在的基础上发展起来的一种信用形式，高度发达的商品货币经济是其赖以生存的土壤。无论是在资本主义经济还是在社会主义经济中，均占有重要的地位。

作为一种间接信用，银行信用具备了风险小、安全性强的优点。同时，银行是知识密集型和技术密集型企业，具有较强的服务功能和完备的信息反馈功能，它可以根据市场的信息反馈，随时调整自己的资产负债结构，使其融资活动的风险分散化，保证受、授信用活动的安全。银行信用具有较强的灵活性和广泛的接受性。因为银行信用是以货币资金形态提供的信用，货币作为一般等价物，可以购买任何商品，使银行信用可以克服商业信用在方向上的局限性。另外，银行信用是银行和其他金融机构在全社会范围内

[1] 陈华："美银行业整合速度将放缓"，《国际金融报》，2004 年 5 月 20 日。

筹集和再分配资金的一种信用方式，银行及其他金融机构可以有效地筹集社会各方面闲置的货币资金和社会各阶层的货币储蓄，其资金规模大、信誉高。

银行信用在借贷数量、范围、期限上都优于商业信用，可以在更大程度上满足商品经济发展的需要，使银行信用成为现代商品经济条件下的主要信用形式。加上银行信用具有集中性、计划性、安全性、稳定性的特征，这也使银行信用在信用体系中居于主导地位。

尽管如此，银行信用也并不能完全代替商业信用和其他信用形式。这不仅因为商业信用是银行信用产生的基础，更因为商业信用具有银行信用所没有的直接、方便等优点，在商业信用能够解决的范围内，工商企业总会首先利用商业信用来满足他们对资本的需要，而不必求助于银行信用。其他信用形式也有其存在的基础，例如，国家信用主要用于基础建设和临时性财政收支赤字的弥补，这也是银行信用难以做到的。在多种信用形式并存的条件下，我国应当根据经济发展的需要，建立以银行信用为主体，多种信用形式并存，多层次、多渠道分工合作的信用体系。

二、解读利息

（一）利息的本质

关于利息本质的问题，古往今来，经济学界有各种各样的解析。

古典经济学家威廉·配第(1623～1687)出身于英国汉普拉姆赛镇的一个小手工业者家庭。马克思在评价配第的生平时指出，威廉·配第在政治上是一个“轻浮的、掠夺成性的、毫无气节的冒险家”[1]，他“既能在克伦威尔的盾的保护下掠夺爱尔兰，又能为这

[1] 《马克思恩格斯全集》第13卷，第44页。

种掠夺向查理二世跪求必要的男爵称号”[1]。显然,马克思认为威廉·配第的政治品德是毫不足取的。然而,威廉·配第在经济学上的贡献却是巨大的,这一点我们不能以虚无的态度对待。威廉·配第的论著很多,内容涉及经济、统计、人口和自然科学等广泛领域。主要经济学著作有:《赋税论》、《献给英明人士》、《爱尔兰政治解剖》、《政治算术》、《货币略论》。威廉·配第在这些著作中,以其独特的方式,讨论了当时英国种种社会、经济问题,提出了自己的看法和政策建议。

关于利息,威廉·配第把利息称为“货币的租金”,在他看来,“货币的租金”是从“土地的租金”即地租中引申出来的。这是因为,威廉·配第虽然把“土地租金”和“货币租金”看作剩余价值的两种形式,但在实际上他常常把地租看作剩余价值的一般形式,因此,利息就只能作为派生的形式从地租中引申出来。威廉·配第认为,出租土地可以获得租金收入,同样,出借货币也应该得到利息,其数量大小取决于地租的高低。他给利息下了一个最初的定义,即利息是一定期限内放弃货币使用权的报酬。他提出,利息量在安全没有问题的情况下,至少应等于借到的货币所能购买的土地产生的地租;在安全可靠的情况下,还应加上一笔保险费,否则,货币所有者就不会出借货币,而宁愿用货币去购买土地。由此看来,机会成本是决定利息多少的关键因素。

在利息理论方面,约翰·洛克、达德利·诺思都追随威廉·配第,不过他们在某些方面比威廉·配第有所进展。

约翰·洛克(1632～1706)是17世纪英国著名的哲学家和经济学家。他出生于一个律师家庭,1656年进入牛津大学,学习和研究哲学、自然科学和医学。大学毕业后留在牛津大学任教。1683年因积极参加辉格党方面的政治活动受到迫害而逃往荷兰,

---

[1] 《马克思恩格斯全集》第13卷,第43页。

1688年回到英国，担任英国贸易和殖民事务大臣。同时，他还是1694年成立的英格兰银行的发起人和大股东之一。

同威廉·配第一样，约翰·洛克也是从地租中推论出利息，把利息看作"货币的租金"。他还明确地把地租和利息的产生归结为生产资料和直接生产者相分离的结果。约翰·洛克提出，由于一些人占有了生产资料，就能够利用这些生产资料去占有别人的劳动成果，把一个人的劳动报酬转移到另一个人的口袋中❶。这里，约翰·洛克从他的资产阶级"自然权利"观念出发，把利息看作货币所有权分配不均等的结果，进而把利息看作占有别人剩余劳动的结果，这是有积极意义的。约翰·洛克也同威廉·配第一样混同了借贷资本和货币，从而也认为货币数量决定利息率水平。他反对降低利息，他认为，正如地租率的高低受土地数量的限制一样，利息率的高低受到货币数量的制约，正如人们不能制定法律压低地租一样，人们也没有理由制定法律以降低利息。他说，"由于人们对货币的需要常常改变……要想用法律来规定货币的年租金，那和要用法律规定地租一样是没有可能的"。❷

达德利·诺思(1641～1691)是17世纪英国大商人和著名的经济学家。他出身于贵族家庭，早年在东方公司任职，长期居住在土耳其的君士坦丁堡。1680年回到英国，先后在海关和财政部任职。达德利·诺思因效忠国王而被封为爵士，并曾担任下院议员。达德利·诺思的主要经济学著作是一本篇幅不长的《贸易论》，于1691年匿名出版。在书中他主要讨论了自由贸易、货币和利息等问题。达德利·诺思的著作与威廉·配第的著作有直接的关系，马克思称他是"威廉·配第路线的第三个代表"❸。达德利·诺思

---

❶ 约翰·洛克:《论降低利息和提高货币价值的后果》，第33页。

❷ 约翰·洛克:《论降低利息和提高货币价值的后果》，第30、31页。

❸ 《马克思恩格斯全集》第26卷，第395页。

在利息问题上发展了配第的理论，他已经区分了借贷资本与货币，在政治经济学史上第一次提出了资本概念。马克思对此给予了很高的评价，认为达德利·诺思关于作为资本的货币的论述是古典政治经济学的最早发现之一，并称他是第一个正确理解利息的人。

达德利·诺思比配第和约翰·洛克进了一步，他明确把利息称作“资本的租金”，并将之与地租相对立。他写道：“正如土地所有者出租他的土地一样，这些资本所有者常常出借他们的资金；像出租土地得到地租一样，他们从中得到叫做利息的东西，所谓利息不过是资本的租金罢了。”[1]由于达德利·诺思对利息有正确的理解，因此他能够正确考察利息率的决定问题。他提出，决定利息率水平的不是流通中的货币量，而是借贷资本的供求量，借贷资本量增加，利息率就会降低。他举例说，荷兰的利息率所以比英国的低，就是因为荷兰的资本比英国多。

约瑟夫·马西（? ～ 1784）是18世纪中叶的英国经济学家。他的主要著作是1750年匿名发表的《论决定自然利息的原因》，这本书受到了马克思的高度评价，被认为是一部划时代的著作。约瑟夫·马西主要对利息进行了详细考察，第一次把利息归于利润的一部分，这一点对休谟、斯密等人的理论产生了重要影响。

约瑟夫·马西系统考察了利息与利润之间的关系，提出利润是利息的基础，利息是利润的一部分，利息总是要由利润来决定。他写道：“既然借债人为所借货币支付的利息，是所借货币能够带来的利润的一部分，那么，这个利息总是要由这个利润决定。”[2]这里，约瑟夫·马西正确地把利润看作资本的最初占有形式，利息只

---

[1] 达德利·诺思：《贸易论》，商务印书馆，1976年版，第18页。

[2] 约瑟夫·马西：《论决定自然利息率的决因》，第403页。

是利润的派生形式，这一点在剩余价值发现史上具有重要的意义。约瑟夫·马西还用利润率的降低来解释利息率的下降。他举例说，英国现在的利息率是4%，而过去为8%，其原因是因为那时英国商人赚得的利润比现在多1倍。而对于利润率下降的原因，约瑟夫·马西则试图用资本积累，特别是用国内和国外的竞争来说明，不过，约瑟夫·马西以及后来的休谟都没有分析利润本身的源泉问题。约瑟夫·马西的利润理论反映了18世纪资本主义生产方式逐步确立、产业资本进一步发展的现实，直到18世纪中叶，利息只是总利润的一部分这个事实，才被约瑟夫·马西和在他之后的休谟发现。

利息到底是什么？除了以上介绍的观点外，还有许多不同的看法。比如，纳骚·西尼尔认为，利息是借贷资本家"节欲"的报酬。阿弗里德·马歇尔认为，利息从贷者来看是等待的报酬，从借者来看是使用资本的代价。约翰·克拉克认为，利息来源于资本的边际生产力。庞巴维克认为，利息是未来财富对现在财富的时间贴水。欧文·费雪认为，利息是由供给方自愿延迟消费倾向和投资机会或资本的边际生产率两个因素共同决定的。凯恩斯对利息的解释则是人们在一特定时期内放弃货币的周转灵活性的报酬，即利息是放弃货币流动性偏好的报酬。

许多经济学家从某个侧面入手来探讨利息性质问题。例如，"节欲论"侧重从资本来源于储蓄、储蓄来源于"节欲"的思路上去分析利息的本质，把利息看作是"节欲"的应得报酬。这些观点有一定的借鉴意义，然而，很多人对利息的解释是不全面的，有的甚至没有探视到它的本质，看到的仅仅是它的某些表象。

利息的实质是剩余价值的转化形式，是对利润的一种分割。这从本源上回答了利息的性质问题。为了理论探讨的需要，我们把经济社会高度抽象为实体部门和货币部门，那么，显然社会财富的增加从本源上说就是实体部门扩张和效益增加的结果，而在商品货币经济中，两部门之间必然要发生种种的联系，货币资金在向实体经济部门注入时总是有条件的注入。这里面最基本的条件有两个：(1)按时回流；(2)带有一个增值额。这个增值金额就是利息。当然，如果将通货膨胀考虑在内，实际上利息可能为零，甚至为负。

（二）利息的功能

利息作为资金的使用价格在市场经济运行中起着十分重要的作用，利息高低直接影响经济主体的资产选择行为。在我国居民实际收入水平不断提高、储蓄占收入比率日益加大的条件下，居民更加重视资产选择，同时，金融工具的增多为居民的资产选择行为提供了客观基础，而利息收入则是居民资产选择行为的主要诱因。居民重视利息收入并自发地产生资产选择行为无论对宏观经济调控还是对微观基础的重新构造都产生了不容忽视的影响。从我国目前的情况看，高储蓄率已成为我国经济的一大特征，这为经济高速增长提供了坚实的资金基础，当然，高储蓄率同时也产生了一系列的问题，这里暂且不作讨论。关于利息高低影响人们的资产选择行为，这里我举一个反面案例。中央电视台经济频道 2004 年 7 月报道，浙江温州一女骗子(小学四年级文化水平)，在全国行骗数次，累计诈骗金额近 1000 万元。其作案手段：利用高额利息回报作为诱饵，影响他人资产选择行为，使人们受骗上当。步骤：第一步，借口做生意临时发生资金周转困难，向他人提出借小额资金(通常几万元)的要求，并许诺偿还周期短(一星期或半月)，高回报(50％～100％)；第二步，如期还本付息；第三步，一段时间后，同样理由提出借款要求，条件一样，但借款数额巨大(几十万元甚至上百万元)；第四步，卷款而逃，此人从此“消失”。当然，骗子还有其他辅助手段。例如，平时“侠肝义胆”、“出手阔绰”、“豪气冲天”；装扮成“信用为先”的假象，每次借款必主动写收据(当然，采用的都是假身份证和假名)；装扮成“女强人”形象，处处显示出自己是一名成功的“巨商”，居则豪宅，行则名车；第一次还本付息时，必同时购买一礼品（名贵的钻戒等给债权人，以表达“万分的感激之情”）。这一反面案例充分说明，利息高低直接影响经济主体的资产选择行为。

利息还具有价值补偿、经济核算等功能。长期以来，我国在国家与企业、中央与地方、微观经济主体之间的资金关系上，无偿调拨和占用资金居主导形式，利息的经济核算、价值补偿等功能都没有充分发挥出来，整体经济的运行效率十分低下。实行改革开放政策后，经过27年的实践，我国的市场经济体系已具轮廓，微观经济基础与改革前相比已发生了根本性的变化，利息在经济生活中的作用越来越大。利息作为货币资金的价格首先要与一般商品的价格发生关系。从微观角度看，资本不可能改变其“逐利”的本性，任何商品生产者参与经济活动的最终目的都是试图实现利润最大化，在价格水平一定的情况下，如果商品的全部成本低于销售价格，那么，生产、经营该商品就有利可图。由于利息是计入成本的，在其他条件不变时，如果利息水平提高了，那么，随着商品总成本的提高，税前利润就会减少，如果利息增加比重较大，税前利润还可能变为负数。如果任何商品生产都在追求平均利润率，那么，只要利息水平提高，商品生产者为保证利润预期目标的实现也要相应提高商品的价格。当利息水平降低时，商品生产者在确保一定利润水平的前提下为提高商品的竞争力，一般也会相应降低商品销售的价格。由此可见，从微观上说，利息水平与一般商品的价格是正相关关系。在商品货币经济中，货币为商品运动提供了一个无差别的衡量尺度，生产维持和扩张，流通及消费的进行，都可以用货币作为尺度进行检验。这样，无论实物资源还是货币资金的使用，只有引进利息观念并发挥其积极作用，才能达到最经济、最有效率的目标。在我国传统计划经济体制下，市场受到极大限制，货币的积极作用也被压制到最低点。利息作为企业的资金占用成本已直接影响企业经济效益水平的高低。企业为降低成本、增进效益，就要千方百计减少资金占用量，同时在筹资过程中对各种资金筹集方式进行成本比较。全社会的企业若将利息支出的节约作为一种普遍的行为模式，那么，经济成长的效率也一定会得到提高。一个企业即使不借入资金而完全靠自有资金进行生产经营活动，它也要将利息作为机会成本进行权衡核算，因为根据替代原理，这类没有负债的企业即使不将资金投向自身预定的经济活动，而是简单地把这些资金贷放出去，它们也能得到与市场平均利息率大体相当的收益，因此，利息作为一个具有广泛影响的经济变量也必然与许多经济变量发生联系。

三、推进我国银行信用建设

（一）　我国银行信用问题分析

1. 社会信用缺失。社会信用缺失是造成我国银行信用状况恶化的一个重要因素。信用的功能之一是对社会交易成本的降低，但是，在不考虑人们的思想道德水平的情况下，信用的形成最终取决于人们对履约与违约成本收益的比较判断，它属于一种经济博弈行为。只有当履约的净收益持续大于违约的净收益时，信用才会成为人们长期追求的交易准则，并不断地得以升华。在这里，起关键作用的是违约成本。违约成本主要包括两个方面：(1)因违约而承担的法律责任（如赔偿责任、刑事责任）；(2)因违约而丧失的未来交易机会（如成为市场禁入者）。前者是由一系列关于契约的法律如《中华人民共和国票据法》、《中华人民共和国合同法》等规定的；后者则取决于社会对信用的认识。

我国并不缺乏诚信传统，“一言九鼎”、“一诺千金”自古以来就被人们广为推崇，“信义之士”也被人们广为传颂，然而，中国人的这种信任关系更多的是建立在个人的“人际关系网”之上的。在以血缘、“交情”为基本脉络的立体“关系”网中，不同人之间的“关系”

却是不同的，有着严格的远近亲疏的差别，因此，这种信任关系也就随着人际"关系"的疏远而逐渐弱化，从而呈现出信用的层次性，即人际"关系圈"内的高度信任和人际"关系圈"外的低度信任。为了能够获得某人的高信任度，首先必须设法进入此人的人际"关系"网，于是，"公关"成风，将社会生产等资源浪费在"开展公关活动"上，严重影响了经济效率，同时，也为一些人的腐败行为提供了滋生的土壤。

讲"关系"难道错了吗？"公共关系学"、"人际关系学"难道不是科学吗？读到此处，有些读者朋友或许会发出诸如此类的问题。严格意义上的公共关系、人际关系是在市场经济、民主法制建设和公民的现代意识达到一定水平的前提下形成、发展的。目前，在很多情况下，个人权利与公共权力之间的界限不够分明，"人情"和"人际关系"还比较多地影响着社会关系和公共事务。许多正常、合法的事情往往必须用非正常，甚至不合法的手段才能办成。这就迫使大多数组织和个人在不满于这种现状的同时，为了节约成本、时间，达到自己的目的，又不得不去被动地适应这一现实，千方百计在自己周围编制人际关系网[1]。无论"牛郎"还是"织女"，都得学会"织网"，都得忙于"织网"。由此看来，当前我国一些公共关系、人际关系的实践是畸形的，许多企业和个人倾力开展的"公关活动"，不但不是科学的行为，而且是反市场、反效率的。目前，社会中一些所谓的"人际关系"的大量存在，事实上是社会信用缺失的一个表象，也是与我国的精神文明建设、营造通过正当手段公平竞争的市场环境的宗旨格格不入的。试问：当一个守法经营、业绩卓越的企业仅仅因为所谓的"关系没搞好"而得不到银行信贷支持，难道有利于我国银行信用体系建设吗？当孩子上幼儿园也要给老师送礼、托人"搞关系"，甚至考博也要讲"关系"时，不觉得这

[1] 张克非：《公共关系学》，北京，高等教育出版社，2001年6月第1版，第18页。

是我们伟大民族莫大的耻辱与悲哀吗?!现实生活中,找工作要“搞关系”,做学问有时也要“搞关系”,这足以表明目前我国的公共关系是不正常的。君不见,有人习以为常地终日开展所谓的“人际关系”,有人“为了生存”也在做些“逼良为娼”式的“人际关系”。事实上,人人都不去“讲”这些“关系”,这个社会将会充分彰显公平与高效。例如,考博做学问者可以静下心来读书、搞科研,而不必整天琢磨给导师送什么礼,请他吃什么,或者搞其他什么名堂。每一位考博者也不必在备考之时,整天担心自己成为刻苦学习的“陪考者”。谁考试成绩优异,谁科研能力靠前,谁就被录取。就这么简单!社会信用的缺失导致了社会交易成本的提高,破坏了通过正当手段公平竞争以获取银行信贷资金的市场环境,是造成我国银行信用问题的外部原因。

2. 企业对银行信用的过度依赖。迈耶(Mayer,1988,1990)发现,在除美、英、法、德等国的企业中,利润留成是企业最重要的融资来源。科比特和詹金森(Conbett and Jenkinson, 1996,1997)提供了美国、英国、日本、德国近年来的数据。他们发现企业融资主要也是靠内部积累,市场起的作用很小❶。这说明,美、英、德等西方一些国家的企业资金来源主要依靠自身积累,对银行信用的依赖程度比较低。

我国企业高度依赖银行间接信用,企业融通资金的其他渠道有待疏通。以1997年为例,当年我国全社会融资总量和全年净融资量中,由银行信贷融资的比例分别高达86.4%和82.1%。我国企业对银行贷款过度依赖是由以下两方面原因造成的。首先,我国商业信用不发达,商业信用形式严重扭曲,迫使企业被迫求助于

❶ 富兰克林·艾仑、道格拉斯·盖尔(Franklin Allen & Douglas Gale):《比较金融系统》(Comparing Financial Systems),北京,中国人民大学出版社,2002年6月第1版,第39页。

银行信用。1998年末，全国商业票据余额为547亿元，只相当于同期金融机构贷款余额的0.63%。1995年商业票据结算金额仅相当于企业年末存款余额的11倍，而早在20世纪80年代中期，美国的商业票据年结算量已是企业活期存款年末余额的3300倍。其次，我国的银行系统尤其是国有银行系统掌握着绝大多数金融资源。截至1999年末，国家银行控制了全部社会存款的74%，拥有全部贷款债权的79%。尽管各种非银行金融机构兴起，尤其是我国证券市场的产生和发展壮大，为我国企业提供了直接融资途径，但是，有限的证券市场资源显然还不足以满足众多企业的融资需求，中小企业、绩差企业通过上市实现融资目标的难度则更大。据中国人民银行2003年8月的调查显示，我国中小企业融资供应的98.7%来自银行贷款，即直接融资仅占1.3%[1]。在金融市场上，商业银行为企业提供信贷资金的垄断地位并未被削弱，企业对银行的依赖性依然过大。

表2-1　1997～2001年我国融资结构表

单位：亿元人民币

年份	融资总量	货币市场筹资额	资本市场筹资额		贷款总额	间接融资比重(%)
			境内股票筹资额	债券发行额		
1997	84500.68	4600	856.06	4130.52	74914.1	88.66
1998	98285.01	3841	778.02	5906.89	86524.1	88.03
1999	105681.02	5076	896.83	5973.89	93734.3	88.70
2000	114699.62	7445	1498.52	6385.00	99371.1	86.64
2001	133090.85	11973	1182.15	7621.00	112314.7	84.39

资料来源：1997～2002年《中国金融年鉴》。

[1] http://ggqy.nease.net/news/2004102803.htm，2004年10月。

3. 企业信用缺失。我国企业信用问题比较严重。2002 年中国企业家调查系统调查结果显示，企业拖欠贷款、贷款、税款的金额占其全部信用问题总金额的 76.2%(见表 2-2)。

表 2-2 企业信用存在的主要问题

问题	拖欠贷款、贷款、税款	违约	制售假冒伪劣产品	披露虚假信息	质量欺诈	商标、专利技术侵权	价格欺诈
比例(%)	76.2	63.2	42.4	27.3	23.5	13.3	11.1

资料来源：根据 2002 年中国企业家调查系统调查结果整理。

企业拖欠贷款、货款、税款严重影响了其他企业、银行的正常经营和国家财政收入。在发达市场经济国家，企业间的逾期应收账款约占企业交易总额的 0.25%～0.5%。我国企业在进行公司制改造中，存在“假破产、真逃债”的现象，造成部分银行信贷资金的流失。许多迹象表明，我国企业信用建设问题不容忽视。新世纪之初，广东潮阳、普宁发生罕见的骗取出口退税大案，据不完全统计，共虚开增值税发票 8.6 万本，虚开税额 323 亿元，骗税 42 亿元。2002 年中国企业家调查系统调查结果显示，企业全部信用问题总金额中，涉及企业违约的金额达 63.2%(见表 2-2)。另据工商部门的统计显示，目前我国每年订立的合同约有 40 亿份左右，合同标的约 140 万亿元。1990 年以前的合同履约率是 80%～90%，1990 年以后的 10 年合同的履约率只有 50%左右。

一般而言，企业在负债较少时，还本付息主动性还比较强，而当负债额度相当大时，企业“虱多不痒”，对银行信贷资金往往不予归还或拖延归还贷款。尤其是在企业经营不景气的状态下，一些企业通常将归还贷款排为最后序列，形成商业银行大量的逾期、呆滞、呆账贷款和欠息，商业银行效益也就无从谈起。截至 2000 年

11月底，在四大国有独资商业银行开户的42656户改制企业中，经金融债权管理机构认定有逃废债务行为的共有19140户，占总数的44.9%；逃废银行贷款本息1460亿元，占贷款本息总额的37.96%。我国每年因企业逃废债务造成的直接经济损失约为1800亿元，因合同欺诈造成的损失约55亿元❶。由此可见，作为银行交易对方的企业，其信用缺失是相当严重的。这种情况严重损害银行等债权人的利益。

4. 信贷结构不合理。国有银行与国有企业的所有制性质都属于全民所有制，这是造成我国银行信用状况恶化的另一原因。国有商业银行和国有企业形同“兄弟”，作为“父母”的国家可能并不十分关心“儿子”之间的债权债务关系，而更关注的是这两个“儿子”对外是否盈利。如果一个“儿子”的暂时“吃亏”是另一个“儿子”生存的必要条件的话，“父母”完全有可能接受这种“吃亏”。我国决策层已经大体弄清了20世纪90年代之前银行业形成的大量不良资产的构成。大约有30%的坏账是不同层级的政府为了推动经济发展或制造个人政绩，命令银行给个别项目放贷导致的。另30%左右的坏账用于支持国有企业，确保它们不致倒闭。一些问题尤为严重，即所谓“救不活”的国企，政府下令其关闭或合并，它们遗留下来的债务形成不良贷款，这部分构成银行坏账负担的10%。另外10%的坏账来自“行政环境”。除了这些直接和政府有关的坏账外，还有20%的坏账是银行自己内部管理问题导致的。这一部分中相信有相对大的比例涉及贪污行为❷。国有企业和国有商业银行尽管具有同一产权人，但二者的收益与风险的承担者却并不同一。对于总分行制下的国有商业银行而言，所有分支机

❶ 朱怀庆、向文华：“中小商业银行与社会信用”，《中国金融》，2004年12月。

❷ 周小川：《决策层已经弄清了不良资产的构成》，http://business.sohu.com/7/0604/09/column220530939.shtml，2004年10月。

构的经营风险最终都将归结于总行。基层银行因为经营不善倒闭，其上级机构必须承担起全部的债权债务关系。国有企业的情况不同，除了中央直属的中国核工业集团公司、中国海洋石油总公司等特大型国有企业外，绝大多数国有企业的经营状况都与地方政府的利益息息相关，它们不仅是地方预算收入的重要来源，而且可以为提高地方就业率贡献力量，国有企业经营状况也是考核地方政府政绩的一个重要因素。在这种情况下，地方政府具有很强的干预商业银行经营管理的偏好，政府行政干预使银行资产质量受到严重损害。长期以来，国有企业尤其是国有大中型企业一直是我国国有商业银行的主要放款对象。由于国有大中型企业的资金占用量较大，容易造成基层银行的大部分资产被锁定在单个或少数企业之中，造成银行信贷资金的风险高度集中。

（二）推进我国银行信用建设

在现代社会信用体系中，银行信用是主体信用，可以说银行信用的正常化是整个社会信用健全完善的重要标志。同时，银行信用也是连接国家信用、企业信用、个人信用的桥梁，在整个社会信用体系的建设中具有先导和推动的作用。因此，针对上述我国银行信用存在的主要问题，我们应当大力推进我国银行信用体系建设。

1. 提高金融运行透明度。透明度和自由化这两条基本原则，体现了现代市场经济的基本特征。透明度所要解决的是市场经济相关信息的公开化问题、市场经济“游戏”规则问题。落实透明度原则对于金融业来说，关键在于使金融活动中起关键作用的各类金融机构及时向金融监管当局报告其真实的数据。在1997年、1998年的亚洲金融危机中，韩国、日本等国家的一个重要教训就是金融运行的透明度不足，许多金融机构掩盖了大量的不良资产状况，直至出现支付危机并引致倒闭时金融监管当局才获知真实情况，但此时“亡羊补牢”为时已晚。我国应把提高金融运行透明度作为深化金融改革的一项重要内容：(1)金融政策调整应向金融参与者公示，以使每个金融市场参与者对金融政策变动的知情权切实得到保障；(2)逐步建立金融机构信息的强制披露制度，对各类金融机构可根据情况划分信息披露等级，哪些信息必须向金融监管当局报告，哪些信息应向公众告知都划分出相应的层次；(3)某些重大金融政策的制定过程应体现科学、民主的原则，对于那些可能给各利益集团产生重大影响的措施，在制定和实施前应充分发挥专家集体智慧的作用，应经过充分论证，防止和避免靠少数人"拍脑门"决策的不正常现象；(4)各银行之间应建立畅通的信息沟通渠道，做到客户信用等级信息资源共享，预防和减少有严重道德风险倾向的客户重复借贷或多头骗取银行信贷资金现象的发生。

由中国人民银行修订的《金融统计管理规定》已向社会公开发布，其中具体规定了中国人民银行总行向社会公布金融统计资料的时间、频度、内容和渠道。同时，规定各金融机构部门向中国人民银行报送的与中国人民银行统一金融指标相关的统计数据，应由各金融机构部门或指定部门"归口"管理，以保证统计数据的准确性和一致性。这表明我国的金融统计工作加快了与国际接轨的进程，逐步实现按国际准则披露金融统计数据的目标。

2. 制止逃、废银行债务行为，实现企业融资渠道多元化。首先，要规范企业的破产改制行为。企业破产、兼并、重组要按照法律程序，严格依法办事，坚决制止和杜绝企业在破产改制过程中有意逃、废银行债务的行为。其次，综合运用各种手段对逃、废银行债务的行为进行制裁。对利用改制之机以各种形式有意逃废银行债务的企业，国家应给予坚决制裁。各商业银行和信用社可按有关经济、金融法规，依法对逃、废银行债务的企业起诉。

制止企业逃、废银行债务，必须加大执法力度，提高企业的失信成本。我国在抓紧制定、完善相关金融法律的同时，还要加强执法力度，维护法律的权威，使债权人的合法权益切实受到保护，使违法违约侵犯他人权益者受到法律制裁。对于逃、废银行债务，不仅责罚企业，还要责罚企业法人代表和直接责任人，依法追究相关法律责任。

积极发展资本市场，扩大直接融资比重，实现融资渠道的多元化，减少企业对商业银行的贷款需求，促使商业银行调整市场结构，拓展个人消费信贷市场。由于资本市场有强制披露信息的严格要求，股票上市的企业的经营行为受到市场的监督，而且商业银行也可以利用这种公开披露的信息对有银行借款的上市公司加强监督，减少企业的违约失信行为。我国证券市场新开辟了中小企业板市场，这对于中小企业减少对商业银行信用的依赖，意义重大。按照国际上的一般规律，银行、股票、债券的融资规模基本相等是最为正常的，我国在这方面显然很不平衡。美国的资本市场有四部分：股票市场、国债市场、公司债市场、市政债或机构债市场。我国基本上只有两部分，公司债市场、市政债或机构债市场不成规模。我国也可以通过继续发展企业可转换债券市场等手段，实现企业融资多元化。

3. 建立和完善信用担保、信用保险体系。信用担保在建立国民信用体系的事业中承担着重大的责任。完善的信用担保、信用保险体系是银行信用体系建设中不可分割的重要组成部分。没有完善的信用担保、信用保险制度建设，就不可能最终建成完善的银行信用体系。我国应建立和完善信用担保机构。近几年全国各地纷纷尝试建立了形式多样的信用担保机构，为解决中小企业融资担保难问题起到了一定的积极作用，然而，我国信用中介机构建设滞后，截至 2001 年 7 月底，我国从事信用中介服务（主营和兼营）的各类信用中介机构只有 500 家左右，其中约 60%是信用担保机构，约 35%是信用咨询公司，另外约 5%是从事信用评价、信用征集和信用调查的公司[1]。我国信用中介机构数量不足，而且信用

[1] 董富华："企业信用缺失的治理对策研究"，《改革与战略》，2003 年第 10 期。

担保机构普遍隶属于地方，普遍规模较小，监督管理机制不健全，实际运作中信用担保机构已出现了风险征兆。如何对其进行风险防范、风险处置、监督管理，实现高效运作和发展已迫在眉睫，因此，在原有的基础上，需着力做好以下工作：建立有效的风险补偿保障机制，提高承受风险的能力。例如，提高成员的风险准备金缴纳比例及违约的经济处罚力度。建立合理、可行、科学的担保公司与保险机构的合作机制。给担保公司投信用保险或给担保公司的会员投信用保险，进一步防范和化解风险，提高金融机构对其的信用安全依赖度。信用是最宝贵的无形资产，是企业的兴业之基，个人的立身之本。如此宝贵的财富，如何有效地通过信用保险的运作，使之真正进入保险、安全的状态，很值得我们深入研究和思考。笔者认为，我国可以大胆地借鉴国外的经验和做法，引入"信用保险"的这个新险种，对信用进行保险。银行加强与保险业的合作，积极给客户推荐信用保险的险种，也可以对自身已有的资产进行一定比例的信用保险，共同促进"信用保险"业的发展。

4. 实行"黑名单"制度。我们可以尝试分别对银行信贷客户建立"A、B、C"三类档案。谁不守信用就处罚谁，甚至罚其出局，把不守信者永远排除在外，使其成为"市场禁入者"。依靠中国人民银行、中国银行业监督管理委员会的监管威慑力和影响力，在各地区成立金融业协会，明确其职责，制定统一的打击针对银行信贷资金的不守信行为，对不守信的企业和个人进行曝光公示。各银行金融机构对所有贷款项目和客户进行全面的摸底调查，对借款人（包括企业法人及主要负责人情况）的经营情况和市场前景、清偿债务的意愿和还款能力、失信记录等信息进行收集并给予评定，按"A、B、C"三类建立信用档案。A 档案的法人（自然人）可设定为信用记录优良、诚实守信、企业发展好、个人诚信度极高的客户；对偶有不良记录，在银行贷款五级分类中已进入"次级"客户类的，归入 B 类档案栏；对不良记录频繁、信用已丧失、在五级分类中已进入"损失"类的客户建立放入C类档案，为其建立"黑名单"。通过各银行金融机构的协调统一，在统一规范的银行信用体系下，对"黑名单"客户进一步采取以下制裁措施：停止办理资金支付业务；停止办理审查、审批一切贷款项目及开具银行承兑汇票、信用证等业务；对出借账户给"黑名单"客户使用者，将注销其在银行的账户，停止为其办理一切支付业务和各种信贷业务，等等。

四、深化我国利率市场化改革的路径

从目前情况看，虽然我国利率市场化改革已经取得阶段性成果，但是，我国利率弹性仍有待提高，改革需要继续深化。当前，在深化利率市场化改革过程中，应尽快形成我国市场化的基准利率体系；适当提高利率水平，以防止"流动性陷阱"对我国经济体系造成重大损失。

（一）形成我国市场化的基准利率体系

西方国家银行业利率结构比较复杂，从放款利率角度讲，基本分为四个层次：(1)基准利率。基准利率为中央银行对商业银行的再贴现率。中央银行通常依据经济、金融政策的需要，运用变动再贴现率的手段来影响、引导商业银行回收、放出信贷资金的数量，利用再贴现率来调节金融市场银根的松紧，促进经济的平稳发展。(2)银行同业拆借利率。银行同业拆借利率是指中央银行以外各银行之间相互调剂资金余缺的利率，它通常高于中央银行的基准利率。银行同业拆借利率在伦敦欧洲货币市场上叫做LIBOR，在美国叫联邦基金利率。(3)优惠利率。优惠利率是指向信用状况良好的企业提供短期资金时，商业银行收取利息所赖以计算的利息率，它比银行同业拆借利率高，但比一般贷款利率低，国际银行间的贷款利息往往参照这种利率计算，一般是按照LIBOR加一定幅度的加息，但通常不会超过一般贷款利率。(4)一般贷款利率。一般贷款利率是指商业银行对资信一般的企业提供贷款的利率。一般贷款利率水平高于优惠利率，高出部分的幅度根据企业资信情况及银行信贷资金数量确定。以上四个层次利率的核心为基准利率。基准利率由中央银行按照全国经济情况及金融政策进行制定和调整，其他各种利率均与其有直接或间接联系，并受其影响上下起伏，从而形成了基准利率与其他利率之间“本”与“标”的关系。银行同业拆借利率高于基准利率，商业银行的优惠利率高于同业拆借利率，而一般贷款利率高于优惠利率。四个层次的利率环环相扣，而作为第一层次的基准利率成为整个体系的核心。

目前，我国金融系统没有一个能够对其产生全面影响的基准利率和合理的利率体系，这导致了市场利率价格信号失真，不能完全反映资金供求关系。我国的官定利率结构也有待完善，其表现是利率档次太多、结构太复杂，影响了经济和金融运行。例如，在长期的经济运行中，官定利率远低于市场利率，造成民间非法集资现象的屡禁不止；同时，长短期资金利率结构不合理，两者利差过小，使固定资产投资和长期资金的需求高于对流动资金、短期融资的需求，企业（或个人）千方百计地将短期资金转化为长期资金，使货币市场资金源源不断地流向资本市场，两个市场都处于极不均衡的状态。如果利率由市场决定，长期资金需求增大时，利率会同步提高，一方面增加资金供给，另一方面减少需求，自动阻断货币市场流向资本市场的资金，恢复市场均衡。由于我国的货币市场不健全，利率的自动调整功能差，不得不依靠行政手段来调节资金供求者的行为。

市场化的基准利率的缺位，是制约我国利率市场化进程的一个重要因素。在我国，银行的存款利率一直发挥着基准利率的作用。这种状况的长期延续，不利于利率市场化的推进。主要原因有：(1)在任何情况下，银行存款利率都不可能在市场上通过公开、连续、广泛、集合的竞争性定价活动来确定。在中央银行或货币当局掌控的情况下，存款利率更多地只能依据若干因素在电脑上“计算”得出。显然,从定价的技术特征上看,存款利率难以成为公开灵敏地反映资金供求状态的工具,并且存款定价从来就有“黑箱”的特征。发达市场经济国家的情况显示:即便不实行管制,银行存款利率一向就具有强烈的“派生”和“引致”特性,它从来就没有也不可能构成全社会利率体系的基准。(2)从利率的期限结构角度,我们更容易看出存款利率充当基准利率的缺陷。利率期限结构的功能,是在确认不同期限的金融市场之间存在分割且资金不可能在市场间无成本地相互交流的前提下,反映从短期到长期的资金供求的态势。在这里,各个期限的利率都是在各个期限的资金市场上由供求双方通过竞争形成的,而且,各个市场之间一般并不存在资金大规模流动从而形成套利的密切联系。显然,在银行存款利率的基础上,不可能形成这种利率的期限结构。一方面,银行的存款期限通常都在 10 年以内,因此,长于 10 年期的各档次利率就根本无法在银行内形成,而这些期限的利率对于投资市场和宏观经济运行来说又是极端重要的(在一定意义上,现在困扰我国保险业的“利差损”就是因我国缺少真正的长期利率造成的);另一方面,在期限品种极为有限的几种存款中,其他存款的利率基本上是依据某种简单的公式基于某一期限的利率(我国主要是 1 年期存款利率)套算出来的,这样形成的利率无法反映出真实的市场供求状况。

显然,促进市场化的基准利率体系形成,应当成为我们利率市场化改革进一步深入的任务之一。从近年的发展来看,与其他国家的情况相似,在我国,同业拆借利率已逐渐显示出其作为基准利率的主要特征,但是,同业拆借利率在覆盖面上存在明显不足。由于我国准备金制度和支付清算体系存在较大缺陷,中央银行对其实施调控尚难做到游刃有余,它对其他利率的影响,特别是对各类银行利率的影响,尚不显著,因此,完善我国货币市场,应当成为下一步改革的重点。同时,具有同样重要意义的是,我们还需大力促进各类债务工具市场的发展，借以疏通基准利率的传导机制。在这里，促进包括政府债券市场、市政债券市场、政府机构债券市场、公司债券市场、抵押贷款债券市场、资产债券市场、公司短期融资债券市场等在内的各类债券市场的发展，都有积极的意义。

（二）当前课题：防止"流动性陷阱"

1997年亚洲金融危机以来，我国市场有效需求明显不足，为扩张内需刺激经济，中央银行连续多次采取了降息措施，并且从1998年开始，国家实施积极财政政策，这一系列手段的运用都对我国经济运行产生了积极的影响，然而，另一方面，笔者认为到目前为止，我国对利率下调已经"矫枉过正"，当前应适当提高利率水平，防止"流动性陷阱"给我国金融、经济造成严重危害。

表2-3 我国存贷款利率下调情况(1996～2001)

年 份	一年期储蓄存款名义利率	商品零售价格指数	实际存款利率	一年期贷款名义利率	生产资料价格指数	实际贷款利率
1996(2,2)	9.15	6.1	3.05	10.93	1.7	9.23
1997(1,1)	7.11	0.8	6.31	9.68	－0.2	9.70
1998(3,3)	4.96	－2.6	7.56	7.43	－3.0	10.43
1999(1,1)	2.92	－3.0	5.92	6.09	－3.6	9.69
2000(0,0)	2.25	－1.5	3.75	5.85	3.1	2.75
2001(0,0)	2.25	－1.1	3.35	5.85	－0.1	5.95

资料来源：《中国金融年鉴》、《中国统计年鉴》相关年份。

注：括号中数字依次为当年名义存款利率和名义贷款利率的调整次数，各年名义利率如遇调整，均按执行时间进行加权。

利率恰似中央银行或货币当局手中一根灵活的杠杆，利率的小幅调整，往往会带来比较大的宏观经济效应。学术界一直对货币的各种传导机制格外重视，尤其是对近年来日益显著的、被誉为“第一通道”的利率传导机制的研究，但是，当名义利率偏离其正常区间而触及极端的下限时，即趋近于零时，这一主要传导机制便不复存在，取而代之的是一种颇为尴尬的窘境：货币政策基本上不起作用，无论货币供应量如何增加，宏观经济变量在一定范围内却几乎无动于衷。这种特殊情形被形象地称为“流动性陷阱”(liquidity trap)。

1998年，经济学家保罗·克鲁格曼(Krugman)在他的一篇论著《它回回回来了：日本的衰退和流动性陷阱的归来》中[1]，将流动性陷阱描述为：名义利率为零或接近于零时出现的一种特殊情形，此时的最大特征是货币政策基本失灵，因为货币和短期债券被视为完全替代品，所以注入货币基础并不会起任何作用。

流动性陷阱发生的可能性并不大，但是万一发生，则后果极其严重。例如，在20世纪30～40年代的美国，利率长期在极低的水平上波动，1933年的平均利率是0.515%，到1940年平均利率竟只有0.014%。虽然美联储曾试图大幅提高货币基础，但不幸的是，所有的努力都付诸东流。

众所周知，现代中央银行职能的最大转变是货币政策的内生性，即货币政策再也不像过去一贯的外生性那样被动挨打，而是主动的去顺应市场需求的变化来作出调整。中央银行的两大主要职责分别为稳定物价和促进经济增长，中央银行会根据市场的变化而时常调节货币政策来达到这两个目标。在经济繁荣时，中央银行的首要目标是确保物价稳定，而在经济疲软时，它的目标则是如何想方设法使经济尽快复苏，早日走上稳定增长的轨道。为了达到后一目标，中央银行通常采用调节利率这一间接货币工具，实践证明它对抑制通货膨胀具有明显功效，但对刺激经济作用有限，这

[1] 在这里，克鲁格曼连续用了三个“回”字，是希望增强修辞效果，而不是笔误。

充分表明加息和减息有明显的不对称效应。其中，若经过不断减息仍无法带动需求增长的话，再度减息往往不可避免，这样超低息的可能性便出现了。

当名义利率被调节至零时，消费者和银行对持有现金和债券便没有任何偏好了，同时消费者也对银行存款无偏好了。在这种情况下，究竟货币政策会带来什么效应便变得不可决定了。一方面，货币基础的增加可能被消费者所吸纳，他们没有将其用于购买债券或银行存款，而是将部分以现金形式持有；另一方面，货币的增加也可能被银行所吸纳，但银行仅将其用于额外储备。综合起来，虽然货币总量略有增加，但很明显银行信贷额会减少。

无论如何，不管是哪一种替代转换，价格水平都不会改变。若价格存在黏性的话，产出也不会改变，因此，高能货币基础的增加将会改变现金、债券和银行存款三种替代转换组合，引致三大变化：(1)公众持有的现金增加了，故广义货币量略有增加；(2)现金代替了部分存款，故银行的存款额实际上有所下降；(3)银行的储备增加了，故银行的信贷额随之大幅减少。这些变化不仅使得传统的利率和汇率渠道受阻，而且也使得狭义和广义信用渠道无法发挥其正常功能。有人将这称之为“信用陷阱”。

由此可见，当流动性陷阱产生时，价格和利率不再反映货币供给的变化，这必将导致整个系统失灵。从这个意义上讲，流动性陷阱的后果极为严重，它的出现不只表明货币政策失灵，而更显示宏观经济秩序和赖以运行的规律的破坏和改变。具体而言，流动性陷阱所伴随的有如下严重问题：零利率；通货紧缩；产出缺口(output gap)增大；消费占 GDP 的比例较低；国内储蓄与投资缺口扩大；外部货币的高增长没有带动广义货币的增长。前五点一目了然，而后一点则是从历史事件中总结得出的，到底它们是否是所有流动性陷阱的共性，目前还言之尚早。

不过，从另一个角度看，广义货币的微弱增长也许正是经济无法摆脱流动性陷阱困境的主要原因，这也为“零息时代”货币政策如何实施指明了方向。

在美国经历的20世纪20～30年代的大萧条中，货币基础和M_2的变动大相径庭。尽管货币基础在1929年后的几年之内只有小幅增长，但在30年代末期其升幅便迅速提高了。反之，M_2则在前期的跌幅就超过了1/3，后期虽略有增长，但直至1939年也未能达到1929年的水平。在学术界，对货币供给在大萧条中所起的作用的解释，经济学家历来有两种相互对立的观点。一种源于弗里德曼和施瓦茨，他们认为M_2是货币供给的较恰当的度量，在大萧条发生初期，美联储曾犯了一个严重的错误，他允许广义货币过度下降，而对M_2增加却迟迟没有启动，拖慢了经济复苏的步伐。另一种观点则由波纳金提出，他认为，大规模的“金融脱媒”导致了货币乘数效应显著降低，且几乎为供给而非需求现象，这是造成经济大幅下滑的主要原因。但这些对大萧条所作的各种货币解释也受到不少抨击，非货币学派认为货币总量的下跌并非是经济衰退的原因而是其结果，不是美联储不想增加货币的总量，而是美联储能力有限、无法影响那些不受制于美联储的因素罢了。

日本在20世纪90年代的情形与美国30年代的极其相似，货币基础有相当可观的增幅，但广义货币的增幅则相形见绌，增幅最小的是银行信用，几乎无什么变动。这不免使人们将日本的货币基础无法带动广义货币和银行信用的事实归咎于其银行问题，乍一看也不无道理。日本的银行确实从20世纪90年代初资产泡沫爆破以后，出现了一系列结构性的问题，主要表现在银行的呆坏账堆积如山，严重影响了其资产质量和营运效率，但由于它受到日本政府默许的担保，既没有出现如美国20世纪30年代那样的银行危机，也没有发生像周边亚洲国家那样的金融危机。除了银行问题之外，日本还存在另外两大问题：(1)企业债务负担过重；(2)服务行业因监管过度而招致效率低下。在目前的经济环境下，日本需要加大银行和企业改革的力度是一个不争的事实，但这并不等于说银行和相关企业问题是导致流动性陷阱的根本原因。

因此，值得反复强调的是，在流动性陷阱情形下，M_2 的微弱增加并不意味着货币政策的力度不够，而是另有原因，它取决于消费者和银行的应对行为，如上述提及的额外基数的增加被银行用于超额储备，或公众用来持有现金而没有用于银行存款，但是，中央银行无法带动 M_2 的扩张并不表示银行体系出现问题，如上所示，即使银行体系完美无缺，这种情况还是会发生的。所以银行问题不应该成为中央银行无法影响广义货币量的借口，这主要是因为在流动性陷阱下，无论是银行还是消费者，大家均无足够动力，即激励机制失去作用与其他问题无关。

虽然银行问题并不是导致流动性陷阱的原因，但反过来讲它是流动性陷阱的结果，即流动性陷阱可能会恶化银行的经营环境和改变银行的服务方向，最终降低银行的净值和利润。一般而言，低利率意味着固定到期的孳息产品（如债券、房屋贷款和商业贷款等）的周期会变长。周期是按现值加权平均计算出来的贷款偿还期，也是贷款价格相对于名义收益率的弹性系数。理论上可以证明，如果贷款到期日固定不变的话，那么低通胀率就表明名义债务值对通胀率的变化非常敏感，因此风险也就增大了。银行若出现资产和负债周期不能匹配，其利率风险则会显著变大，这样银行将会更主动地去寻找其他工具来“对冲”风险，但“对冲”成本会更高。由于收益减低和成本增加，银行服务的方向将倾斜于开拓非利息业务的收费。

除此之外，低利率还会对其他金融市场带来一些影响。首先，在债券市场，短期利率的下跌会改变利率期限曲线的斜率和形状。在低利率和低通胀率环境下，利率期限曲线的斜率一般为正，表明长期利率高于短期利率。这种时间价值效应使得投资者转向长期债券，但如上所讲，长期债券的周期在低息时会变长，增加了长期债券的投资风险。其次，在股票市场，因为公众普遍在低息和低通胀时持有较多现金或银行存款来应付流动性需求，所以他们无需通过股票交易来变现。这将带来下列后果：(1)在一定时期内，二级市场的成交量稀疏；(2)若股市实行庄家制造市，那么买卖差价会扩大，其他的交易费用也会增加；(3)交易欠活跃会降低信息的传递速度，阻碍市场价格向基本均衡价格的趋同，最终带来额外社会成本，影响市场的有效性。

因此，面对当前极低的存贷款利率水平，我国应适当提高利率，防止“流动性陷阱”造成的危害。

第三章　金融机构

本章首先从旧中国的钱庄、票号说起，简介旧中国的金融机构和我国目前金融机构的概况；然后，介绍我国的银行体系和非银行金融机构；最后，针对我国当前银行业等金融机构存在的突出矛盾提出笔者的若干政策建议。

一、我国金融机构历史与现状

（一）旧中国的金融机构

我国周朝时就有信用机构（据《周礼》记述）；南北朝时有办理存放款的寺庙；唐代时出现兼营银钱的机构，如邸店、质库、柜房等；宋代有专营银钱交易的钱馆、钱铺；明代有钱庄、钱肆等金融机构；清代有票号和汇票庄等。我国在封建社会末期有"南钱庄、北票号"之说。

钱庄主要分布在上海、南京、杭州、宁波、福州等地。在北京、天津、沈阳、济南、广州等地的则称为银号，性质与钱庄相同。另一些地方，如汉口、重庆、成都、徐州等，则钱庄与银号并称。早期的钱庄，大多为独资或合伙组织。规模较大的钱庄，除办理存贷款业务外，还可发行庄票、银钱票，持票人凭票兑换货币。小钱庄则仅仅从事兑换业务，俗称"钱店"。

上海最早的钱庄是由一位绍兴商人开设的煤炭店转变而来。该店转而"专以兑换银钱，及放款于店铺船帮，逐渐扩大，形成此后之钱业。"这种商铺兼营兑换和存放款的经营方式，曾风行江南。上海钱庄业在清朝乾隆年间已经相当发达，从乾隆四十一年到嘉庆元年(1776～1796),承办上海钱业公所事务的钱庄先后有106家,到1858年,上海的钱庄达120家之多。

清代初期,随着商品贸易的发展,晋人商业往来不仅遍及全国各地,而且插足于整个亚洲地区,甚至把触角伸向欧洲市场,规模浩大,盛极一时。跨地区经营的商业系统已经比较完善,但美中不足的是,当时的贸易往来多为现金交易,现金流转或靠商家自行携带,或靠镖局保送,不仅成本较高,而且运转周期较长,这就迫使外出经商的山西商人不得不寻求新的办法。在这种情形下,一种新的解款方式——票号汇兑便应运而生。这种汇兑方式可以做到"在此处交款,彼处用钱",手续简便,受到山西商人、其他地方商人、政府官员的欢迎。

道光三年(1823),在山西平遥西大街"西裕成"颜料铺的基础上诞生了我国第一家专营汇兑、兼营存放银业务的金融机构——"日升昌"票号。之后,在天津、张家口、沈阳、苏州、上海等地开设了"日升昌"汇兑分号。19世纪40年代,它的业务进一步扩展到日本、新加坡、俄罗斯等国❶。

钱庄和票号已具备银行的一些性质,但还不是真正意义上的银行。

我国出现真正意义上的银行是在近代外国资本主义入侵之后。1845年和1848年英国丽如银行(后改称东方银行)先后在香港、上海设立分行,随后,英、美、法、德、俄、日等国争相来华设立银行,到1935年,外国在华银行已多达53家。外国银行曾长期控制着我国的金融市场,甚至一度把持了我国的财政经济命脉。由于银行的经营方式比钱庄、票号先进,并且外资银行资本相对雄厚,所以,钱庄和票号让位于银行。

我国民族资本创办的第一家银行是1897年成立的中国通商

---

❶ 张正明:《晋商兴衰史》,太原,山西古籍出版社,1995年。

银行。外国银行在我国的设立和发展及其对我国经济金融的控制，激发了中国人民自办银行的思想。太平天国运动晚期，洪仁玕(洪秀全的族弟、太平天国玕王)首次提出了"兴银行"的主张，并提出银行"或三四富民共请立，或一人请立，均无不可"。[1] 天王洪秀全亲自加眉批，表示赞成，但因当时的战争环境而未能实施。此后留学美国的容闳、广东商人唐景星与福建巡抚丁雨生都曾提出办银行的设想。1885 年，李鸿章在拟设立官银行的节略中说："若由户部及外省委员开设，恐信从者少，资本尤缺，须纠合中外众商之力，着实办理，可期经久。"1887 年，李鸿章与美国商人米建威订约合办华美银行，朝臣"交章论劾，众议沸腾"，慈禧遂下旨禁止。1896 年，铁路公司事务督办盛宣怀在《条陈自强大计折》中指出："西人聚举国之财为通商惠工之本，综其枢纽，皆在银行"。"各国通商以来，华人不知务此，英法德俄日本之银行，乃推行来华，攘我大利"。他主张"银行仿于泰西，其大旨在于流通一国之货财，以应上下之求给"。当时的清政府在甲午战争中一败涂地，23000 万两银的赔款负担使财政到了几近枯竭的地步，为了维持清朝统治集团及规模较大的军事工业，亟须巨额的周转资本，盛宣怀提出办银行恰好迎合了清政府的意图。盛宣怀作为实业家，在轮船、电报、铁厂、铁路、矿务、纺织等行业的经营有骄人业绩，又独掌招商局的大权，加之直隶总督兼北洋大臣王文韶和洋务派代表人物之一的两江总督张之洞两位显要人物的推荐，清王朝终于在 1896 年下了一道谕旨："责成盛宣怀选择殷商设立总董招集股东，合力兴办，以收利权"。

国民党政府统治时期，官僚资本控制的"四行二局一库"在全国金融体系中占据了垄断地位。所谓四行是指中央银行(1928)、中国银行(1912)、交通银行(1908)和中国农业银行(1935)；所谓二

[1] 洪仁玕：《资政新篇》，1859 年。

局是指邮政储金汇业局(1930)和中央信托局(1935);所谓一库就是指中央合作金库(1946)。此外,当时还有不少地方政府办的官僚资本银行、民族资本银行和其他非银行金融机构,如钱庄、信托公司、保险公司、证券行、证券交易所和票据交换所等。

到 1946 年时全国共有各类银行 3489 家,民族资本银行为 1043 家。其中较有影响的有所谓的"南三行"(浙江兴业银行、浙江实业银行和上海商业储蓄银行)、"北四行"(盐业银行、金城银行、中南银行及大陆银行)和"小四行"(中国通商银行、四明银行、中国实业银行和中国国货银行)[1]。非银行金融机构则主要集中在天津、汉口、广州、上海、南京、济南等一些大城市。由于中国民族资本主义的软弱,民族资本银行也先天不足,难以成长。它们投入民族工业的资金微乎其微,而且一直主要从事公债、地产等投机活动。

我国中央银行起源于 20 世纪初期。当时货币流通极为混乱,为整顿币制,1905 年清政府设立了户部银行,1906 年更名为大清银行。该行经理国库,发行货币,部分地执行了中央银行的职能,但是,大清银行无力进行外汇管理,邮政部借此于 1908 年成立交通银行,拥有货币发行权并经理通信、交通运输等部门的收支活动。这样,形成了大清银行与交通银行并存的货币发行制度。1912 年北洋军阀政府将大清银行改组为中国银行。

1924 年孙中山曾在广州设立中央银行,后来改组为广东省银行。1928 年 11 月,蒋介石重新利用中国银行和交通银行,又成立了一个中央银行。1933 年,国民党政府为配合对革命根据地的"围剿",将农村金融救济总署改为豫鄂皖赣四省农民银行,1935 年改为中国农民银行。1935 年的"法币改革",使中央银行、中国银行、交通银行、中国农民银行四行并存,均享有货币发行权,直到

---

[1] 文涛:"股市旧闻:民国时期的金融垄断",《中国证券报》,2003 年 7 月 16 日。

1942 年国民党政府才把货币发行权归于中央银行。

（二）现状

当前，我国的金融机构包括中央银行、国有商业银行、股份制商业银行、政策性银行、城市商业银行、城市信用社、农村商业银行、农村信用社、外资金融机构等银行金融机构，以及证券业、基金业、保险业、信托业等领域的非银行金融机构。近年来，我国上述各类金融机构资产总额快速增长。截止到 2003 年末，银行业金融机构境内本外币资产总额达到 27.64 万亿元。其中，国有商业银行仍然占据主导地位，其资产总额达到 15.19 万亿元，占存款货币机构资产总额的 55%；股份制商业银行次之，资产总额为 3.82 万亿元，比重为 13.8%；政策性银行资产总额为 2.12 万亿元，比重为 7.7%；城市商业银行资产总额 1.46 万亿元，比重为 5.3%；农村商业银行资产总额 385 亿元，比重为 0.1%；城市信用社资产总额 1468 亿元，比重为 0.5%；农村信用社资产总额 2.65 万亿元，比重为 9.6%；非银行金融机构资产总额 9100 亿元，比重为 3.3%；外资金融机构资产总额 3969 亿元，比重为 1.4%；邮政储汇局资产总额 8984 亿元，比重为 3.3%[1]，见表 3－1。

表 3－1 各类机构资产规模及占比的变化(2002～2003)

金融机构	2002 年		2003 年	
	资产额（亿元）	比重（%）	资产额（亿元）	比重（%）
政策性银行	19529	8.3	21247	7.7
国有商业银行	133382	56.5	151940	55.0
股份制商业银行	29977	12.7	38169	13.8

[1] 中国银行监督管理委员会，《中国人民银行统计季报》。

续表

金融机构	2002年		2003年	
	资产额（亿元）	比重（%）	资产额（亿元）	比重（%）
城市商业银行	11524	4.9	14621	5.3
外资金融机构	3038	1.2	3969	1.4
城市信用社	1192	0.5	1468	0.5
农村信用社	22025	9.3	26509	9.6
非银行金融机构	7989	3.4	9100	3.3
邮政储蓄	7376	3.1	8984	3.3
农村商业银行	306	0.1	385	0.1
资产总额	236338	100.0	2763	100.0

资料来源：中国银行监督管理委员会，《中国人民银行统计季报》。

从资产规模的增长速度看，股份制商业银行继续保持了近年来快速发展的势头，2003年其增速达到了27.5%，为各类机构之首；农村商业银行次之，为25.9%；城市商业银行为25.4%；城市信用社为23.1%；邮政储蓄为21.9%；农村信用社和外资金融机构均为21.5%；非银行金融机构、国有商业银行以及政策性银行的增速则相对较慢，分别为13.9%、13.7%和9.7%。2003年，国有商业银行资产占全部存款货币机构资产总额的比重较2002年下降了1.5个百分点；政策性商业银行下降了0.6个百分点；而其余各类机构比重均有不同程度的上升，尤以股份制商业银行最为突出，其比重上升了0.9个百分点。

二、我国银行金融机构体系

目前，我国的金融机构是以中央银行即中国人民银行为核心、以国有商业银行为主导力量、以股份制商业银行及各类非银行金融机构为辅助力量构成的组织体系。

（一）中央银行——中国人民银行

中国人民银行是我国的中央银行，处在全国金融机构体系的核心地位。中国人民银行在国务院领导下，制定和实施货币政策，对金融业实施监督管理❶。

中国人民银行于1948年以解放区的华北银行、北海银行、西北农民银行三家银行为基础，在河北石家庄成立。1949年迁往北京。

中国人民银行的建立是新中国金融体系诞生的标志。早在新中国建立之前，中国共产党领导下的革命根据地和解放区就先后建立了自己的银行，发行了自己的货币。1932年3月，中央苏区在瑞金建立了最早的中华苏维埃共和国国家银行，毛泽民任第一任行长❷。抗日战争和解放战争时期，在各主要抗日根据地和解放区，相继建立了陕甘宁边区银行、晋察冀边区银行、西北农民银行、北海银行、华北银行、华中银行、中州农民银行、南方人民银行、长城银行、内蒙银行、关东银行、东北银行等金融机构。随着解放战争的节节胜利，原来分隔的解放区连成一片，各地分设的银行也随之逐步合并。1948年12月1日，在原华北银行、北海银行和西北农民银行的基础上，合并建立了中国人民银行，并发行了人民币。随后，原来各解放区的银行逐步改组为中国人民银行的分支机构，形成了六大区行，即西北区行、东北区行、华东区行、华北区行、中南区行、西南区行。

建国初期，根据对官僚资本实行剥夺的总政策，中国人民银行接管了官僚资本的银行及其他金融机构，包括国民党政府的中央

---

❶ 王松奇：《金融学》，北京，中国金融出版社，2000年1月第2版，第63页（笔者：中央银行的监管职能将逐步剥离给中国银行业监督管理委员会）。

❷ 赵志超：《毛泽东一家人》，北京，中央文献出版社，2000年4月第1版，第39页。

银行、省市地方银行和资本全部属于官僚资产阶级的商业银行，对其中的交通银行和中国银行，根据它们过去的业务特点分别改组为长期投资银行和外汇专业银行。根据对民族资产阶级实行利用、限制、改造的总政策，国家对民族资本银行和私人钱庄采取了保存、监督、逐步改造的总方针，所有私人银行和钱庄于 1952 年 12 月组成了统一的公私合营银行，完成了私人金融业的社会主义改造。到 1953 年前后，我国已经基本上建立了以中国人民银行为核心和骨干的新中国金融机构体系。

中国人民银行实行行长负责制，行长领导中国人民银行的工作，副行长协助行长工作，行长的人选，根据国务院总理提名，由全国人民代表大会决定；副行长由国务院总理任免。中国人民银行根据履行职责的需要设立分支机构，作为中央银行的派出机构，并实行集中统一领导和管理。目前，中国人民银行的分支机构按经济区在沈阳、天津、上海、南京、济南、武汉、兰州、成都、西安设置九大行和北京、重庆两家直属总行的营业管理部；在地区和一些城市设置 333 个中心支行；市辖区设办事处；县设支行。这些分支机构在辖区内履行中央银行的有关职责。

2003 年 3 月，十届人大一次会议决定将银行监管职能从中国人民银行中分离出来，单独成立中国银行业监督管理委员会（简称“银监会”），对银行、金融资产管理公司、信托公司以及其他存款类机构实施监督管理。中国人民银行在剥离了监管职能后，作为中央银行在宏观调控体系中的作用将更加突出，将加强制定和执行货币政策的职能，不断完善有关金融机构运行规则和改进对金融业宏观调控政策，更好地发挥中央银行在宏观调控和防范与化解金融风险中的作用。人民银行和银监会将在以后的实践中加强合作，建立密切的联系机制，而这一改革作为新生事物，人民银行、银监会与银行业之间关系还有待重新认识和处理。关于这一课题，我们将在第十章《金融混业经营》中进行深入研究。

（二）四大国有独资商业银行

1. 中国工商银行。1984 年，中国工商银行在接管中国人民银行的商业性业务的基础上正式成立并开业，它主要面向城市，以城市工商企业、机关团体和居民为服务对象，主要经营工商企业存贷款和城镇居民储蓄业务，其存贷款业务规模居四大国有独资商业银行之首。中国工商银行的职责主要有：办理城镇储蓄，吸收工商企业和机关、团体、部队、学校等单位的存款；办理国有工商企业、城镇集体企业和个体工商业的贷款；管理国有工商企业流动资金；管理工商企业和有关企业主管部门用于技术改造的贷款；办理国有企业、集体企业的结算业务；办理委托、代理、租赁、咨询等业务；提供咨询服务；提供保管箱服务；代理收购、出售金银；受理人民银行委托的现金管理、工资基金管理等业务。中国工商银行的业务日趋综合化，目前，已经开始承办外汇业务，并在国外设立了分支机构。

2. 中国农业银行。1955 年 3 月，中国农业银行成立；1957 年，中国农业银行并入中国人民银行；1963 年 11 月，国务院恢复了中国农业银行；1965 年 11 月，再次并入中国人民银行；1979 年 2 月，国务院再次恢复中国农业银行。中国农业银行主要经营农村金融业务，在广大农村遍设分支机构。其主要职责有：调查研究农村经济情况，领导和管理农村金融工作；组织农村资金，办理各项农村存款；支持农村商品生产，受理各项贷款；统一管理各项支农资金；办理转账结算业务；管理农村信用合作社；提供有关情报、咨询服务；办理农村信托、租赁等业务；管理国营农场、供销合作社的流动资金，监管工资基金；管理农村金融市场；办理国家、人民银行委托办理的其他业务。除在农村广泛设立分支机构外，中国农业银行还在全国许多城市增设了分支机构，并相应开展了外汇业务。

3. 中国银行。前身为 1905 年清朝政府设立的户部银行。“中华民国”于 1912 年将其改组为中国银行，作为“中华民国”的中央银行。1949年，被中华人民共和国接管。中国银行是组织、运用、积累和管理外汇资金的银行。其主要职责有：办理贸易和非贸易结算；办理国际银行间的存贷款业务；办理华侨汇款和其他国际汇兑；办理外币存、贷款业务；办理与外汇业务有关的经人民银行准许的存、贷款；办理外汇(包括外币)的买卖；办理国际基金买卖；组织或参加国际银团贷款；在外国和港澳等地区投资或合资经营银行、财务公司等；从事国际金融活动，参加国际金融会议。中国银行的管辖分行是按省、自治区、直辖市设置的，除台湾省未设置外，共设有30个管辖分行。为开展业务的需要，目前，中国银行设有14个计划单列城市分行，分别是沈阳市分行、南京市分行等；中国银行在厦门、珠海、深圳、汕头设有四个经济特区分行；中国银行的海外机构分布在18个国家和地区，此外，中国银行还与世界上许多国家和地区的1000多家银行、几千个机构建立起了业务代理关系。在国家金融体制转轨的推动下，各国有商业银行的业务相互交叉，到目前国家外汇指定银行已有10多家，中国银行一统外汇外贸结算的格局已被打破，但中国银行外汇外贸专业特色仍保留下来了。

4. 中国建设银行。在“一五”计划时期，我国百废待兴，实施了156个建设项目为中心的大规模基本建设。为集中管理国家基本建设资金，1954年，政务院决定成立中国人民建设银行。中国人民建设银行是办理固定资产投资和贷款的银行，其主要职责有：管理基本建设支出预算；审批基本建设财务计划和决算，制定基本建设财务管理制度；办理基本建设拨款和贷款；办理大型技术改造专项贷款；办理基本建设存款业务；办理基本建设单位的财务结算(主要包括工程价款的结算和贷款结算)；开办信托业务，代办有关投资的拨款和贷款。目前，该行业务已走向多元化。

(三) 新兴的股份制商业银行

20世纪80年代中期，国务院决定重建交通银行，作为我国第一家商业银行的改革试验。1987年，交通银行总部由北京迁到上海。交通银行在旧中国主要从事对通讯及运输等产业的长期信贷业务。20世纪80年代以后，我国银行业改革和发展进入一个新阶段，全国性股份制商业银行开始成为中国银行体系越来越重要的组成部分。截至2003年末，我国共有11家持全国经营牌照的股份制商业银行（包括以前的烟台住房储蓄银行，2003年8月已更名为“恒丰银行”），其中有五家已经上市，分别为深圳发展银行、浦东发展银行、招商银行、民生银行和华夏银行。深圳发展银行是我国第一家公开上市的银行，证券代码：0001，其前身为深圳经济特区六个农村信用社。由于没有历史包袱及很少有政策性任务，又初步实现了产权多元化，采取股份制形式的现代企业组织架构，按照商业银行的运营原则灵活经营，这些全国性股份制银行自诞生之日起就迅速地成为我国银行业中最具活力的部分。在过去几年中，股份制商业银行的资产负债规模以及业务量都急剧攀升。在2000年到2003年末的这段时间内，股份制商业银行的存贷款规模一直保持着相当高的增长速度，平均速度维持在30%以上，其在我国金融体系中地位也因此迅速提高。

到2003年末，11家股份制商业银行的资产总额为38168亿元，占银行业金融机构资产总额的13.8%，较2002年，其比重上升了1.1%；各项负债为36831亿元，占银行业金融机构负债总额的13.9%；各项存款余额32865亿元，占金融机构存款总额的14.9%；各项贷款余额23683亿元，占全部金融机构贷款总额的13.9%。2003年，股份制商业银行贷款新增额为6360亿元，占全年新增贷款的23%，在我国银行业中仅次于四大国有商业银行，成为一支举足轻重的力量。例如，中国光大银行自1992年成立后，成为我国国内第一家国有控股并有国际金融组织参股的全国性股份制商业银行。在英国《银行家》杂志2002年评出的全球1000家大银行中，中国光大银行排名第205位。

（四）政策性银行

在我国现行的金融体制下，已基本实现了政策性业务与经营性业务的分离。所谓的政策性业务，是指根据国家经济政策，对某些行业、企业发放低息贷款，其业务特点与商业银行的一般性业务相对而言，主要是为了保证社会经济结构、产业结构的平衡和国家经济政策贯彻的需要。例如，农业季节性很强，受自然因素制约很大，尤其是目前情况下，“三农”问题已成为社会经济的热点之一，党中央、国务院下了很大决心解决农民、农业、农村问题，因此，国家须从政策上予以扶持，在资金方面提供一些必要的政策优惠。为了鼓励出口，大部分商品的出口关税为零，在信贷政策上也有必要给予出口企业一定的优惠政策，这类信贷政策职能便是由国家设立政策性银行来完成的。政策性银行是金融行为而非财政行为。对于有社会效益、有长期效益的项目，只要有还本能力，政策性银行就要尽力予以支持，以低息乃至无息放款。而财政支出是国家对必须由其无偿支持的经济活动和其他活动提供所需资金，具有无偿性和单向性。所以，两者有着本质区别。政策性银行是银行而非财政性机构。政策性银行之所以是银行，是因为它所运用的资金与财政资金不同，财政资金是无偿的，而政策性银行的资金是有偿的。为支持政策性项目，政策性银行可以向其提供利率优惠的贷款，但至少要收回本金，政策性银行往往还要收取利息，因为还需要向提供资金的部门支付利息。政策性银行不追求利润，但必须保本经营，只有这样，才能不断运行下去。作为银行，政策性银行必须按银行“规矩”办事。

我国的政策性银行始建于 1994 年，包括国家开发银行、中国农业发展银行、中国进出口银行三家。

1. 国家开发银行。成立于 1994 年 3 月，直属国务院领导。国家开发银行的注册资本为 500 亿元人民币，由财政部拨发。负责向国家基础建设、基础产业和支柱产业的大中型基本建设和技术改造项目及其配套工程发放贷款。负责建立长期稳定的资金来源,筹集和引导社会资金用于国家重点建设,从资金来源上对固定资产投资总量及结构进行控制和调节。按照社会主义市场经济的原则,逐步建立投资约束和风险责任机制,提高经济效益,促进国民经济持续、快速、健康发展。国家开发银行的资金来源渠道主要有:资本金、中央银行的短期贷款、发行金融债券、向国外筹资等。其中,发行金融债券是其主要资金来源渠道。

2. 中国农业发展银行。注册资本为200亿元人民币。代理财政性支农资金拨付,其资金运用收入与资金来源间的差额由财政部负责补贴。其历史使命,一是支持我国农业实现现代化;二是扶持农民走向富裕的小康之路。中国农业发展银行主要承担国家收购粮、棉、油以及扶贫等政策性金融业务。其具体业务主要有:提供优惠利率的农业贷款;提供国家农副产品收购贷款;国家扶持的农业生产性投资贷款;因特定环境和特殊因素而发放的贷款。中国农业发展银行的资金来源渠道主要有以下几种:财政拨款,向商业性金融机构发行债券,向中央银行再贴现商业票据以解决部分季节性、临时性资金需要,吸引外资。

3. 中国进出口银行。1994年4月成立,同年7月正式营业,注册资本为33.8亿元人民币。主要目的在于促进我国对外贸易,通过提供优惠出口信贷增强我国商品的出口竞争能力。其资金的运用不以盈利为目的,资金来源主要通过发行债券筹资,其次包括财政拨款、向中央银行的借款、向国外金融机构借款等。中国进出口银行实行董事会领导下的行长负责制[1]。

（五）其他

我国的银行金融机构还包括城市商业银行、外资金融机构、农

---

[1] 俞乔、邢晓林、曲和磊:《商业银行管理学》,上海人民出版社,1998年5月第1版,第848页。

村商业银行等。这些银行业金融机构虽然不构成我国银行体系的主体部分，但是，它们的发展速度较快，已经成为金融体系中不可或缺的重要生力军。

1995 年，国务院决定，在一些经济发达的城市通过对城市信用社合并重组的方式，组建城市商业银行。同年 2 月，全国第一家城市商业银行深圳城市商业银行成立。截止到 2003 年底，已有 112 家城市商业银行相继开业。城市商业银行的资产规模迅速扩大，存贷款业务规模也稳定增长，自 2000 年以来的平均贷款增速一直维持在 30%以上。到 2003 年末，全国 112 家城市商业银行总资产达到 14621.7 亿元，占银行业金融机构总资产的 5.3%；各项贷款余额 7227 亿元，占全部金融机构贷款余额的 4.2%；各项存款余额 11725 亿元，占全部金融机构存款总额的 5.3%。利润较 1995 年增长了 7 倍。

自 2001 年 12 月加入 WTO 以来，我国共批准外资银行新设分行 12 家、代表处 25 家，增加了 7 个城市开放人民币业务，批准了 12 家外资银行开办网上银行业务和 5 家外资银行分行开办 QFII[1] 托管业务。同时，中国还采取积极政策，鼓励外资银行参股中资银行，支持外资银行扩大发展空间。截止到 2003 年末，共有 19 个国家和地区的 62 家外资银行，在华设立了 191 家营业性的机构，这其中有 84 家已经获准从事人民币的业务。另外，外资银行在华被批准建立了 211 个代表处[2]。

三、我国非银行金融机构体系

1978 年以来，金融部门的多元化改革打破了“单一银行”体

---

[1] Qualified Foreign Institutional Investors，简称 QFII。

[2] 曾刚：《金融部门：银行业》，《中国金融发展报告》（No. 1，2004），北京，社科文献出版社，2004 年 10 月第 1 版，第 47、49 页。

系,非银行金融机构获得了生存的空间和发展的机会。10 多年来,非银行金融机构增长迅速,对金融领域乃至全社会都产生了越来越广泛的影响。

(一) 保险公司

西方国家的保险业十分发达,各类保险公司是各国最重要的非银行金融机构。在西方国家,几乎是无人不保险、无物不保险、无事不保险。在美国,财产和灾害保险公司就多达 3000 家以上❶。目前,在我国保险市场,保险公司按出资人划分大致有三类:中资保险公司、外资保险公司分公司及中外合资保险公司。

截止至 1999 年上半年,我国保险市场中资保险公司有:中国人民保险公司、中国人寿保险有限公司、中国再保险有限公司、中国太平洋保险公司、中国平安保险公司、天安保险股份有限公司、大众保险股份有限公司、华泰财产保险有限公司、新华人寿保险有限公司、泰康人寿保险有限公司、永安财产保险有限公司、华安财产保险有限公司及新疆建设兵团农牧业保险公司等。还有若干家外资保险公司在华分公司,包括日本东京海上上海分公司、美国友邦上海分公司、美国友邦广州分公司、香港民安深圳分公司、香港民安海南分公司、美亚广州分公司和瑞士丰泰上海分公司。中外合资保险公司有中宏人寿保险公司等。

我国首家中外合资人寿保险公司于 1996 年 11 月在上海正式成立,总部位于中华第一高楼——上海浦东新区金茂大厦。时任国务院总理的李鹏同志和加拿大总理克雷蒂安先生共同出席公司的开业典礼并主持剪彩仪式。

自 1980 年恢复保险业务以来,我国已成为世界上发展最快的

❶ Frederic S. Mishkin, The Economics of Money, Banking and Financial Markets(《货币金融学》),李扬等译,北京,中国人民大学出版社,1998 年 8 月第 1 版,第 305 页。

保险市场。特别是1998年中国保险监督管理委员会成立以后，随着股份制保险公司数量的增加和外资保险公司的进入，我国保险市场的主体格局进一步多元化，经营运作和管理流程进一步规范化，保险范围和险种结构不断拓宽和优化。保险市场呈现出稳步发展的势头。

（二）证券金融机构

截至2003年12月底，全国共有证券公司133家。其中，具有股票主承销资格的公司有77家，获得受托投资管理业务资格的公司有70家，获得网上委托业务资格的公司有98家，获得证券投资咨询资格的证券公司有89家。证券机构是专门经营证券业务，具有独立企业法人地位的金融机构。其主要业务有：(1)代理证券发行业务；(2)自营或代理证券买卖业务；(3)代理证券还本付息和红利的支付；(4)代理证券的保管和签证；(5)接受委托办理证券的登记和过户；(6)提供证券投资咨询等。证券公司可以通过代理发行，承购或包销各类有价证券，使发行者能方便和迅速地筹措到长期资金。证券公司通过派驻证券交易所的代表，代理买卖和自营买卖各类有价证券，从而使各类证券能按公平的市场价格在投资者之间自由转移。

（三）投资银行

正是因为投资银行业是一个日新月异的行业，对于投资银行的界定就变得极为困难。美国著名的金融投资专家罗伯特·库恩根据投资银行业务的发展和趋势曾对投资银行下过如下四个定义：(1)任何经营华尔街金融业务的银行，都可以称作投资银行；这是针对投资银行的最广义的定义，它不仅包括从事证券业务的金融机构，甚至还包括保险公司和不动产经营公司。(2)只有经营一部分或全部资本市场业务的金融机构才是投资银行；这是针对投资银行的第二个广义的定义，这里所说的资本市场是货币市场的对称，即指期限在一年或一年以上的中长期资金的市场。因此，证券包销、公司资本金筹措、兼并与收购、咨询服务、基金管理、创业资本及证券私募发行等都应当属于投资银行业务，而不动产经纪、保险、抵押等则不应属于投资银行业务。(3)狭义的投资银行业务的定义仅包括某些资本市场业务，例如包销业务，兼并收购等；另外的资本市场业务例如基金管理、创业资本、风险管理和风险控制工具的创新等则应排除在外。(4)最狭义也是最传统的投资银行定义仅把在一级市场上承销证券、筹集资金和在二级市场上交易证券的金融机构当作是投资银行。这一定义排除了当前各国投资银行所现实经营着的许多业务，因而显然已经不合时宜。罗伯特·库恩认为，上述第二种观点最符合美国投资银行的现实状况，因而是目前投资银行的最佳定义。不过，他根据"以为公司服务为准"的原则指出，那些业务范围仅限于帮助客户在二级市场上出售或买进证券的金融机构不能称作投资银行，而只能叫做"证券公司"或者"证券经纪公司"。

我国的投资银行业起步较晚，现正处于方兴未艾之际，有关的管理体制尚未完备，适合我国国情的具体做法也不成熟。目前，国内的标准投资银行的建立还未形成局面。

中国建设银行、美国摩根·斯坦利公司、中国经济担保公司、香港名力集团、新加坡政府投资公司合作，创建了我国第一家合资投资银行——中国国际金融公司，于 1995 年 8 月 11 日正式营业。"中国投资银行"实际上是以办理外汇投资信贷为主，兼营其他金融业务的一家商业银行，并非严格意义上的投资银行，并已于 1998 年被光大银行和国家开发银行收购[1]。

（四）投资基金

投资基金也称共同信托基金或共同基金，是经金融监管当局批准，由若干具有法人资格的非银行金融机构（或其他机构）发起

---

[1] 王松奇：《金融学》，北京，中国金融出版社，2000 年 1 月第 2 版，第 74、75 页。

设立，以发行基金受益凭证的方式募集资金后建立的组织形式。它以盈利性投资为目的，并具有不同的运用模式和种类。在发达市场经济国家，共同基金是非专业投资者参与投资活动的一种普遍形式，它的优势在于专家管理、运作规范、信息较充分，可以避免个体分散或单独投资的种种弊端。

人们通常都把基金看成是金融工具，而把具有一定组织制度框架的基金组织看成是金融机构。在我国，由于金融机构仅仅是指金融当局批准设立的拥有金融营业许可证的组织，因此，在投资基金这类金融机构中，我们仅仅把基金管理公司作为金融机构。在运作方面，我国的做法是经批准设立基金和基金管理公司，基金募集成功后，交付于某一金融机构运营管理，而基金管理公司则按募集基金总额的一定比例提取管理费并负责基金的运作。

从集资方式上说，投资基金可分为公募和私募两种；从运营选择上看，投资基金又可分为开放型和封闭型两种；从产权组织方式上划分，投资基金又可划分为公司制和有限合伙制，等等。在投资基金中，受托人接受投资者的委托用契约的形式明确双方的权责利关系，是一种有别于国家投资、银行投资、企业投资和个人投资的投资组织形式。

（五）金融信托机构

1979 年 10 月，经国务院批准成立了建国后第一家信托投资机构——中国国际信托投资公司，从此，金融信托业在全国范围内迅猛发展起来。

首先是各家银行纷纷设立信托机构开办信托业务，接着以省为代表的各级政府、各类经济主管部门以及一部分国有大中型企业为推动改革开放，扩大招商引资，拓展融资渠道，以筹集资金支持地方建设，相继设立了信托投资公司。信托投资公司主要办理委托、租赁、鉴证、担保、咨询等金融业务。关于信托的详细情况，将在第七章《信托运营》中深入研究。

（六）财务公司

与西方的财务公司不同，我国的财务公司基本上立足于企业集团内部，专门办理企业集团内部金融业务。它在业务内容和服务范围等方面都较其他非银行金融机构逊色，但在投资决策、促进企业集团产业结构调整和科技进步等方面又令其他非银行金融机构乃至商业银行望尘莫及。在企业集团内部，财务公司可以发挥商业银行、投资银行、租赁公司、信托投资公司等金融机构多方面的功能，提供多种形式的综合性金融服务。

自1987年我国第一家财务公司——南京中山（电子）集团财务公司成立以来，企业集团财务公司稳步发展。财务公司利用自己的特殊地位和多功能的服务，在推动企业集团的技术进步，加强成员单位之间协作，优化企业集团内部资金配置等方面起到了很大的作用。尤其是，财务公司利用企业集团内部成员单位资金运动的时间差、空间差和生产环节差，及时调度，使有限的资金得到了比较充分的利用，因此，对财务公司所发挥的作用应给予充分肯定。财务公司在发展过程中也存在一些问题，如：资金来源狭窄、负债经营、超负荷运转、缺乏适当的管理和明确的政策指导等。因此，财务公司的发展必须建立在强化政策指导、强化公司内部管理和拓展融资渠道等基础上。

（七）农村信用合作社

农村信用合作社是我国农村集体所有制的合作金融组织。农村信用社一般按乡设立。信用社之间、信用社与各银行之间可以发生横向的业务联系。一般的县建有县联社。

长期以来，从规范的合作金融标准来看，我国农村信用社存在性质不清、地位不明等问题。农村信用合作社虽被称为合作社，但它们仍主要按国有银行同样的规定进行管理。《国务院关于农村金融体制改革的决定》颁布后，农村信用社基本与农业银行脱离了行政隶属关系，即所谓的“行社脱钩”。这一改革，对恢复农村信用

合作金融性质，加快农村信用社的发展速度，将起到巨大的推动作用。

除了上述几类非银行金融机构外，我国非银行金融机构还包括典当行等，但它们的规模极小。

四、我国金融机构建设探讨

（一）大力发展中间业务

中间业务是指银行以中间人身份并利用其在技术、信誉、信息及资金等方面的优势，为客户办理收付等各种金融服务，以及直接参与合规的市场交易等金融活动。某些发达国家的商业银行之所以被称为“金融百货公司”，原因之一就在于这些银行的中间业务品种多、涉及面广。

目前，商业银行的中间业务收入占全部收入的比重：美国为38.4%，日本为39.9%，英国为41.1%，而我国四大国有独资商业银行这部分收入所占比例不到10%，差距是比较大的。在国际金融发展史上，商业银行中间业务发展已有160多年的历史，尤其是近年来，许多西方国家商业银行的中间业务收入不仅成为其经营收入的主要来源，而且大有赶超利差收入之势。例如，美国道富银行的中间业务收入约占到其总收入的60%左右。

国际银行业中间业务的发展呈现以下4个特点：(1)出现了一些有别于传统的中间业务。例如，某些中间业务由不占用或不直接占用客户资金向占用客户资金转变，这些中间业务在提供服务时，银行可以暂时占用客户的委托资金而扩大资金来源，使资产负债表的数值发生变化，推动了银行资产负债业务的发展，形成了中间业务和资产负债业务的互动态势。又比如，有些中间业务由接受客户的委托向银行出售信用转变。随着金融国际化的发展，商业银行在办理信用签证、承兑、押汇等业务时，银行将提供银行信用，银行收取的手续费既是经营管理效益的价值体现，又是客户给银行信用出售的补偿。(2)经营范围广泛，品种繁多。中间业务的范围涵盖了传统的银行业务、信托业务、投资银行业务、共同基金业务和保险业务，既可以从事货币市场业务，也可以从事商业票据贴现及资本市场业务。(3)中间业务规模日趋扩大，收入水平不断上升。1993～1996 年美国银行业的中间业务量从 9120 亿美元增长到 121880 亿美元，从占银行资产的 78%上升到 142.9%，其中 7 家最大的银行的中间业务比贷款业务要多出一倍多[1]。从中间业务的收入看，西方银行在 1980～1990 年的 10 年间，非利差收入占总收入的比重呈快速上升态势。国外银行的中间收入一般占银行全部收入的 30%～50%。美国花旗银行以承兑、资信调查、企业信用等级评估、资产评估业务、个人财务顾问业务、远期外汇买卖、外汇期货、外汇期权等为代表的中间业务为其带来了 80%的利润，存贷业务产生的利润仅占总利润的 20%。(4)中间业务环境建设相对完善。比如银行卡业务，虽然我国近年来经营银行卡业务的环境有所改善，但与发达国家相比，状况仍十分不理想。统计资料表明，在我国 1500 万个商业网点中，特约商户(装有 POS 机具的商户)普及率不足 2%；而在美国这一指标为 80%；在每张卡的受理网点数上，美国是 0.02，而我国仅为 0.0007。由于受环境建设滞后而导致业务交易上的差距也十分明显，2002 年国内持卡消费占社会商品零售额的比例为 3.45%，美国是 30%；我国居民三个月内平均用卡次数仅为两次，美国却是 28.5 次[2]。只有科技程度的提高和环境建设的完善，才能为商业银行发展中间业务提供强大的技术支持和创新条件，特别是网络银行的出现促进了中间业务的发展。国际先进银行凭借其强大的支付系统在中间业

[1] 国际清算银行:《国际金融市场发展报告》，1999 年。

[2] 马蔚华:《要加强银行卡立法，尽快优化我国银行卡用卡环境》，http://business.sohu.com，2004 年 10 月。2004 年下半年利率上调，但幅度不是太大。

务方面获得了巨额的服务费收入，所以，西方国家在中间业务上成绩显著。西方国家仍在大力发展中间业务，发展中间业务对银行的重要程度由此可见一斑。

近年来，四大国有独资商业银行进行了较大规模的体制改革，在银行管理体制等方面作出了较大改进。中资银行在存贷业务的竞争上，相对劣势明显。特别是在对少数优质客户的竞争上，劣势尤为明显。优质客户的流失给国内商业银行带来不小的损失。在存贷业务市场已被分割殆尽之时，相比之下，中间业务在我国则属于尚待开发的领域。随着银行经营业务的多元化，从 2000 年开始，四大国有银行已经有了经营利润，2003 年，四大国有独资商业银行收入构成有了很大改善，中间业务大幅提高，利差收入占总收入的比重进一步下降。

从图 3-1 可以直观地看出四大国有独资商业银行收入结构。除了中国银行之外，其他三家国有商业银行的收入结构基本相似，利差收入占全部收入的比重超过了 60%。四家国有商业银行有一个显著的共同点，即中间业务收入占比很小。

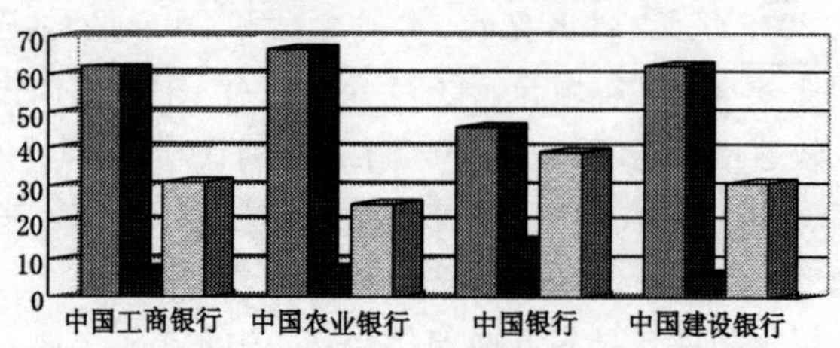

图 3-1　2003 年四大国有独资商业银行收入结构(%)

资料来源：根据有关公开统计资料，笔者分析、处理而得。

我国其他商业银行的业务收入中，利息收入也是主要来源。随着银行存贷款利率的不断下调，银行利差损失较大，创利水平呈逐年下降趋势。我国其他商业银行的中间业务量同样很少，中间业务在总收入中的比重与国外有很大差距，平均才 8%，最高的也只有 17%，有的甚至连 1%都达不到。与此同时，国债市场、股票市场吸收了大量的存款，导致银行利差收入绝对额增长缓慢，占总收入的比重持续下降。

中间业务在我国发展前景广阔。长期以来，我国的银行业的中间业务仅限于一些结算代理等技术水平低的业务上。随着中国市场经济的发展，过去那种以信贷为主的服务模式已悄然变化，中间业务这个过去金融舞台上的配角在市场需要和竞争中正异军突起，成为各家银行的新宠，大力发展中间业务是中资银行发展的必由之路。商业银行可以通过中间业务的发展拓宽利润渠道，增加利润来源。

1995 年国家专业银行向国有商业银行开始转型以来，各大国有商业银行开始重视发展中间业务。2000 年以来，中国工商银行加大了发展中间业务的力度，注重由以资产负债业务和存贷利差收入为主体的经营结构，向资产负债业务与中间业务协调发展、存贷利差与非利息收入并重的经营结构转变，取得了显著成效。2000 年、2001 年、2002 年和 2003 年中国工商银行分别实现中间业务收入 30.8 亿元、37.8 亿元、50.3 亿元和 78.9 亿元，连续四年实现中间业务收入大幅增长。2004 年上半年，中国工商银行中间业务收入快速增长，实现收入 50.5 亿元，同比增加 19.7 亿元，增长 64%。中间业务收入与利差收入的比例达 12.6%。中间业务成为我国商业银行新的利润增长点❶。

商业银行利用自身多方面的优势，以中间人和代理人的身份替客户办理收付、咨询、代理、担保、租赁和其他委托事项，提供各类金融服务并收取一定费用，这种业务一般风险较小，甚至无风

❶ 《中国工商银行上半年中间业务收入已超过 50 亿元》，http://news.qq.com，2004 年 7 月 10 日。

险。更值得注意的是，目前我国商业银行有76%的贷款投向了国有企业，由于国企效益不佳，银行贷款的潜在风险很大，不良贷款比率仍然很高。近期，据《华盛顿邮报》报道，我国公布的坏账总额为2184亿美元，占银行放贷的27%，而国际金融分析家认为更高。美国花旗银行则估计我国四大国有独资商业银行的坏账占总贷款的35%，因此，拓展经营效益相对较高、风险相对较小的中间业务显得尤为紧迫。

（二）完善金融机构淘汰制度

市场经济"不相信眼泪"，物竞天择、适者生存是市场经济的基本"游戏"规则，然而，我国金融业长期以来一直成为最受保护的行业，金融机构基本上没有市场退出之忧。金融机构市场退出是指金融机构注销工商登记、终止其金融业务的行为。建立和完善金融机构市场退出机制的目的在于：降低金融机构因经营不善对社会产生的负面影响，保持金融市场的稳定性。由于金融市场的脆弱性、社会影响性，不合理的市场退出制度将会给一国的金融市场乃至整个的国民经济带来灾难性的影响。

我国在建立和完善金融机构优胜劣汰机制方面已经取得一定的成绩。在金融机构市场退出的法制化建设方面，20世纪90年代颁布了《中国人民银行法》、《中华人民共和国商业银行法》、《中华人民共和国保险法》、《中华人民共和国证券法》，对金融机构市场退出问题作出了原则性规定，如《中华人民共和国商业银行法》第64条至第72条、《中华人民共和国保险法》第84条至第90条的规定等。2001年12月，我国开始实施《金融机构撤销条例》。该条例采用集中立法的方式，较好地解决了撤销法规不完善的问题，使撤销工作有法可依，原理的原则性规定有了一套可操作的程序。《金融机构撤销条例》第2条规定，中国人民银行撤销金融机构，依照本条例执行。本条例所称撤销，是指中国人民银行对经其批准设立的具有法人资格的金融机构依法采取行政强制措施，终止其经营活动,并予以解散。特别值得一提的是,该条例特别规定了个人储蓄存款优先支付的原则,这对于保护广大储蓄存款人的利益,维护社会稳定具有极为重要的意义。

在金融实践方面,20 世纪 90 年代以来,我国有四例影响较为深远的处理金融机构案例。其中三例是由其他金融机构对问题机构进行整体收购,一例是破产。第一起收购有问题金融机构案是广东发展银行收购中银信托投资公司。中银信托投资公司是一家成立于 1988 年的全国性的非银行金融机构,因经营管理混乱和投资失误造成大量坏账和资不抵债。1998 年,中国人民银行宣布对其进行接管,1996 年收回其《经营金融业务许可证》,并批准广东发展银行整体收购中银信托投资公司。第二起收购案是中国建设银行整体收购中国农业发展信托投资公司。因中国农业发展信托投资公司严重违法经营,造成巨额亏损,不能支付到期债务,中国人民银行决定自 1997 年 1 月 4 日起关闭中国农业发展信托投资公司,同时指定建行接管其债权债务。第三起收购案是中国工商银行托管海南发展银行。海南发展银行成立于 1995 年,由海南省几家经营困难的信托投资公司合并组建,存在先天不足问题,不久发生支付困难。1998 年,中国人民银行宣布关闭海南发展银行,指定中国工商银行托管其债权债务。第四起是广东国际信托投资公司破产案。1999 年,广东国际信托投资公司因未能清偿到期债务,依法破产。我国金融机构市场退出的初步尝试,也体现了我国金融管理层对优胜劣汰市场法则的尊重。

尽管如此,到目前为止,真正实施破产的金融机构只有广东国际信托投资公司一家,我国仍需在完善金融机构市场退出方面继续努力,使优胜劣汰的市场机制得以充分发挥。

首先,应弱化政府干预,强化市场行为。到目前为止,我国所有的金融机构退出案都是在政府的强力干预下实施的。显示出我国在处理这一问题上方式、办法单一。总是政府出面承担了本应由投资者、债务人、经营者甚至存款人所应部分承担的全部责任。这种局面的存在，会增强金融机构和公众对政府的依赖性。从长远来看，会产生许多不利的后果：政府承担过多责任，保护过宽导致逆向选择与道德风险；没有规范运作的制度，操作的随意性和隐性成本增大，有问题的金融机构、政府相关部门还可能出现"寻租"行为；政府支出增大，导致财政负担加重，进一步增大我国近年来一直存在的财政赤字，增大通货膨胀压力。我国一些金融机构已经在上海证券交易所、深圳证券交易所上市，金融机构退出机制的完善，应当与上市公司退出机制的建设密切配合。中央政府为了证券市场的稳定、地方政府为了局部的利益，在上市公司退出前夕，有时会给予不必要的政府干预。通过政府撮合，用资产重组等手段使"丑小鸭"变成"小天鹅"，避免上市公司被摘牌。发生连续3年亏损等情况的上市公司只进行"特殊处理"，变成"ST"公司，若"ST"公司经营没有转机，又改为"特别转让"，变成"PT"公司，在上市公司的"退市"问题上过于"手软"。对待上市公司"退市"和金融机构撤销，政府更多地应当充当"夜警"，而不是作过多的行政干预。

其次，应进一步完善金融机构市场退出的法律法规体系。当前我国对金融机构实施市场退出处理的法律依据主要有：《中国人民银行法》、《中华人民共和国商业银行法》、《中华人民共和国保险法》、《中华人民共和国证券法》、《信托投资公司管理暂行规定》、《中华人民共和国企业破产法》、《中华人民共和国民事诉讼法》、《中华人民共和国公司法》和《金融机构撤销条例》等。相关法律法规很多，但是，在这些法律法规中，除了《金融机构撤销条例》外，没有一部是关于金融机构市场退出的专门法律法规。对金融机构市场退出往往只有一些原则性的规定，可操作性不强。例如，《中华人民共和国商业银行法》没有明确界定接管的法律内涵，接管的具体条件、接管组的组成、法律地位和职责、接管组可以采取措施等没有具体规定。在金融机构市场退出的程序性规定方面,对商业银行被撤销和关闭的清算程序,商业银行的破产程序等在上述法律中都没有具体规定。这些问题的存在,掩盖了金融机构中存在的某些问题,最终导致债权人面临更大的金融损失。

最后,建立健全债权人利益保护体系。我国缺乏对金融机构债权人尤其是储蓄存款的有效的保护措施。金融机构发生危机,特别是面临市场退出时,类似存款人和被保险人的利益总是最需要认真加以对待的。西方国家大多建立了相应的制度安排,如存款保险制度,用以保护存款人利益,维护公众信心。我国目前还没有建立相应的存款保险制度,尽管在《金融机构撤销条例》中已经明确将存款人的利益放在首位进行考虑,但这种措施仍显不足。理由是若金融机构需要进入市场退出程序时,可以用于分配的资金根本不足以通过该程序达到保护存款人的利益的目标。

（三）培育“杂鱼”,激活“鳗鱼”

曾经有一群日本渔民,每次出海打鱼满载而归后,他们发现捕来的鳗鱼大多已经死亡,因为渔民们把鳗鱼放在船舱内,在归来途中,许多鳗鱼因舱内缺氧而亡,但是,有一位渔民例外,他的鳗鱼很少死亡。原因是:每次他都要在装鳗鱼的船舱内放入一些杂鱼,有些甚至是鳗鱼的天敌。鳗鱼要时时警惕杂鱼,躲避天敌的进攻。这反而使这些鳗鱼能够在氧气不很充足的船舱内,大多数存活下来。后来,其他渔民竞相效仿这一做法,发现鳗鱼死亡率大大地降低了,所以,竞争并不是坏事,它能够激活生命的继续生存和发展潜力。我国古人也有“生于忧患,死于安乐”的说法。

目前,垄断地位使得国有银行等国有金融机构缺乏改革的意愿和活力。我国的金融机构体系应当允许更多的民间资本逐步介入,从而培育一大批非国有金融机构,增加金融市场竞争因素,促进整个金融机构体系的质量提高。

以银行业为例,我国银行体系的一个重要特点是国有商业银行占据绝对垄断地位。从其构成来看,我国银行体系主要包括以下三大类(在此不考虑央行):第一类是由工商银行、农业银行、中国银行和建设银行组成的四大国有独资银行。这四大银行无论是在资产总量、负债总量、业务覆盖范围还是在市场影响力方面,都居于绝对优势。第二类是包括交通银行、华夏银行、招商银行等在内的数十家股份制银行。毫无例外的是,在这些银行中,国有股也居于主导地位。这两类银行的产权形式至今没有发生根本变化。第三类是包括国家开发银行在内的政策性银行。以上三类银行在金融市场占据绝对优势地位,我国金融市场的“船舱”是“鳗鱼”的天下。

金融管理当局应从调整金融机构所有制总体格局着眼,以转变经营机制为重点,使国有金融机构焕发生机。我国金融工作重心不宜放在国家对国有金融机构不断“无偿施舍”,而国有金融机构坐等“救济”之上。我国四大国有商业银行自从 1984 年分别从人民银行中分设出来后,其补充资本金的主要来源是每年的税后利润留成,但近年来,国有银行经营效益不断下滑,自我补充资本金的能力削弱,资本充足率水平普遍偏低,只好让国家来救济。我国已经实施了有违市场经济运行法则的救济措施:(1)下调四大国有商业银行所得税税率;(2)财政部定向发行 2700 亿元的特别国债以筹资拨补四大国有银行的资本金;(3)成立四家资产管理公司,接受四大银行相当一部分由于政策性贷款及在转轨期间形成的不良资产等措施来提高四大银行的资本充足率。由于四大银行从根本上讲,没有“杂鱼”吞食它们的危机感,其内在潜力不可能真正被激发出来,因此,经过 1998 年注资达到的 8%的资本充足率水平,依然逃脱不了持续下跌的命运。只经过短短的两年,即在 2000 年,四大国有商业银行的平均资本充足率又迅速下降到 5%,远低于同期国际上著名的大银行(如汇丰银行 13.2%;花旗银行

11.23%;渣打银行14%)[1]。

"安乐公"是搀扶不起的,即使伯约再世,卧龙复生。所以,必须大力培育非全民所有制经济成分,形成国有金融机构外有"杂鱼"(金融市场中非国有制金融机构),内有"杂鱼"(股份制金融机构中的非国有股,合资、合作金融机构中的非国有成分)的局面,迫使国有金融机构内在活力的迸发。我国银行等金融业中已经有了一些非国有经济成分,今天的国有金融机构也不再是"安乐公"了,这从它们服务态度改善等方面可以反映出来,但是,国有金融机构的危机意识仍然不够强烈,与民生银行等非国有金融机构相比,差距十分遥远。

由于体制原因和过高的市场准入"门槛",时至今日,我国民营银行数量极其有限。按照《中华人民共和国商业银行法》的规定,商业银行注册资本最低限额是10亿元人民币(全国性商业银行最低注册资本是20亿元人民币)。注册资本必须是实缴资本。在转轨时期,我国的银行管理当局应适当调整民营银行资本金的最低限额,适当降低市场准入"门槛"。在民营经济发达地区,民营金融机构可以发展得快一些。例如,浙江省温州市最适合作为民营银行调低注册资本试点的首选城市。现在在整个温州,民营经济已经占到近97%的比重。同时,在浙江省还可以选择几个城市建立调低注册资本后的试点民营银行。显然在民营经济发达的地方,民营银行更有生存和发展的土壤。温州是个民营经济极为发达的地区,根植于民营经济的温州金融业也很繁荣,金融机构存款已达到相当规模,仅次于杭州、宁波,在整个浙江省排名第三位。考核银行经营状况的重要指标——不良资产率,浙江是全国最低的,而温州又是浙江最低的,包括国有银行分支机构在内的温州金融机

[1] 郑鸣、陈捷琼:"国有商业银行发行次级债券补充资本金研究",《金融与保险》,2003年2月。

构平均不良资产率均在6%以下。所以,适当降低金融机构市场准入“门槛”,尤其是在民营经济发达地区降低,潜在金融风险相对较小。

除了降低注册资本设立民营金融机构外,我国还可以通过金融机构股份制改造,达到培育“杂鱼”激活“鳗鱼”的目的。1996年亚洲开发银行参股中国光大银行,这是到目前为止,我国惟一的有国际金融组织参股的全国性商业银行。1997年,经国务院批准,中国光大集团总公司将其持有的光大银行20%的股权转让给香港上市公司——中国光大控股公司,成为我国第一家间接在香港上市的商业银行。继深圳发展银行和上海浦东发展银行分别于1991年和1999年上市后,中国民生银行作为第一家全国性民营商业银行于2000年12月在上海证券交易所上市,并掀起了一股金融机构上市热潮。一直致力于打造“民族精品银行”的招商银行,经过数年准备后终于在2002年3月开始公开募集股份。其他一些商业银行也在紧锣密鼓地积极筹备上市。中国工商银行于2000年斥资收购香港友联银行后,率先实现了海外买“壳”上市。通过证券市场上市,实现股份制改造,吸收非公有制经济成分是近期我国金融机构整合的重要途径之一。

据不完全统计,民营资本参股或者控股的商业银行占到目前股份制商业银行总资产的14%左右;民营资本参股或者控股的保险公司所支配的保费收入占到整个保费收入的7%左右;民营资本投入到证券公司的资本额占证券公司注册资本总额的13%左右;而目前已经重新登记的40多家信托公司中,大约有超过10%已经由民营资本控股[1]。从以上数据可以看出,我国金融业在培育“杂鱼”方面已经取得了一定的成绩,但是,目前非公有制经济成

[1] 巴曙松:“关注民营金融机构的利益输送管道”,《中国经济时报》,2003年8月8日。

分在我国金融业中的比重还有待提高，否则，无法从根本上改变“鳗鱼”垄断我国金融市场的格局。

所以，今后相当长的一个时期内，我们要不断地培育“杂鱼”，让它们大量地存在，虎视眈眈地游动，迫使国有银行这些“鳗鱼”们，不得不提高生存忧患和竞争意识。在 2006 年 12 月之前，我国将兑现 WTO 承诺，向世界全面开放银行业，但愿国有金融机构“一路走好”。

中篇　金融运行

有物混成，先天地生。

寂兮廖兮，独立而不改，周行而不殆，可以为天地母。

吾不知其名，强字之曰道，强为之名曰大。

大曰逝，逝曰远，远曰反。

故道大，天大，地大，人亦大。域中有四大，而人居其一焉。

人法地，地法天，天法道，道法自然。

——老　子

第四章 货币政策

所谓货币政策，是指中央银行或货币当局为实现宏观经济调控目标，采取的控制、调节货币供给量，进而调节总需求的各种方针和措施的总称，它是一国的宏观经济政策的重要组成部分。本章第一部分从中央银行贯彻执行货币政策的“三大法宝”和四大货币政策目标两个角度，阐释货币政策理论；第二部分则对我国货币政策实践进行回顾并给予简要评价；第三部分则是针对我国目前的社会、经济形势，思考我国当前和未来一段时期内究竟应实施什么样的货币政策的问题。基于对目前宏观经济形势“轻微过热”的基本判断，笔者提出，当前我国货币政策取向应确定为“防热、适度、均衡、选择”的总方针。

一、货币政策理论

（一）货币政策目标

货币政策目标是指一个较长时期内，中央银行通过政策手段要实现的最终目标。它通常与该国的宏观经济目标相吻合，最终达到经济高效平稳运行。传统的货币政策目标有：稳定物价、经济增长、充分就业与国际收支平衡。

1. 物价稳定。稳定物价是发展经济的前提条件，是各国货币政策追求的首要目标。物价稳定是指在一定时期内一般物价水平不发生显著或剧烈变动，其实质是币值稳定，既要控制通货膨胀(inflation)，又要防止通货紧缩(deflation)。美国除了第一次世界大战、第二次世界大战和 1973～1981 年间这三个时期以外，20 世纪的许多年份里物价是较为稳定的。实际上,从20世纪初到20世纪60年代,美国通货膨胀率每年仅为1%左右。物价的稳定幅度具有相对性,经济学家对物价稳定的含义有着不同的解释,各国数量标准也各不相同。欧洲中央银行规定通货膨胀率的上限是2%,一般认为把物价上涨率控制在3%左右,就算物价稳定。在一个国家经济起飞的过程中,物价指数略有上升,但一年上升不超过2%~3%是最有利经济运转的❶。通货紧缩是指价格水平的稳定下降❷。20世纪末的日本和我国都曾出现较长时期的通货紧缩,但是,按照上述斯蒂格利茨对通货紧缩的理解以及我国当前发生的经济变化情况,我们应当同时警惕通货膨胀。

2. 经济增长。改革开放的27年,是我国经济迅猛发展的时期。我国经济以年均增长率接近10%的速度持续、快速、健康地发展,比同期世界经济年均增长率高6.5个百分点,比发达国家高7.3个百分点,比发展中国家高4.8个百分点,超出同期经济增长速度较高的亚洲"四小龙"1.9到3.5个百分点❸。改革开放的27年,也是我国的综合国力显著增强的27年。2003年,我国的国内生产总值达到了11万亿元,按可比价格计算,与1997年的7.4万亿元相比,平均每年增长7.7%。占世界经济总量的位次已经由1997年的第七位,提升到2001年的第六位,居发展中国家之首。我国经济取得快速发展的成绩,与国家在各个时期采用的宏观经济政策密切相关,货币政策是其中之一。货币政策追求的经济增长主要衡量指标是国内生产总值(GDP)的增长率。在发达国家,

❶ 夏杰长:《中国通货紧缩的财政分析》,《中国财政理论前言Ⅱ》,北京,社会科学文献出版社,2001年6月第1版,第185页。

❷ 斯蒂格利茨(Joseph E. Stiglitz):《经济学》(Economics),北京,中国人民大学出版社,2000年第2版,第532页。

❸ 20世纪80年代GDP年平均增长9.3%,1991~1998年为10%,出处夏杰长:《中国通货紧缩的财政分析》,第208页。

通常认为GDP的增长率在2%以上，经济增长的目标就算实现。发展中国家由于现有的经济基础差，经济增长的目标更高。经济增长是消除或缓解贫穷与失业的重要手段，因此世界各国都把经济增长的目标放在较重要的位置。

经济增长可能与经济发展不同步，甚至出现有增长而无发展的现象。例如，一些石油输出国的人均GDP水平达到或超过了工业发达国家，但其生活质量、工业结构并不能与发达国家相提并论。因此，应努力实现经济增长与经济发展的相互协调与促进，至少同时达到以下三个目标：(1)增加能够得到的诸如食物、住房、卫生和保护等基本生活必需品的数量，并扩大对生活必需品的分配；(2)提高生活水平，除了获得更高的收入外，还应提供更多的工作、更好的教育，并对文化和人道主义给予更大的重视；(3)通过把人们从奴役和依附中解放出来，来扩大个人和国家在经济和社会方面选择的范围[1]。一味地强调经济的高速增长，忽视了“这个国家的人民必须自己动手加入这个经济发展过程中，成为使经济结构发生重大变化的主要参与者”[2]的目的，忽视了“把人们从奴役和依附中解放出来”的目标，淡忘了金融、经济实践的初衷，将很可能给一国人民带来重大损失，甚至灾难。

3. 充分就业。充分就业的原本含义是指所有经济资源都得到了充分利用，但在现实中，要测定各种经济资源的利用程度有很大困难，于是各国政府均把劳动力资源的利用程度，即自然失业率作为主要的测定指标。在商品经济条件下，失业总是存在的。凡是需要就业者都有一个适当的工作时就称为充分就业，自然失业率是指劳动力市场处于供求均衡状态时的失业率，它是衡量失业

[1] M.P.托达罗：《第3世界的经济发展》(上)，北京，中国人民大学出版社，1988年，第127页。

[2] 马尔科姆·吉利斯等：《发展经济学》，北京，经济科学出版社，1990年，第15页。

率水平的一个重要临界点，低于该点就说明劳动力供应可能出现紧张，容易引发通货膨胀。自然失业率没有一个世界公认的确定的标准，部分国家把4%～6%作为充分就业的标准。造成失业的原因有：有效需求不足，导致设备闲置而产生的失业，这种失业率随着经济周期的波动而波动并反映在通货膨胀率上，常被称为周期性失业；劳动力的供给种类与需求种类不匹配造成的结构性失业，这种失业不会加速通货膨胀率的上升或下跌；因市场信息不灵或季节性原因引起的暂时性失业。与货币政策相关的失业主要是有效需求不足引起的周期性失业。

我国作为世界上第一人口大国，又处在从传统农业向现代化工业转变，从高度集中的计划体制向社会主义市场经济体制转变的双重转轨过程中，其就业压力是非常大的。统计数字表明，我国15～64岁人口2000年为8.5亿，2010年将达到9.7亿，2020年将达到9.97亿。预计今后几年，全国新生劳动力供给将达到4650万人，城镇现有下岗职工和失业人员1400万，农村剩余劳动力1.5亿人以上。无论城镇还是乡村，劳动力的总供给都明显大于总需求[1]。失业是一种社会的不幸，它会带来许多问题与灾难：首先，失业者生活困难是社会动荡的根源之一。降低失业率水平是政府的重要经济目标之一。其次，失业者为维持生计，必须动用储蓄，因而降低了全社会的资本累积速度，影响潜在经济增长率。再次，失业表示生产资源未充分利用，会一定程度地导致产出下降。

4. 国际收支平衡。国际收支是在一定时期内（通常为1年），一国居民与世界其他国家居民之间的全部经济交易的系统记录。国际收支平衡是指一国在一定时期内对外收入总额和支出总额大体相等的状况。国际收支是一国对外经济交易的具体体现。它既

[1] 《十六大报告辅导读本》，北京，人民出版社，2002年，第218页。

反映了一国经济结构的性质、经济活动的范围和经济发展的趋势，又反映了一国对外经济活动的规模和特点，以及该国在世界经济中所处的地位和所起的作用。各国一般以自主性项目收支基本平衡作为国际收支的平衡标准。国际收支平衡是开放条件下一国对外平衡的表现。

国际收支的失衡可能给一国经济带来灾难。墨西哥曾被视为发展中国家改革的“榜样”，但它在1994年却爆发了金融危机。原因之一是严重的贸易逆差。1989～1994年期间，墨西哥出口增长了2.7倍，而进口则增长了3.4倍。其结果是，贸易逆差从1989年的6亿多美元上升到1993年的185亿美元，1994年高达236亿美元。1989年，墨西哥的经常项目逆差为41亿美元，1994年则扩大到289亿美元[1]。

（二）“三大法宝”

货币政策工具是指中央银行贯彻执行货币政策的技术手段。世界各国中央银行最主要、最常用的货币政策工具有：公开市场业务、再贴现政策、存款准备金政策。这三大工具被称为中央银行制定、执行货币政策的“三大法宝”。

1. 公开市场业务。公开市场业务是中央银行在二级市场上公开买卖有价证券，达到影响货币供应量和市场利率的业务活动。中央银行买卖的有价证券主要是政府证券。公开市场业务是各国中央银行采用的最主要货币政策工具，是调节货币供应量进而调节市场利率的重要手段。20世纪50年代以来，美联储90%的货币吞吐是通过公开市场操作来完成的。英国近年来甚至取消了除公开市场操作以外的其他货币政策工具，公开市场操作每天要进行三次之多。

---

[1] ECLAC，*Economic Panorama of Latin America*，1991；ECLAC，*Economic Panorama of Latin America*，1996.

中央银行广泛开展公开市场业务的必要条件：首先，发达的金融市场和完善的金融制度，使人们能够在规范的市场环境下广泛地参与金融交易活动；其次，中央银行还必须拥有一定数量的有价证券，才能频繁地在市场上进行交易，借以影响货币供求和市场利率。中央银行公开市场业务交易主要有两种类型：(1)直接买卖。买卖双方在金融市场上一手交钱一手交券，直至交易结束。(2)回购交易。即中央银行向商业银行提供短期抵押贷款的一种形式。主要目的是为了缓和金融市场的临时性或季节性资金波动。

公开市场操作的主要作用在于中央银行能够直接主动地控制商业银行和其他金融机构准备金数量的变化，影响基础货币的投放数量，使货币供应量和市场利率发生变化，最后作用于货币政策目标。其作用包括扩张性和紧缩性两个方面。当中央银行欲使经济发展速度加快，降低失业率时，它可以制定和实施扩张性货币政策。在公开市场上向金融机构买进有价证券，增加金融机构在中央银行的准备金数量，继而引起基础货币投放量增加，最后导致货币供应量增加和市场利率的下降，并通过利率的下降来刺激投资和消费的增长。例如，中央银行在公开市场上从商业银行手中买进有价证券1亿元，商业银行在中央银行的存款数额也就增加1亿元。交易结束后，商业银行资产总额没有发生变化，但资产构成发生了变化，商业银行持有的有价证券减少了1亿元，而在中央银行的存款增加了相同数目。因为商业银行在中央银行的存款是基础货币，基础货币的增加导致商业银行可贷资金量上升，促使市场货币供应量增加和市场利率相应下降。最终会促进投资扩张和就业机会增加，最终达到经济增长的目标。相反，如果中央银行货币政策的最终目标是稳定物价，在降低通货膨胀率、减少国际收支逆差时，它可能制定和实施紧缩性的货币政策。于是中央银行将在公开市场上向商业银行出售有价证券，结果使商业银行准备金数量减少，迫使它们谨慎放款，用货币供应量减少来达到稳定物价的目标。

公开市场业务的优点主要表现在：中央银行在业务活动中主动性强。中央银行可以根据金融市场的实际情况和经济发展的要求主动地进行公开市场操作。公开市场操作的准确性较强。中央银行根据市场状况自主决定在公开市场上购买债券的种类和数量，可以比较准确地控制基础货币投放量流向和流量。公开市场业务具有相当的灵活性。首先，表现在中央银行买卖政府债券的数量上，既可以大幅度地调节货币供应量，又可以进行细微的调节；其次，表现在公开市场买卖方式的多样性，既可选择直接买卖，又可选择回购等不同形式，进行主动性、防御性的市场业务；最后，表现在买卖业务可以交叉进行，及时调整先前买卖决策的失误。公开市场业务最大的不足是调控货币供应的收效比较缓慢。中央银行在公开市场买卖债券，对货币供应及利率的影响需要一段时间后才能作用到其他金融市场。

2. 再贴现政策。再贴现政策一方面是中央银行通过调整再贴现率来影响社会资金量的供求；另一方面是通过审查再贴现的票据资格来影响商业银行及全社会的资金投向。一般情况下，再贴现政策主要是指中央银行调整再贴现率来干预市场利率，直接影响商业银行从中央银行的融资成本，达到约束商业银行的放款规模，从而调节市场货币供应量的金融政策。提高再贴现率的目的在于收缩信用，反之，则为了扩张信用。

中央银行运用再贴现政策的前提条件是金融业以票据业务作为主要融资方式。

再贴现政策的作用过程主要是通过再贴现率的变动来实现的。因为调整贴现率能够间接影响市场利率的同方向变动，从而调节信用的总规模。当中央银行提高贴现率时，势必增加商业银行向中央银行贴现的成本，商业银行减少再贴现数量的同时也减少其信用扩张的准备金,促使商业银行压缩对客户的贷款或贴现,在贷款收缩的同时提高了市场利率。反之中央银行降低再贴现率,鼓励商业银行向中央银行申请再贴现以增加其准备金,增加对客户的贷款或贴现,促使市场利率下降。中央银行还可以对贴现票据实行差别贴现率,控制不同票据的贴现金额,使货币供给结构与中央银行产业政策相符合。

再贴现政策的显著优点是有利于中央银行发挥最后贷款者的作用,使中央银行通过对再贴现率的变动来调节经济。再贴现政策既可以调节总量,又可以调节结构。一方面,再贴现政策的实施条件要求不高,所需要的经济环境也不复杂。另一方面,再贴现率的升降能够对金融机构及社会公众发出信号,促使金融机构和社会公众调整自己的经济行为。所以,再贴现率这一货币政策工具已被各国广泛采用。

再贴现率这一政策工具的缺点是灵活性不足。由于再贴现率是一国的基准利率,中央银行不能经常地动用它来调整货币政策。而且在再贴现过程中,中央银行处于被动地位,不能直接增加或减少商业银行或其他金融机构的准备金。

3. 存款准备金政策。存款准备金政策是中央银行在法律所赋予的权力范围内,通过规定或调整商业银行缴存中央银行的存款准备金比率,控制商业银行的信用创造能力,从而间接地控制社会货币供应量的政策。

存款准备金政策包括的内容:(1)规定法定存款准备率。凡商业银行吸收的存款必须按照法定比率保留一定的准备金,其余部分才能用于放款或投资。(2)规定准备金的构成。准备金包括商业银行在中央银行的存款和自身的库存现金。(3)规定存款准备金的计提基础和缴存时间。目前多数国家的中央银行采用按旬或月平均存款余额计算应缴数额。即法定准备金以1旬或1月的平均存款余额为计提基础。规定期限结束后的若干日内,金融机构以本期应缴准备金为基础向中央银行办理补缴、退缴资金业务。

存款准备金政策的作用机理。存款准备金政策作用于经济的机理主要是调整法定准备金率，通过存款乘数大小和超额准备金数量的传导，最终影响商业银行的信用创造数量。当货币政策目标为促进经济增长，中央银行可以降低商业银行的法定存款准备金率，意味着整个商业银行系统的超额准备金增加，存款乘数扩大，货币供应量增加，利率下降，刺激投资和消费增长。

存款准备金政策的优点。存款准备金制度是货币政策三大工具中最根本的工具。存款准备金率的规定在很大程度上限制了商业银行创造信用的能力，也保障了银行体系的经营安全。中央银行在实施过程中具有主动权，它是三大货币政策工具中最容易实施的一个手段。存款准备金率的变动对货币供应量的变动作用迅速，它的法定性质使各商业银行及其他金融机构都必须立即执行。因此对整个金融机构体系松紧货币的效用较为公平。

存款准备金政策的不足。首先表现为对货币供给量的作用过于猛烈，缺乏弹性，不利于中央银行根据经济形势变化微调货币供应量，也不能频繁使用。其次，存款准备金政策是否能达到预期效果，在一定程度上受商业银行超额存款准备金数量的影响。如果商业银行拥有大量的超额存款准备金，中央银行希望通过提高法定准备率来减少商业银行信贷数量时，商业银行会用一部分超额准备金来补充法定准备金以减少信贷收缩规模，从而抵消了中央银行紧缩银根的作用。为此，西方发达国家正在逐步弱化准备金制度。比如，1992 年美联储取消了银行交易账户的准备金比率。当然这种弱化是有条件的：(1)中央银行能够通过公开市场操作来吞吐货币供应量，实现间接调控的目的；(2)中央银行降低存款准备金率的同时加大了对商业银行资产负债比例管理的要求。

“三大法宝”对经济的作用是全面而深刻的。除了“三大法宝”

外，中央银行还可能采用一些辅助性的货币政策工具，包括选择性货币工具、存贷款利率限额等直接控制政策、道义劝告等间接控制政策。选择性货币政策工具是对某些特殊信用领域有选择地调节和影响的政策工具，例如证券市场信用比率控制、消费者信用比率、不动产信用控制、优惠利率、预缴进口保证金等。

二、我国货币政策实践

1948年12月1日，中国人民银行宣告成立，并发行中国人民银行券——人民币，我国金融进入崭新的历史阶段。

(一) 1949～1978年

建国初期，百废待兴，市场混乱，物价飞涨。投资分子气焰嚣张，一些人公然声称"共产党军事能力水平可以打100分，政治水平打80分，财经水平只能打0分"。这和40多年后的某些国际炒家相似(有人在1997年居然发出"要把香港变成他们的提款机"的狂妄叫嚣)。

为稳定经济，我国采取了"双紧"的货币政策和财政政策，统一了全国的财政收支、物资调拨和现金管理，建立了信贷、结算和现金统一的管理制度，充分发挥国家银行在统一财经工作中的作用，尽量减少人民币的发行。

自1950年3～5月的3个月中，市场货币流通量便减少了20%左右，物价不再上涨，长期以来由于通货膨胀所造成的抢购风潮不复存在，从此结束了连续12年通货膨胀的历史，奠定了人民币长期稳定的基础。1949年，财政收入为303亿斤小米，财政支出为567亿斤小米，赤字264亿斤小米[1]。到了1951年，财政实现了收支平衡，并结余10.6亿元。到1952年，胜利地完成了国民

[1] 由于1949年通货膨胀极其严重，按货币单位统计财政收支在当时已失去意义，故按小米价值计算。

经济恢复工作，实现了财政经济状况的根本好转。

在解放后的经济恢复时期，中国人民银行肩负着双重任务：一方面要迅速清除已经崩溃的“法币”，形成统一的人民币市场；另一方面又要战胜历史性的通货膨胀，确保人民币币值的稳定。中国人民银行充分利用货币政策工具，多次全面调整存贷款利率，协助财政发行公债，实行折实储蓄，同时，运用强有力的行政手段，严格控制现金发行，因势利导，稳定物价，实现了国民经济恢复发展的目标。

自 1953 年起，我国进入了有计划的经济建设阶段。1954 年、1955 年财政收大于支，并且银行存款增加，出现了钢材、水泥、木材等重要建筑材料过剩的现象，加上农业丰收，因此，中央认为还有加快经济增长速度的潜力。1956 年，国家财政支出中的基本建设拨款比上年增长 57.7%，银行信贷也大幅度增长，对农村贷款增加 19 亿元，大大超过了往年的增加速度。货币和财政政策“双松”的结果，导致当年财政出现赤字 18.3 亿元，货币发行量增加 16.9 亿元。同年底，市场货币流通量较上年增加 42%，出现了市场供应紧张、商业库存减少、物资供应不足、基本建设战线过长、投资效益下降的局面。针对这种状况，1957 年，国家实行了“双紧”的货币财政政策，相应地压缩了基本建设的投资额，发行了公债、奖励储蓄等，在该年底就实现了财政收支平衡，并结余 6 亿元，银行回笼货币 5 亿元，迅速扭转了供应紧张、物价不稳的局面。

从 1958 年到 1960 年，银行提出确保资金供应，将贷款送上门，大搞信用膨胀。3 年增发的货币比整个“一五”时期增发数还多。从而导致了“工业报喜、商业报忧、财政虚收、物价上涨”，最终造成物资严重短缺、生产下降。为了战胜困难，国家再度实行了“双紧”政策，冻结银行存款，严格控制货币投放，压缩基本建设投资规模和社会集团购买力，积极组织货币回笼。1962 年，财政收支略有结余，年末货币流通量比上年减少 19 亿元，压缩 15.3%，全国集市贸易价格比上年下降 35%。

10 年动乱时期，由于极“左”思想的影响，商品、货币在社会主义制度下的积极作用被否定，银行信贷的管理体制遭到了破坏。1969 年 10 月，中国人民银行总行并入财政部，成为财政部所属的二级机构，因而使货币政策在这段时期内未能发挥应有的作用。虽然国家采取了冻结物价的政策，除个别年份外，货币发行量一般不大，但由于当时生产日趋恶化，市场供应紧张，隐蔽性通货膨胀一直在持续发展，国民经济最终走上了濒临崩溃的边缘。

1977 年和 1978 年，为解决 10 年动乱遗留下来的货币流通不正常的问题，国家加强了信贷、现金、结算的管理，严格控制货币投放，两年总共发行货币 8 亿元。因为引进项目较多，以及提高农副产品价格和增加工资等，1979 年货币供应量增加较快，引起 1980 年零售物价上涨 6%。为此，国家及时采取了有效措施，使货币流通状况得以迅速好转，1981～1984 年零售物价上涨率被控制在 1.5%～2.8%幅度之内。

自 1953 年到实行改革开放的较长一段时间内，高度集中的计划经济体制通过指令性计划直接配置资源，商品、货币的作用受到限制。工业企业按国家计划生产，产品统一分配调拨；主要农产品由国家统购包销；国民收入绝大部分通过财政集中分配。与此相适应，社会信用活动集中于国家银行，实行货币信贷的统收统支、统存统贷体制，银行在经济管理中担负着保证经济计划的实现及组织调节现金流通的职能。这种经济体制决定了宏观经济调控主要依靠国民经济计划和财政预算。货币信贷政策居于从属地位，主要运用综合信贷计划、现金计划、现金管理等手段实现对现金、信贷总量的控制，达到发展经济、保障供给的目标。

有些学者认为，我国真正的货币政策实践只能从 1984 年算起，因为 1984 年中国人民银行才从工商银行中分离出来，正式行使中央银行的职能。事实上，在新中国成立的较长时期内，我国实行计划经济体制，中央银行没有从专业银行分离出来单独行使职能，也没有一个较为发达的金融市场，但应当承认，那时社会公众仍然存在着对货币的需求，政府仍然对货币的供给进行管理，也就是说仍然存在着事实上的“货币管理当局”，实施着货币政策，调节着货币的供给与需求。从这个意义上说，1984 年以后才有货币政策的说法是不科学的。

（二）改革开放后货币政策的第一次调整(1979～1983)

在 10 年动乱造成国民经济严重失调的情况下，全国计划会议于 1977 年 11 月召开，会议提出了在经济建设上要打几个大战役，即所谓的“洋跃进”。1978 年，国家加大农业投入并新上了一大批固定资产投资项目(其中有相当大一批需要引进技术设备)，此举虽然带动了国民经济高速增长，但也造成了货币供应失控。当年固定资产投资增长 22%，财政支出增长 31.7%，银行贷款增长 11.2%。1980 年零售物价总水平上涨幅度达到 6%，创下 1962 年以来的最高记录。

1978 年 12 月 18 日，中共十一届三中全会召开。从 1979 年开始，我国对国民经济实行“调整、改革、整顿、提高”的八字方针。1979 年开始的经济调整，仍然是以调整经济发展速度、压缩固定资产投资规模为基本特点，在手段上仍然主要依靠财政政策和货币、信贷计划，即通过财政、信贷计划手段实行紧缩的财政、货币政策，加强财政信贷综合平衡。

这一时期，中国人民银行把贯彻八字方针作为货币政策的基本任务。根据邓小平同志“把银行办成真正的银行”的方针，通过管紧信贷计划和信贷投放，尤其是控制固定资产贷款投放的办法来贯彻实施治理整顿的意图。

随着财政体制改革和企业实行利润留成制度，预算外资金规模急剧扩大，长期实行的消费基金计划管理体制被突破，而企业内部约束机制却很不完善,因此,消费基金增长过快逐渐成为宏观经济调控的重要课题。加强现金管理和结算管理,通过现金管理控制企业消费基金支出和社会集团购买力支出,成为货币信贷宏观调控中的重点和难点。1979年以后,国务院几乎每年都要发文强调加强现金管理、严格控制货币投放、大力组织货币回笼。虽然宏观调控中计划手段仍然起着绝对的主导作用,但间接调控机制已经开始萌生。

在压缩投资和消费需求的同时,中国人民银行提出要灵活调度资金,增加商品供应,主要表现为增加对农业和消费品生产企业的信贷投入。为此,适应家庭联产承包责任制的实行,大力支持农户生产和多种经营,1979～1983年,银行、信用社农业贷款规模相当于改革开放前30年的1.43倍。同时,发放中短期设备贷款,促进轻工业的发展,使原来失调的轻重工业比重得到调整。

1979～1981年连续3年的调整取得了显著的成绩,国民经济从1982年开始走出低谷,产业结构有所调整,固定资产投资得到初步控制,市场供给逐年回升,零售物价总水平从6%逐步回落到1.5%,货币基本稳定的目标初步实现。

在信贷资金管理体制上,1979年开始由原来的"统存统贷"改为"统一计划、分级管理、存贷挂钩"的管理办法,即对核定的信贷差额实行包干使用,"存差"必须完成,"借差"不得突破,在差额包干计划内,多存可以多用。这次改革是对过去信贷计划体制的一次否定,有利于改变"重贷轻存"的现象,有利于调动地方积极性。

(三)从"紧缩银根"到"紧中有活"(1984～1987)

经过国民经济的调整改革,我国农业连年丰收,地方财权明显扩大,轻、重工业结构得以改善,经济体制改革的重点从农村转向城市。1984年,经济增长中也出现了一些问题:由于国家投资计划管理体制放松,部分项目审批权下放,1984年财政用于投资的支出猛增，当年用于基本建设和技术改造的支出比上年增长30.1%。尤其突出的是，信贷管理体制改革中出现了为争基数而扩大贷款的情况。1984年10月，刚刚行使中央银行职能不久的中国人民银行下发了《信贷资金管理试行办法》，决定从1985年初开始实行“统一计划、划分资金、实贷实存、相互融通”的信贷管理体制。其核心内容是，中国人民银行和各专业银行在资金上相互独立、账户分设、以借贷形式确定资金往来关系，改计划指标“层层下批”为“上贷下存”的“实贷实存”管理办法。同时，还建立了存款准备金制度。这项改革对中央银行宏观调控体系的建立起了十分重要的作用，但是，在划分资金过程中，为了争基数，金融机构从第4季度开始突击放款，从而导致了信用膨胀和货币发行的失控。1985年零售物价上涨8.84%，比1980年高出近3个百分点。信用失控成为1985年经济过热的重要原因。

1985年，中国人民银行采取“紧缩银根”的货币政策，货币、信贷宏观调控在当时发挥重要作用。国家在严格加强社会固定资产投资计划管理、严格控制财政预算支出的同时，更主要的是运用货币、信贷计划手段紧缩银根。1985年4月，国务院批转《中国人民银行关于控制1985年贷款规模的若干规定》：(1)严格控制货币发行和贷款总规模，加强固定资产贷款管理，要求各项贷款的使用根据国家经济政策区别轻重缓急，保证重点，兼顾一般；(2)调整专业银行存款准备金比例和信贷计划、两次提高专业银行的存贷款利率等；(3)改变敞口供应流动资金贷款的办法，规定一般要有30%～50%的自有资金，银行在信贷资金可能范围内，发放一定比例的贷款，不能全部包下来；(4)加强金融工作的统一管理，建行的信贷收支纳入国家信贷计划统一管理，对各种信托投资公司和地方、企业发行股票、债券等社会集资，由中国人民银行制定管理办法，经国务院批准后依法管理。

经过1985年的调整，1986年投资增长18.7%，增幅比上年回落20个百分点，零售物价总水平上涨率由上年的8.84%回落到6%，GDP增长速度从上年的13.5%回落到8.9%。1986年上半年出现了一定程度的商品滞销和工业增长速度偏低等问题，根据国务院的指示，中国人民银行相应采取了“稳中求松”的货币政策，旨在维持经济适当的发展速度。当年银行、信用社贷款增加偏多，第4季度工业出现高速增长的势头。1987年中国人民银行又相应采取了“紧中有活”的货币政策，以扶持那些已经形成新的生产能力的企业以及有提高经济效益潜力的企业。

“紧中有活”和“稳中求松”货币政策的不同之处，在于它的大前提是一个“紧”字。在此期间，大胆地运用中央银行贷款、法定存款准备金比率等间接调控手段促进货币、信贷总量控制目标的实现。这是中央银行宏观调控方式转换的重要尝试。

这一时期的货币、信贷宏观调控具有如下特点：(1)地方政府部门和企业的投资扩张机制已经形成，货币、信贷宏观调控的阻力越来越大，加上中央银行制度刚刚成立，货币、信贷政策的推行在很大程度上还要依靠中央政府直接行政干预的力量；(2)中央银行已经开始运用存款准备金、存贷款利率等间接调控手段，但间接调控的经济基础很不完善，计划手段在货币信贷总量控制中仍然起着决定作用；(3)1983年7月，国务院决定国营企业流动资金由银行统一管理以后，财政信贷综合平衡的主要矛盾已经转变为企业自补流动资金问题，因此，作为信贷总量控制的特殊措施，对企业补充自有流动资金及相应的信贷政策需要作出一系列具体规定；(4)由于财政集中分配的资金在国民收入中所占比重大幅度下降，国民收入分配结构明显向预算外和居民个人倾斜，挤占挪用银行信贷资金、社会集资成为投资失控的重要原因，因此，如何管好贷款和社会集资，成为货币、信贷宏观调控乃至经济调控中的一个重要课题。

(四)“双紧”政策(1988～1991)

“紧中有活”的货币政策在1987年虽然取得一定的成效,但从整个经济形势看,偏热的状况依然没有根本改变。1988年,我国工业产值增长速度出现了改革开放以来第二个高峰值,当年增长20.8%,增幅高于1985年;固定资产投资增长23.5%,零售物价总水平上涨18.5%,为改革开放以来的最高水平。全国由南向北刮起了四次大面积的挤兑储蓄存款、抢购商品的风潮,城乡储蓄存款一度出现余额大幅下降,1988年底市场现金流通量比上年增长46.7%。我国出现了改革开放以来最严重的通货膨胀。

1988年通货膨胀的原因主要有:农业、能源、交通运输及主要原材料等产业发展滞后,产业结构严重失衡;中央财政和地方财政实行“分灶吃饭”的预算管理体制以后,形成了地方政府直接干预经济的利益机制,造成了自下而上投资膨胀的动力;企业制度改革不到位,金融运行的微观基础不健全,为地方政府的投资行为提供了资金上的可能;中央银行对金融机构的信贷扩张和各种社会集资的管理与调控力不从心;在经济过热的情况下,一些地方相继出台了价格改革措施,放松了对关系国计民生的产品的价格管理,从而引发了挤兑抢购风潮。

1988年9月,党中央、国务院提出用3年左右的时间把改革和建设的重点放到“治理经济环境、整顿经济秩序”上来,并实行财政、银行“双紧”政策。中国人民银行为贯彻这一方针,开始实行货币信贷宏观调控,着手治理通货膨胀。以1989年4月为界限,前一阶段以总量控制为主,后一阶段以信贷结构调整为主。

1988年8月和1989年3月中国人民银行先后下发了《关于进一步控制1988年货币投放、信贷规模的具体规定》和《关于落实1989年货币信贷方针的几项规定》,重点解决总需求过大的问题,提出“控制总量、调整结构、保证重点、压缩一般、适时调节”的货币政策。一是重新恢复了对贷款规模的限额管理。中国人民银行制定的贷款规模，任何银行、任何地区未经批准，不得突破，谁突破谁负责。决定从1989年开始制定全社会信用规划，建立社会信贷总量的监督制度，对各家银行和非银行金融机构贷款的最高限额，实行“全年亮底、按季监控、按月考核、适时调节”的办法。二是严格现金管理。现金计划实行“以块为主、条块结合”的管理办法，中国人民银行总行将国务院批准的货币发行计划下达到各地区，要求由各地政府负责，组织当地银行和有关部门采取措施，严格加以控制。三是收回1988年下放给省、区、市分行的一些资金机动权。1988年9月1日起两度调高了存贷款利率。法定存款准备金率也由12%调整为13%，首次将专业银行的备付金作为硬性规定，正式建立统一的备付金制度，备付金占各项存款的比例为5%～7%。严格规定中国人民银行贷款投向，总行核批新增的再贷款额度，未经批准不得突破。四是从1988年9月10日开始，对城乡居民个人3年期以上的不提前支取的整存整取、存本取息、华侨人民币储蓄存款实行保值贴息。五是对信托机构开办了特种存款，清理整顿信托投资公司，加强对资金市场的引导和管理，规定金融机构之间的横向资金拆借，只能用于资金运用中先支后收的临时周转需要，拆借期限不准超过1个月，不得跨年归还。

到1989年4月底，国家经济调控和中央银行所实施的货币信贷宏观调控措施，在总量控制方面已经取得了明显成效，但是，产业结构矛盾仍无缓解，重点资金供应紧张。货币信贷宏观调控重点转入结构调整阶段，突出“适时调节”，满足经济增长中合理资金需要。

1989年上半年，中国人民银行根据国务院颁布的产业政策要点制定并下发了信贷政策大纲。中国人民银行在再贷款投向、专业银行在贷款规模安排上向农业投入、农副产品收购、外贸出口、国营大中型企业和国家重点建设项目倾斜。1989年银行对国营大中型企业采取了“定期限、定投向、定数额”的办法，先后四次发放启动贷款，支持产业结构调整，帮助国营大中型企业调整产品结构，扩大了基础工业产品的有效供给。1989 年 8 月，以当月社会商品零售总额出现负增长为标志，我国经济增长转入了持续一年多的低速徘徊时期。8 月份，中国人民银行开始放松银根，加大了中央银行贷款投放量，扩大了贷款规模，先后三次调低了利率，1989～1991 年 3 年间中国人民银行对专业银行贷款年均增长近 22%，加上其他渠道投放的基础货币，基础货币供应总量年均增长 27%以上，银行贷款年均增长 19.6%，远远超过同期按当年价格计算的国民生产总值年均 12.9%的增长速度。在财政收入增长缓慢的情况下，经济结构调整、促进经济增长主要依靠货币、信贷手段。由于中国人民银行调整总量控制力度、专业银行增加贷款投入，1990 年 9 月，工业生产开始走出低谷，当年第 4 季度步入中速增长时期。1991 年实行了“优化信贷结构、盘活资金存量和压贷挂钩”、支持企业技术进步的政策，国民经济继续向好的方向发展。

值得一提的是，从 1990 年 4 月开始，国务院决定组织清理企业“三角债”。其中，1990 年重点清理流动资金“三角债”，1991～1992 年重点清理固定资产项目拖欠贷款所形成的“三角债”。据统计，1990～1992 年总计清理“三角债”3800 亿元，缓解了企业资金紧张的压力。

三年治理整顿虽然成绩很大，但国民经济结构并没有得到根本性调整，国有企业大面积亏损的状况没有从根本上得到扭转。在财政信贷关系没有理顺、专业银行政策性贷款和商业性贷款不分、信贷资金“条块”分割的情况下，银行在产业政策调整方面涉足过深，为产业结构和企业结构而不得不大量增加再贷款投放。随着经济结构调整的力度和广度加大，再贷款被政策性资金需求长期占用的问题日益明显，这在很大程度上削弱了中国人民银行调控基础货币的主动性和灵活性，加大了金融风险。靠信贷大量投放带来经济增长的同时也带来了潜在的通货膨胀压力。

(五) 整顿金融秩序与"适度从紧"的货币政策(1992～1996)

1991年7月以后,随着治理整顿的结束,我国经济进入一个新的发展阶段。1992年初,邓小平同志发表"南巡"讲话,提出了"发展是硬道理"的著名论断,给我国国民经济发展注入了新的活力。当时,我国国民经济正处于经济周期中的上升阶段,由于人们认识上的偏差,许多地方把抓住机遇搞发展变成了片面追求高速度、上项目、搞房地产等,致使宏观经济到1993年上半年出现了许多问题。其一,需求膨胀尤其是投资需求膨胀,财政困难加剧,经济结构性矛盾突出,1992年和1993年固定资产投资分别比上年增长44.4%和61.8%;其二,物价上涨越来越快,1993年物价涨幅比1992年高出13.2个百分点,1994年高达21.7%;其三,由于房地产热急剧兴起,各地盲目上开发区,许多良田荒芜,农村人力及资金大量流向沿海和非农产业,农业基础地位削弱。

金融方面,乱集资、乱拆借、乱贷款、乱提高利率现象愈演愈烈。银行储蓄存款急剧减少,金融秩序混乱,有些地区甚至出现支付问题。1993年违章拆借资金达3000多亿元,"黑市"利率高达25%以上,上半年储蓄存款增幅比1992年末下降约7个百分点。1993年上半年货币发行量比1992年同期增加550亿元,比发生严重通货膨胀的1988年同期多投放440亿元。

针对当时宏观经济失衡的情况,我国采取了16条以抑制通货膨胀为首要任务的综合治理措施。从整顿金融秩序入手,主要运用了金融手段加强宏观调控,包括:(1)强化金融监管力度,坚决查处乱拆借、乱集资、乱提高利率等非法行为;(2)适时增加贷款,调整信贷结构,保证资金重点需求,缓解企业资金困难;(3)两次调高存贷款利率,及时开办保值储蓄,促进货币回笼。这些手段使当时经济、金融秩序混乱的局面得到了初步控制。

此后,我国从宏观经济全局着眼,先后开展了金融、财政、税收、投资等配套性的体制改革。中国人民银行在国务院领导下，坚持实行“适度从紧”的货币政策，注意处理稳定物价与经济增长的关系，适度供应货币，并进一步采取了一系列有利于金融宏观调控的具体措施。一是逐步强化中央银行宏观调控能力。1993 年 7 月，中央银行收回了省级分行 7%的规模调剂权，将信贷规模的分配和再贷款权、基准利率制定和调节权、货币发行权高度集中于总行；1994 年，中央银行停止向财政透支，停办专项贷款；1995 年，《中华人民共和国中国人民银行法》颁布实施，规定中央银行货币政策的目标是稳定币值，并以此促进经济增长。二是把货币政策中介目标从主要依赖贷款规模逐步转向调控货币供应量。从 1994 年开始，中国人民银行逐步缩小了信贷规模的控制范围，开始对商业银行推行资产负债比例管理，并从 1994 年第 3 季度开始，按季度向社会公布货币供应量分层次监测控制目标，根据具体的货币供应量目标和经济运行趋势，确定基础货币供应总量，货币政策操作向间接调控迈出了重要的一步。三是实行政策性金融与商业性金融分离，先后成立三家政策性银行，为国有独资商业银行向真正的商业银行转化创造条件，改变其对中央银行资金的“倒逼”机制。四是灵活运用利率政策。1993 年下半年至 1997 年，随着经济金融形势的发展变化，金融机构存贷款利率先后四次上调、三次下调，有效地调节了货币供应量的结构。五是协调运用本外币政策。从 1994 年 3 月开始，中央银行直接介入全国统一的银行间外汇市场，进行外汇公开市场操作，主要目的是平衡市场外汇供求，保持人民币汇率稳定。在我国外贸进出口持续顺差的情况下，中央通过外汇市场买进外汇，增加了国家的外汇储备，保持了人民币汇率的持续稳定，并及时运用一系列“对冲”措施，如收回对金融机构贷款、开办特种存款等，适时抵消了中央银行因购买外汇而大量投放基础货币的负面影响。六是注重运用信贷政策调整经济结构。中央银行针对经济的结构性矛盾，主要通过信贷政策引导资金投向，连续几年提高农业贷款的比重，采取了一系列支持国有企业改革与发展的重要措施，在300户国有大型企业中推行主办银行制度，保证了农业、国家重点建设项目和有市场、有效益的国有大中型企业的合理资金需求，促进了经济结构的调整，增加了有效供给。

上述几项措施，综合运用，协调配合，使自1993年下半年开始的以整顿金融秩序、治理通货膨胀为首要任务的金融宏观调控收到了明显成效，国民经济“软着陆”取得了圆满成功。这次宏观调控成效显著，它表明我国运用货币政策调控国民经济的水平明显提高。

（六）稳健的货币政策（1998年以来）

1997年下半年，亚洲金融危机爆发，许多国家贸易萎缩、货币贬值、资本外逃。我国坚持人民币不贬值的政策，为稳定亚洲经济金融作出了贡献，但也对我国外贸出口、资本流入等造成不利的影响。同时，国内经济处于经济周期的低谷，国有企业效益下滑，有效需求严重不足。金融运行和货币政策操作遇到了前所未有的复杂局面。一方面，扩大内需、增加就业、促进经济增长目标的实现，客观上要求进一步扩大货币供应，增加贷款投放；另一方面，由于经济的、体制的、行政的原因，多年来积累的金融风险逐渐暴露，尤其是亚洲金融危机爆发后，防范和化解金融风险成为整个金融系统的重要任务。如何处理好支持经济增长和防范金融风险的关系，是实施货币政策面临的主要问题。

从1998年开始，为了应对亚洲金融危机的冲击，克服国内有效需求不足，中国人民银行开始实施稳健的货币政策。《辞海》对“稳健”一词的解释是：(1)稳而有力；(2)慎重，不轻浮冒失。中国人民银行于2002年向社会公布了稳健货币政策的主要内容是：实行稳健的货币政策，不是收缩货币供应，而是适当增加了货币供应。它包含四个方面的核心内容：(1)灵活运用货币政策工具，保持货币供应量适度增长；(2)及时调整信贷政策，引导贷款投向，促进经济结构调整；(3)执行金融稳定计划，发挥货币政策保持金融稳定的作用；(4)在发展货币市场的基础上，积极推进货币政策工具改革，实现货币政策由直接调控向间接调控的转变。

1998～2002 年，货币信贷平稳增长，贷款结构明显改善。2002 年底，广义货币增幅已达 16.8%，当年金融机构人民币贷款增加 18475 亿元，达到 5 年来的最高水平。在各年贷款增加额中，基础设施贷款、个人住房贷款、农业贷款及贴现贷款比重逐步上升，比例达到 75%左右。5 年增发国债 6600 亿元，带动国债项目投资 3.28 万亿元，其中银行配套贷款有 1.2 万亿元。稳健的货币政策极大地支持了积极的财政政策。

与此同时，货币政策工具之一的公开市场操作取得突破性进展。从 1998 年 1 月 1 日开始，中央银行取消了对商业银行的贷款规模管理，调控手段由直接调控改为间接调控。银行间同业拆借市场参与者的数量和成交量迅速上升，拆借量从 1998 年的 1978 亿元增加到 2002 年的 1.2 万亿元，增长 5.12 倍。同时，央行通过公开市场对冲操作，支持了外汇储备的大量增加和基础货币增长的稳定。为了配合稳健的货币政策，扩大内需，从 1996 年到 2002 年，中国人民银行八次下调银行存贷款利率，1 年期定期存款利率从 1996 年 4 月的 10.98%下降到 2003 年的 1.98%，同期 1 年期贷款利率从 12.06%下降到 5.31%。利率水平的降低，减轻了企业借贷的利息支出，降低了企业的经营成本，促进了生产经营发展。近几年来，利率市场化改革积极稳妥地推进，并取得了明显进展，同业拆借利率和外币利率已经实现市场化。

1998 年以来，中国人民银行充分运用多种货币信贷工具，努力推动中小企业健康发展。加强信贷政策指导，促进商业银行信贷结构调整，防止商业银行过度集中资金，影响中小企业贷款。通过增加再贷款、再贴现，增强了中小金融机构支持中小企业发展的资金实力。通过推广农户贷款、深化农村信用社改革,加强了信贷对农业的支持。尤其值得一提的是,近几年消费信贷取得了长足发展,住房贷款圆了千万个家庭多年的住房梦,汽车消费贷款又使众多的城市人成了汽车的主人,助学贷款的推广,使一大批家庭困难的大学生完成了学业。

1998 年至 2002 年的 5 年间,稳健的货币政策效果令人瞩目。从经济增长看,5 年来,我国经济的增长可以说是一个奇迹(在 1998 年金融危机中,有人用"一枝独秀"来形容我国的经济增长态势)。国民经济保持了良好的发展势头,经济持续较快增长。国内生产总值平均每年增长 7.7%,居民消费价格涨幅在 -1.4%~0.8%之间,人民币汇率保持基本稳定,经济增长的质量和效益不断提高。而这些都是在我国经济应对亚洲金融危机的冲击,世界经济增长放慢的背景下取得的;是在国内产业结构矛盾十分突出,国有企业职工大量下岗等种种不利局面的情况下取得的;是在抵御了 1998、1999 年连续特大洪涝灾害等各种自然灾害的情况下取得的。货币政策对经济增长的稳定和促进作用功不可没。

三、我国货币政策取向研究

我国在当前和未来一段时期究竟应制定、实施什么样的货币政策,才能使国民经济继续保持持续、健康、稳定的增长,才能使我国的经济建设取得更加辉煌的业绩?这是一个异常重要、严肃的课题,足以让最高金融当局为之"揪心",同时,这也是金融学专家争论不休的问题之一。笔者从分析我国当前经济形势着眼,借鉴我国过去货币政策实践的得失,提出一些比较粗浅的见解。

(一) 轻微的经济过热

1996 年,我国治理经济过热取得了成功,实现了国民经济的"软着陆"。从此,卖方市场转变为买方市场。随即出现了通货紧缩和有效需求不足。1998 年的亚洲金融危机和百年一遇的洪涝灾害，使国民经济雪上加霜。党中央、国务院审时度势，及时调整了国家宏观经济政策，运用财政、货币政策工具以及其他一些行之有效的措施，保持经济的适度发展。

1. 多年积极财政政策的实施，使目前经济轻微过热成为可能。从 1998 年 8 月开始实行的积极财政政策，其实质是扩张型的财政政策。这是一个以增发国债为主要手段的政策，同时也运用税收等政策，鼓励投资和消费，鼓励出口。积极财政政策起到了巨大成就。

1998～2000 年，国家共增发国债 3600 亿元，带动地方、部门和企业投入配套资金和银行存款约 7500 亿元，有效地扩大了投资需求，制止了经济增长率下滑趋势，带来了国民经济的全面回升。1998 年增发 1000 亿元国债拉动经济增长 1.5 个百分点，1999 年增发国债拉动经济增长 2 个百分点。可以看出，积极财政政策有力地推动了经济的增长。这 3 年中，还是由于这 3600 亿元国债资金，启动了地方、部门、企业投资和银行贷款，集中力量解决了一些多年来想办而没能力办的大事。3 年来加固 16369 千米大江大湖堤防，完成江河控制性枢纽工程 25 个；新增公路通车里程 17.4 万千米，其中高速公路 10230 千米；投产铁路新线 2070 千米，复线 586 千米；建成仓容 250 亿千克的粮食储备库等。还是由于这 3600 亿元国债资金，一部分用于企业技术改造和贷款贴息，加快企业技术进步，推进产业升级。利用国债对 880 个产品技术改造项目给予贴息支持，实施技术改造、高科技改造、高科技产业化、装备国产化，有力地支持了国企的改造和扭亏为盈，促进了产业结构和地区结构的调整和优化。利用国债加强基础设施建设，缓解了经济增长中的“瓶颈”，并为未来的经济增长做好准备。改善了城乡居民的生产和生活条件，推进了各项社会事业的发展。到 2000 年底，新增城市日给水能力 31317 吨，农村电网建设与改造竣工的县(区、市)累计 1000 个左右，农民到户的生活电价每千瓦时降低0.1～0.3元，共安排教学、实验、科研等基础设施项目694个[1]。

从以上3600亿元国债资金所起的巨大作用中，可以看出：积极财政政策是极其有效的。这3600亿元国债只是积极财政政策的一小部分，其后我国继续增发国债。例如，2002年财政部发行凭证式国债1600亿元、记账式国债4461亿元，二者共6061亿元；2003年发行凭证式国债2505亿元、记账式国债3778亿元，二者共6283亿元。国债对国民经济的贡献不可谓不大，积极财政政策所起的作用也就可想而知。

积极财政政策有力拉动国民经济的同时，货币政策给予了得力的帮助。比如，2003年底，M_2比2002年底增长19.6%，M_1增长18.7%，M_0增长14.3%，全部金融机构本外币各项贷款余额增长21%。货币增长率如此高速的增长，有力地刺激了投资和消费的增长，遏止了通货紧缩，甚至可能引发通货膨胀。

并且，有足够的其他证据表明：我国目前的经济已经出现轻微的过热。

2. GDP增长率显示轻微过热特征。有些学者认为，当前我国年度经济增长的合理区间应在7%～9%之间，高出9%就应当视为过热。虽然这一衡量标准过于简单，但是也有一定的合理性。根据许多学者的研究，我国经济的潜在增长率在8%～9%之间。如果经济增长率长期高于潜在增长率，必然表现为经济过热。从20世纪90年代以来我国经济运行的情况看，GDP增长率超过9%，往往出现通货膨胀与投资过热相伴。例如，1992年GDP增长率为14.2%，伴随它的是高达44.4%的投资增长率；1993年GDP增长率为13.5%，而投资增长率为61.8%；1994年GDP增长率为12.6%，投资增长率为30.4%；1995年GDP增长率为

[1] 陈共主编：《财政学》，北京，中国人民大学出版社，2002年12月第3版，第329页。

10.5%,投资增长率为17.5%;1996年GDP增长率为9.6%,投资增长率为14.8%。另外,当GDP增长率在8%左右时,投资增长率和物价上涨率是相对平稳的。因此,笔者认为,“高于9%就应当视为过热”的观点,对于目前的我国经济是基本客观的。同样还是基于这一认识,笔者认为GDP年增长率超过9%,应当视为我国经济出现了“轻微过热”。

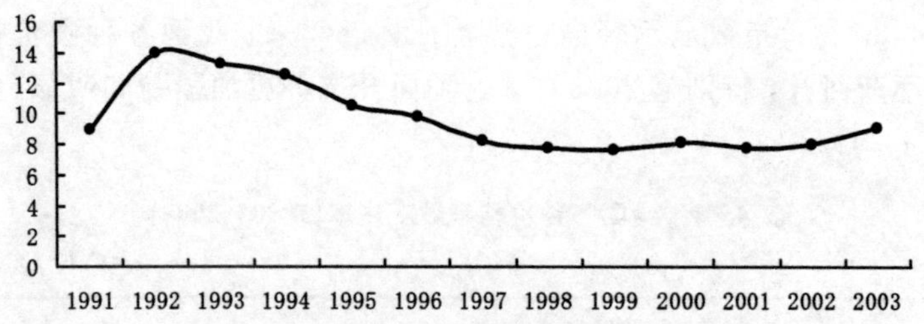

图4-1 我国GDP年增长率(1991~2003)

资料来源:程建林“中国经济增长的需求贡献度分析”,载《经济预测与分析》,1998年第14期(1991~1997年GDP年增长率数据),《经济日报》1999~2004年(1998~2003年GDP年增长率数据)。

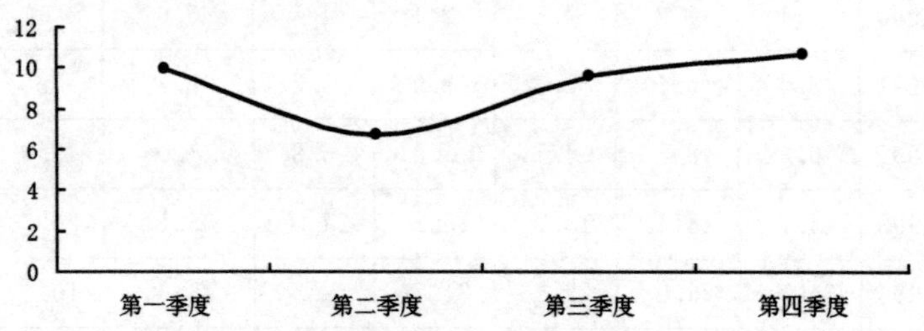

图4-2 我国GDP增长率(2003年1~4季度)

注:第三季度增长率以官方修订后的数字,即9.6%为准。

2003年,我国经济在克服SARS疫情等多种干扰的情况下取得的发展,从第一季度到第四季度,GDP增长率呈现经济轻微过热的特征:理由是:(1)经济常态条件下(即没有重大突发事件干扰)经济增长率水平过高,第一季度9.9%,第三季度9.6%,第四季度10.7%。(2)非常态条件下,经济增长率依然接近正常增长率水平(7%~9%)的下限。在经济受到SARS重创的情况下,第二季度增长率仍达6.7%,接近7%。另外,刚公布不久的2004年第一季度经济增长率(9.7%)可以作为一个较有力的佐证。

3. 物价指数显示轻微过热特征。近年来,我国各种物价指数逐渐回升,特别是2003年,这种回升态势更加强劲和明显(见表4-1)。

表4-1 全国各种价格指数变化率(1990~2003)

单位:%

年份	居民消费价格指数	城市居民消费价格指数	农村居民消费价格指数	商品零售价格指数	工业品出厂价格指数	原材料、燃料、动力购进价格指数	固定资产投资价格指数
1990	3.1	1.3	4.5	2.1	4.1	5.6	
1991	3.4	5.1	2.3	2.9	6.2	9.1	9.5
1992	6.4	8.6	4.7	5.4	6.8	11.0	15.3
1993	14.7	16.1	13.7	13.2	24.0	35.1	26.6
1994	24.1	25.0	23.4	21.7	19.5	18.2	10.4
1995	17.1	16.8	17.5	14.8	14.9	15.3	5.9
1996	8.3	8.8	7.9	6.1	2.9	3.9	4.0
1997	2.8	3.1	2.5	0.8	-0.3	1.3	1.7

续表

年 份	居民消费价格指数	城市居民消费价格指数	农村居民消费价格指数	商品零售价格指数	工业品出厂价格指数	原材料、燃料、动力购进价格指数	固定资产投资价格指数
1998	－0.8	－0.6	－1.0	－2.6	－4.1	－4.2	－0.2
1999	－1.4	－1.3	－1.5	－3.0	－2.4	－3.3	－0.4
2000	0.4	0.8	－0.1	－1.5	2.8	5.1	1.1
2001	0.7	0.7	0.8	－0.8	－1.3	－0.2	0.4
2002	－0.8	－1.0	－0.4	－1.3	－2.2	－2.3	0.2
2003	1.2	0.9	1.6	－0.1	2.3	4.8	2.2

资料来源:《中国统计年鉴,2003》和《2003年国民经济和社会发展统计公报》,国家统计局。

由上表可以清晰看出,从1990年,我国物价指数逐年上升,到了1993年、1994年到了一个周期的顶点;从1995年开始,物价开始大幅度地、快速地回落,到了1997年,某些价格指数已经出现负增长的情况。这正如政治领域纠正左派路线(或右派路线)一样,初衷是好的,在初期阶段的纠正行为也往往是和预期目标保持高度一致的,但是到了后期,又往往出现矫枉过正的现象。经济学领域也是如此。到了1998年,各种价格指数全面负增长,国民经济在1998年、1999年到了一个阶段性低谷。于是,又开始了新一轮的"矫枉"行为,积极财政政策与实质上偏向扩张型的货币政策"双管齐下",收到了明显的成效。我们从2000年到2003年的物价指数变动上可以看出:物价回升的速度还是比较理想的,但是,另一方面我们应该保持警惕,我国国民经济是否又出现了新一轮的过热了呢?2003年除商品零售价格指数基本持平(－0.1)外,其余物价指数全线上扬,并且有些指标上涨的速度是惊人的。例如,原材料、燃料、动力购进价格指数和固定资产投资价格指数等。历史不会简单重演,但是,基于以上情况,至少应该对今后的物价走势保持高度警惕,以上物价特征表明我国目前经济出现轻微过热。

4. 投资领域出现轻微过热特征。为了进一步判断我国经济是否已经“轻微过热”,也可以考察一下当前中国的固定资产投资状况。2003 年中国的固定资产投资实际增长率已经接近改革开放以来投资增长最快的 1993 年(1993 年固定资产投资实际增长率为 24.8%,2003 年为 24.0%)。2004 年第一季度全社会固定资产投资的实际增长率已经达到 37.5%,远远超过了 1993 年的投资增长率。而我们知道,1993 年和 1994 年是中国改革开放以来通货膨胀最严重的时候,其中固定资产投资价格在 1993 年达到增长 26.6%的最高值,原材料、燃料和动力价格达到增长 35%的最高值,而居民消费价格指数也在 1994 年达到 24.1%的最高值。由于固定资产投资在 GDP 中的比例约为 40%,如果固定资产投资增长率为 37.5%,则投资导致的 GDP 增长率将为 15%,比 2003 年 9.1%的 GDP 增长率高出 5.9 个百分点,担心投资过热以及由此导致的经济过热是有一定道理的。

从 1997~2002 年建筑材料的出厂价格指数一直处于下降过程中,2002 年的建材价格相比于 1996 年的建材价格已经下降了 10%。但是,2003 年情况发生了很大的变化,到 2003 年 12 月,建材的出厂价格指数上涨了 3.9%,并且 2004 年继续上涨,到 3 月已经上涨了 4.8%,4 月涨幅稍微回落到 4.5%。冶金工业产品的出厂价格指数也是从 2003 年 1 月开始上升的,不过上涨速度更快。2003 年 12 月冶金工业产品的出厂价格指数已经上升了 11%,2004 年继续大幅度上升,到 4 月已经上升了 21.1%。根据国家统计局的数据,钢铁产品的价格上涨更快。4 月份,黑色金属冶炼及压延加工业出厂价格比 2003 年同月上涨 24.3%。其中,普通大型钢材上涨27.9%，普通中型钢材上涨36.1%，普通小型钢材上涨26.4%，线材上涨35.4%，中厚钢板上涨20.1%。与钢铁生产有关的产品出厂价格更是强劲上涨。其中，炼钢用铁矿石上涨84.0%，铁精矿粉上涨50.9%，锰矿石上涨54.9%，焦炭上涨36.8%。有色金属冶炼及压延加工业出厂价格也比2003年同月上涨21.4%，其中，镍、锡、铅、氧化铝、铜和锌的出厂价格分别上涨62.6%和20.5%。由于这些行业大体上属于竞争性行业，并不是因为垄断或管制造成的价格上升，也并不是由于管制的电力价格变化导致的价格上升（电力工业产品的出厂价格指数到2004年4月仅同比增长2.2%）。因此，投资品如此高的价格涨幅，不能不认为目前确确实实存在"投资热"[1]。这从侧面反映了当前我国国民经济发展出现了"轻微过热"。

（二）防热、适度、均衡、选择

基于对目前宏观经济形势的判断，我认为，当前货币政策取向应确定为"防热、适度、均衡、选择"的总方向。所谓"防热"，指的是防止经济过热；"适度"指政策的力度要适中，防止经济过热的货币政策力度在近期不宜过大；"均衡"主要指在一些无法消除的矛盾面前（主要是消除通货膨胀和就业之间），寻找一个相互妥协的办法；"选择"指对于当前的经济形势，不同行业的调控，可以突出区别对待，必要时还可以对部分行业实施更为严格的直接干预。

如前所述，足够证据和分析表明：我国目前的经济已经出现轻微的过热。所以，货币政策的取向应该是主要考虑到防止通货膨胀、防止经济过热的需要，因此，货币政策应有所变化，包括适当提高银行信贷利率等。经济形势发生了变化，需要我们的观念，还有我们的货币政策因时、因势而变，货币政策要"防热"。我们应该吸取历史经验教训，在宏观国民经济发展的"拐点"之处早做准备，否

---

[1] 姚枝仲、李扬："中国高投资率问题"，《中国金融发展报告》(No. 1, 2004)。

则,可能重蹈覆辙。比如,我们几乎是在"经济要实现软着陆"的政策中,仓促实施积极财政政策的,这好比在正式实施扩张性宏观经济政策的前一天,我们还在不遗余力地推行紧缩经济的政策,这是十分不正常的,也必然增加不必要的社会经济成本。

另外一点也很重要:确定了防止经济过热的货币政策取向后,还应该注意政策的力度。譬如,确定了要提高信贷利率,还要掌握好利率提高的幅度和具体时机,要做到"适度"。

目前出现的经济"轻微过热",和 1992 年、1993 年的经济过热是有很大区别的。20 世纪 90 年代初期的经济过热是猛烈的、全面的、供需严重失衡的过热。目前经济过热不但只是"轻微"的,而且还具有明显的结构性特点。从需求的角度来看,投资增长加快,消费增长乏力;从产业增长来看,第二产业增长加快,第一和第三产业增长减慢;从投资结构来看,国有经济和集体经济投资加快,个人投资增长减慢,第二、第三产业投资增长加快,第一产业投资增长减慢。在这种增长结构之上,物价的变动也出现了明显的结构性特征。总体上说,当前中国物价变动,以上游产品价格上涨高于下游产品价格上涨为其显著特征。在进一步的发展中,如果上游产品的价格上涨顺利地向下游产品传导,并最终引致物价水平的全面上涨,那就可能出现全面的物价上涨。

从 1999～2000 年,我国的城镇登记失业率一直保持在 3.1%左右,在 2001 年升至 3.6%,2002 年底为 4%[1],我国国有企业减员增效的战役远未结束,就业的压力十分巨大。我国一方面要增加就业率,另一方面要防止通货膨胀,但是,稳定物价与充分就业两个目标之间存在矛盾。要想实现充分就业,中央银行常常采用放松银根,降低利率的手段来扩大总需求,加快投资和增长,创造更多的就业机会。总需求扩大的结果虽然使就业量增加,人们收

[1] 伍瑞凡主编:《金融学》,北京,科学出版社,2003 年 9 月第 1 版,第 391 页。

入增加，对各种商品和劳务的需求增加，但如果供给不能同步发生变化，又对物价稳定产生压力。这样，充分就业的目标显然是以物价上涨为代价的。最先在理论上分析稳定物价和充分就业之间矛盾的经济学家是英国的菲利普斯。他在研究了英国1861～1957年的失业率和物价变动率之间的关系后，认为失业率和物价上涨率之间存在着此消彼长的关系，即失业率降低，物价上涨率升高；失业率上升，物价上涨率下降。这就是著名的菲利普斯曲线。因此，在失业率和物价上涨率之间可以有三种选择：(1)追求低失业率的同时忍受高通货膨胀率；(2)追求物价稳定而忍受高失业率；(3)在两者之间相机抉择，把失业率和通货膨胀率控制在社会可以接受的水平上。目前，世界很多国家都采取了第三种选择。我国货币政策应在其中找到一个均衡点，"鱼和熊掌不可兼得"，我们就在就业率和物价上涨率之间确定一个社会都可基本接受的均衡点，即货币政策要做到"均衡"。

当前，我国应对不同行业采用不同的具体货币政策。例如，对于明显过热的钢铁投资，可以尝试为其制定一个足够高的信贷利率政策，以抑制过多的银行信贷资金继续流向钢铁行业。具体货币政策对不同行业可以有所区别，即有所"选择"。选择性货币政策工具是对某些特殊信用领域有选择地调节和影响的政策工具，例如，优惠利率是中央银行对国家重点发展的产业，如对出口行业、农业、教育等采取低息放款的鼓励措施；同时，对投资过热的行业给予放款等方面的限制措施，如对水泥行业的贷款规定最高限额、最长期限及分摊还款的最低金额等。另外，可以配合直接干预的政策。控制当前的结构性投资过热的有效措施，可以依靠行政手段、法律手段和通过市场发挥作用的宏观经济政策相互呼应，这样可以取得更好的效果。

总之，鉴于当前经济形势，我国货币政策的取向可以初步确定为"防热、适度、均衡、选择"这八个字。

第五章　商业银行运行

一、商业银行“三性”管理理论

（一）“三性”原则

一般而言，商业银行有三项基本经营原则，即安全性、流动性和盈利性。

1. 盈利性。近代商业银行的萌芽可以追溯到中世纪意大利的威尼斯和热那亚，在当时，威尼斯和热那亚是国际贸易的中心，各国商人云集，使用了不同种类及成色的铸币进行相互间的贸易。在这种情况下，经营货币兑换业务的商人随之出现。1694 年，在英国政府特许下，英格兰银行应运而生。“银行”的法语单词“banque”和意大利语“banca”都有两层含义：金库（chest）和按柜（bench）。这双重含义包含了银行的最原始的基本功能——存款服务与交易服务，而银行的一部分利润就来源于存款服务，“银行的利润一般说在于：它们借入时利息率低于贷出时的利息率”。[1]因此商业银行从其起源来看，就是为商业服务的，为盈利而来的。

资本的本性在于追求“利润最大化”。我们鄙视信用证诈骗犯、前“南德集团”总裁牟其中的为人，但他说过的“银行是卖钱的企业”是有一定道理的。商业银行也是企业，那么，其最终经营目标就是要求盈利，盈利性既是评价商业银行经营水平的核心指标，也是商业银行最终效益的体现。影响商业银行盈利性指标的因素主要有存贷款规模、资产结构、自有资金比例和资金自给率水平，

---

[1] 马克思：《资本论》第 3 卷，《马克思恩格斯全集》第 25 卷，第 453 页。

以及资金管理体制和经营效率等。商业银行的盈利是指业务收入减去业务支出的净额。业务收入是指资产收益和服务性收入的总和。资产收益是商业银行最主要的收入来源。此外，商业银行还提供多样化的金融服务，这些服务的收入通常被列入“表外业务”收入，服务性收入也是当代商业银行重要的收入途径。业务支出包括各项存款的利息支出和费用支出、营业外损失及上缴的税收等。

2. 流动性。流动性是指商业银行随时应付客户兑现和满足客户借贷的能力。流动性在这里有两层含义：资产的流动性和负债的流动性。资产的流动性是指银行资产在不受损失的前提下随时变现的能力。负债的流动性是指银行能经常以合理的成本吸收各种存款和其他所需资金。一般情况下，我们所说的流动性是指前者，即资产的变现能力。为满足客户提取存款等方面的要求，银行在安排资金运用时，首先，要使资产具有较高的流动性；其次，必须力求负债业务结构合理，并保持较强的融资能力；另外，维护客户的信心也十分重要。建国初期，上海金融界发生挤兑风潮，中财委及时采取措施，从全国各地调运物资和货币，各储蓄网点的柜台上放满一摞摞人民币，以维护人们对人民币的信心。影响商业银行流动性的主要因素有客户的平均存款规模、资金自给率水平、清算资金的变化规律、贷款经营方针、银行资产质量以及资金管理体制等。作为特殊的金融企业，流动性是银行实现其安全性和盈利性的重要保证。资金运动的不规则性和资金需求的不确定性决定了商业银行保持适当的流动性是非常必要的，这是因为：(1)作为资金来源的客户存款和银行的其他借入资金要求银行能够保证随时提取和按期归还，这主要靠流动性资产的变现能力来保证；(2)厂商、居民和政府在不同时期产生的多种贷款需求，也需要及时组织资金来源加以满足；(3)银行资金运动的不规则性和不确定性，需要资产的流动性和负债的流动性来保证；(4)在银行业激烈的竞争中，投资风险难以预料，经营目标并非能完全实现，需要一定的流动性作为预防措施。在银行的业务经营过程中，并不是流动性愈高愈好。事实上,过高的资产流动性会使银行失去盈利机会甚至出现亏损;过低的流动性则可能使银行出现信用危机、客户流失、丧失资金来源,甚至会因为挤兑导致银行倒闭。1984 年,作为当时美国 10 大银行之一的陆伊利诺银行(Continental Illinois Bank)曾经历一次严重的流动性危机。在联邦有关金融监管当局的多方帮助下,该银行才得以度过危机,避免了倒闭的结局。因此,商业银行必须保持适度的流动性。这种“度”是商业银行业务经营成败的关键。这就要求银行经营管理者及时果断地把握时机和作出决策。当流动性不足时,要及时补充和提高;当流动性过高时,要尽快安排资金运用,提高资金的盈利能力。

3. 安全性。安全性是指银行的资产、收益、信誉以及所有经营生存发展的条件免遭损失的可靠程度。安全性的反面就是风险性,商业银行的经营安全性原则就是尽可能地避免和减少风险。影响商业银行安全性原则的因素主要有客户的平均贷款规模、贷款的平均期限、贷款方式、贷款对象的行业和地区分布以及贷款管理体制等。商业银行坚持安全性原则的主要意义在于:(1)金融风险是商业银行面临的永恒课题。银行业的经营活动可归纳为两个方面:一是对银行的债权人要按期还本付息;二是对银行的债务人要求按期还本付息。这种信用活动的可靠程度是银行经营活动的关键。可靠性在多大程度上被确认,又称为确定性。安全性原则就是要增强这种确定性。与此对应的是风险性,也即不确定性。在银行经营活动中,由于确定性和不确定性等种种原因,存在着多种风险,如信用风险、市场风险、政治风险等,这些风险直接影响银行本息的按时收回,削弱甚至丧失银行的清偿能力,危及银行本身的安全。所以,银行管理者必须严格遵循安全性原则,尽力避免风险、减少风险和分散风险。(2)商业银行的资本结构决定其是否存在潜伏的危机。与一般厂商的经营不同,银行自有资本所占比重很小,远远不能满足资金的运用。它主要依靠吸收客户存款或对外借款用于贷款或投资,所以负债经营成为商业银行的基本特点。

由商业银行的资本结构所决定，若银行经营不善或发生亏损，就要冲销银行自有资本来弥补，倒闭的可能性是随时存在的。(3)商业银行开展业务必须坚持稳定经营的方针。首先，这有助于减少资产的损失，增强预期收益的可靠性。不顾一切地一味追求利润最大化，其效果往往适得其反。安全性原则不仅是银行盈利的客观前提，也是银行生存和发展的基础；不仅是银行经营管理本身的要求，也是社会发展和安定的需要。

(二) 商业银行"三性"管理理论

商业银行应如何协调盈利性、流动性和安全性之间的关系，对此，西方商业银行在历史发展过程中依次经历了资产管理理论、负债管理理论、资产负债管理理论三个阶段。

1. 资产管理理论。商业银行的资产管理主要是指商业银行如何把筹集到的资产恰当地分配到现金资产、证券投资、贷款和固定资产等银行资产上。商业银行的资产管理理论以资产管理为核心，早在17、18世纪，资产管理就成为商业银行管理遵循的原则。随着经济、法律等外部环境的变化，资产管理理论依次经历了以下三种演变：

(1)商业贷款理论。商业贷款理论是早期的资产管理理论，源于亚当·斯密的《财富论》。[1] 其基本观点是：存款是银行贷款资金的主要来源，而银行存款的大多数是活期存款，这种存款随时可

[1] 严复将《国民财富的性质与原因的研究》译为《原富》，中央民族大学刘永佶教授在其专著《中国经济矛盾论》中提出："今人常以《国富论》简称之，不确，应为《财富论》。"在《主义·方法·主题》中，刘教授写道："资本主义经济学家在论到经济时，也会谈到人，并把劳动作为生产的'要素'或'资源'，但他们对经济性质的规定，却是从财富出发，并把物质财富的生产、交换、分配、消费等作为主体。斯密的《国民财富的性质和原因的研究》一书的书名，就清楚地表明了这一点。在中国，人们习惯地将此书简称为'《国富论》'，实在不当，'国富'者，很容易让人误解为'国家财富'或'国家富强'，而斯密的本意在'国民的财富'。若简称为'财富论'更为准确些。"参见刘永佶：《中国经济矛盾论》，第4页，中国经济出版社(2004)；刘永佶：《主义·方法·主题》，第98页，中国经济出版社(2001)。笔者赞同刘教授的观点。

能被提取；为了保证资金的流动性，商业银行只能发放短期的与商业周转有关的、与生产物资储备相适应的有偿性贷款，而不能发放不动产等长期贷款。这类贷款用于生产和流通过程中的短期资金融通，一般以 3 个月为限，它以商业行为为基础，以商业票据为凭证，随着商品周转的完结而自动清偿，因此不会引起通货膨胀和信用膨胀。这一理论在相当长的时期内受到重视，对商业银行的经营管理起着支配和指导性作用，但是，由于这一理论形成于银行经营的初期，随着商品经济和现代银行业的发展，其局限性越来越明显。这主要表现在：不能满足经济发展对银行长期资金的需求，固守这种带有“自偿”特征的放款理论，在限制经济发展的同时也限制了银行自身的发展；忽视了银行存款的相对稳定性，使长期负债没有得到充分利用；忽视短期贷款的风险性，且该理论使银行的发展受制于经济周期，银行的经营同样存在风险。

(2)资产转移理论。第一次世界大战后，金融市场进一步发展和完善，金融资产多样化，流动性增强，银行对流动性有了新的认识，资产转移理论应运而生。资产转移理论亦称为可转换理论，最早由美国的莫尔顿于 1918 年在《政治经济学杂志》上发表的一篇论文中提出。其基本观点为：为了保持足够的流动性，商业银行最好将资金用于购买变现能力强的资产。这类资产一般具有以下条件：①信誉高，如国债或政府担保债券以及大公司发行的债券；②期限短，流通能力强；③易于出售。根据这一理论，银行持有政府的公债，正是最容易出售转换为现金的盈利资产。正因为如此，这一理论在一段时期内成为商业银行信贷管理的指针，使得第二次世界大战后银行有价证券的持有量超过贷款，同时带动了证券业的发展。但该理论也有致命的弱点，主要表现在：证券价格受市场波动的影响很大，当银根紧缩时，资金短缺，证券市场供大于求，银行难以在不受损失的情况下顺利出售证券；当经济危机发生使证券价格下跌时，银行大量抛售证券，却很少有人购买甚至无人购买，这与银行投资证券以保持资产流动性的初衷相矛盾。

(3)预期收入理论。预期收入理论是一种关于商业银行资产投向选择的理论。该理论最早由美国的普鲁克诺于1949年在《定期放款与银行流动性理论》一书中提出。第二次世界大战后美国经济高速发展，企业设备和生产资料急需更新改造，中期贷款的需求迅猛增加，贷款投向由商业转向工业，预期收入理论随之产生。其基本思想是：银行的流动性应着眼于贷款的按期偿还或资产的顺利变现，而无论是短期商业贷款还是可转让资产，其偿还或变现能力都以未来收入为基础。如果某项贷款的未来收入有保证，即使期限长，也可以保证其流动性；反之，即使期限短，也可能出现到期无法偿还的情况。预期收入理论为银行进一步扩大业务经营范围和丰富资产结构提供了理论依据，也是商业银行业务综合化的理论依据。但这一理论也有其局限性，主要表现在：①把预期收入作为资产经营的标准，而预期收入状况由银行自己预测，不可能做到完全精确；②在贷款期限较长的情况下，不确定性因素增加，债务人的经营情况可能发生变化，到时并不一定具有偿还能力。

以上三种理论各有侧重，但是都是为了保持资产的流动性。商业贷款理论强调贷款的用途；资产转移理论强调资产的期限和变现性；预期收入理论强调银行资产投向的选择。它们之间存在着互补的关系，每一种理论的产生都为银行资产管理提供一种新思想，促进银行资产管理理论的不断完善和发展。

2. 负债管理理论。负债管理的基本内容是充分挖掘银行资产负债表上负债项目的潜力，扩大资金来源，满足保持流动性的各项需要。在20世纪60年代以前，银行家们习惯于将一定时期银行的资金来源看成是一个既定的数量，他们将更多精力用在对资产最优组合的研究和操作上。20世纪60年代以来，银行家们的观念发生了变化，他们开始重视负债项目的管理，他们发现，负债数额不是一个既定的常量，而是一个可以通过确立目标、用积极手

段去争取的变量。例如,在需要资金时,他们可以用发行新债务工具等方法达到目的。负债管理理论的发展依次经历了以下三个阶段:

(1) 存款理论。存款理论曾经是商业银行负债的主要正统理论。其基本观点是:存款是商业银行最主要的资金来源,是其资产业务的基础;银行在吸收存款过程中是被动的,为保证银行经营的安全性和稳定性,银行的资金运用必须以其吸收存款沉淀的余额为限;存款应当支付利息,作为对存款者放弃流动性的报酬,付出的利息构成银行的成本。这一理论的主要特征是它的稳健性和保守性,强调应按照存款的流动性来组织贷款,将安全性原则摆在首位,反对盲目存款和贷款。反对冒险谋取利润。存款理论的缺陷在于它没有认识到银行在扩大存款或其他负债方面的能动性,也没有认识到负债结构、资产结构以及资产负债综合关系的改善对于保证银行资产的流动性、提高银行盈利性等方面的作用。

(2) 购买理论。购买理论是继存款理论之后出现的另一种负债理论,它对存款理论作了很大的否定。其基本观点是:商业银行对存款不是消极被动的,而是可以主动出击,购买外界资金,除一般公众外,同业金融机构、中央银行、国际货币市场及财政机构等,都可以视为购买对象;商业银行购买资金的基本目的是为了增强其流动性;商业银行吸收资金的适宜时机是在通货膨胀的情况下。此时,实际利率较低甚至为负数,或实物投资不景气而金融资产投资较为繁荣,通过刺激信贷规模以弥补利差下降的银行利润。购买理论产生于西方发达国家经济滞胀年代,它对于促进商业银行更加主动地吸收资金,刺激信用扩张和经济增长,以及增强商业银行的竞争能力具有积极的意义。但是,其缺陷在于助长了商业银行片面扩大负债,加重了债务危机,导致了银行业的恶性竞争,加重了经济通货膨胀的负担。

(3) 销售理论。销售理论是产生于 20 世纪 80 年代的一种银行负债管理理论。其基本观点是:银行是金融产品的制造企业,银行负债管理的中心任务就是迎合顾客的需要,努力推销金融产品,扩大商业银行的资金来源和收益水平。该理论是金融改革和金融创新的产物,它给银行负债管理注入现代企业的营销观念,即围绕客户的需要来设计资产类或负债类产品及金融服务,并通过不断改善金融产品的销售方式来完善服务。它贯穿着市场观念,反映了 80 年代以来金融业和非金融业相互竞争和渗透的情况,标志着金融机构正朝着多元化和综合化发展。

3. 资产负债管理理论。无论是资产管理理论还是负债管理理论,在保持商业银行安全性、流动性和盈利性的均衡方面都带有一定的片面性。资产管理理论过分偏重于安全性和流动性,在一定条件下以牺牲盈利性为代价,不利于鼓励银行进取经营;而负债管理理论则过分依赖外部条件,往往给银行带来经营风险。20 世纪 70 年代末 80 年代初,金融管制逐渐放松,银行的业务范围越来越大,同业竞争加剧,使银行在安排资金结构和保证获取盈利方面困难增加,客观上要求商业银行进行资产负债综合管理,由此产生了均衡管理的资产负债管理理论。在现代商业银行资产负债管理技术中,主要的管理方法有缺口管理法、利差管理法和系统管理法等,这里主要介绍前两种使用较多的管理技术。

(1) 缺口管理法。该方法是 20 世纪 70 年代以来美国商业银行资产负债综合管理中常用的方法。它分为两种:①利率敏感性缺口管理方法。该方法下的缺口是指在一个既定时期,利率敏感型资产与利率敏感型负债之间的差额。其基本思路是,银行可以根据利率变动的趋势,通过扩大或缩小缺口的幅度,来调整资产和负债的组合及规模,以达到盈利的最大化。②持续期缺口管理方法。其具体做法是,在任何一个既定时期,加权计算资产和负债的平均到期日,资产加权平均到期日减负债加权平均到期日的差额,即为持续期缺口。如该缺口为正,则说明资金运用过多;反之,则资金运用不足,银行可依据不同的外部环境进行调控。

(2) 利差管理法。利差管理法就是要控制利息收入和利息支出的差额,以便适应银行的经营目标。风险和收益是衡量银行经营效益的重要标志,利差的敏感性和波动性决定银行总的风险与收益。商业银行管理利差的主要手段有:增加利差。如准确预测利率的变动趋势,增加盈利资产在总资产中的比重;加强投资的期限结构等。创新金融衍生工具及交易方式,用于利差管理与资产的避险保值,如金融期货交易、金融期权交易、利率互换等衍生工具。

(三)《巴塞尔协议》与安全性管理

20 世纪 70 年代以来,西方银行业经历了巨大的变革,在新技术革命、资本市场和金融政策自由化等因素推动下形成的放松金融管制浪潮,使金融市场日趋全球化。银行业的风险增大,不稳定性增强。其主要表现是:(1)20 世纪 70 年代通货膨胀率的上升及融资证券化的趋势,使客户避开银行这一中介,或转向其他机构,或直接发行证券融资;而银行为争取客户降低了贷款利率与借款条件,使贷款收益和质量受到影响,资产负债表中不良资产的比率越来越高,增大了风险。(2)近年来,一些新金融品种不断涌现,金融创新方兴未艾,各种资产负债表外业务迅速增长,很多表外业务的名义价值取决于汇率和利率的波动,银行承受的风险日益增加,加之很多银行未能提供足够的资本来抵御表外业务的风险,对这类业务涉及的风险缺乏统一的衡量标准,从而使银行的经营风险增大。(3)国际债务危机影响银行经营的稳定性。1982 年发展中国家爆发债务危机后,西方债权银行将大量利润移作贷款损失准备金以应付坏账,许多大银行资本比率因而降低。(4)随着银行与金融市场的全球一体化,银行经营的风险也跨出国界。因此,在过去几十年里,世界各国发生的银行危机有着共同的特性:系统性和异常高昂的成本,这在金融史上是史无前例的。无论是以隐含的形式出现的金融困境，还是公开表现为银行体系遭受挤兑的冲击均是如此。从最富有的国家——日本、斯堪的纳维亚、美国等到最贫穷的撒哈拉以南的非洲地区，从经济增长速度最快的东亚国家和地区到新的转轨经济国家，几乎没有哪个国家未遭遇过这样或那样的金融危机。

在这种形势下，西方主要国家认为，对国际银行业的监管不能只靠各国各自为政、孤军作战，必须要在金融监管上进行国际协调。1987 年 12 月 10 日，国际清算银行在瑞士巴塞尔召开了包括美国、英国、法国、联邦德国、意大利、日本、荷兰、比利时、加拿大、瑞典（"十国集团"）以及卢森堡和瑞士在内的 12 个国家中央银行行长会议。1988 年 7 月，"十国集团"在会上正式通过了《关于统一国际银行的资本计算和资本标准的建议》，简称《巴塞尔协议》。该协议主要针对信用风险，对银行的资本比率、资本结构、各类资产的风险权数等方面作了统一规定。制定该协议的基本目的有两个：一是鼓励银行实行谨慎的流动性管理，加强国际银行体系的健全性和稳定性；二是逐步消除当时国际银行业不公平竞争的基础，统一各国银行监管的标准，建立公正的国际性银行管理体制。该协议的主要内容为：(1)资本的组成。协议将银行资本分为核心资本和附属资本两部分。规定核心资本应占整个资本的 50%，附属资本不应超过资本总额的 50%。(2)风险加权制。协议对不同资产分别给予 10%、20%、50%、100%的风险权数。(3)设计目标标准比率。协议确立了到 1992 年底，从事国际业务的银行资本与加权风险资产的比例必须达到 8%（其中核心资本不低于 4%）的目标。(4)过渡期及实施安排。委员会作出一些过渡安排，以保证个别银行在过渡期内提高资本充足率，并按期达到最终目标标准。

1988 年的《巴塞尔协议》主要建立在两大支柱之上：银行资本规定及其与资产风险的联系。该协议认为，银行资本的主要作用在于吸收与消化银行损失，从而使银行免于倒闭危机。因此，银行资本的构成部分取决于资本吸收银行损失的能力。资产风险不仅在历史上是商业银行所面临的主要金融风险,并且在相当程度上是银行面对的主要未来风险。《巴塞尔协议》特别强调对于资产风险的防范,而银行资本与资产风险之间的联系在于:银行资本能够吸收与消化因银行客户违约而产生的损失。《巴塞尔协议》推出后,随着国际银行业务尤其是金融衍生产品的发展,一些银行因此发生了重大损失,从而促使人们关注新形势下的市场风险。1996年初,"十国集团"签署了《资本协议关于市场风险的补充规定》,其核心内容是:银行必须量化市场风险并计算相应的资本要求。补充协议对银行风险设定最低资本要求的基本思路是首先将银行业务按其性质分为两类:(1)银行账户——存款贷款等传统银行业务,包括与这些业务相关联的衍生产品。这些业务不以交易为目的,性质上较被动,较少考虑短期市场因素波动的影响。(2)交易账户——债券、股票、外汇交易以及与这些交易相关联的衍生产品。根据市场波动情况开展这类业务,目的是为了获得短期收益。这两类业务的风险类型不同,第一类业务的风险主要是信用风险;第二类业务的风险主要是以利率、汇率等变化为特点的市场风险。然后规定每家银行应当按上述分类对两类风险分别设立资本要求。银行应付全部风险所需的最低资本为《巴塞尔协议》确定的银行账户的信用风险和补充协议确定的银行交易账户的市场风险所需资本之和。应付市场风险的资本要求的计算方法有两种:一种是标准化方法,补充协议给银行提供了一种计算市场风险资本要求的标准方法;另一种是内部模型法,各认可机构可运用成熟的内部风险模型进行计算,这种方法鼓励银行采用较先进的风险管理技术❶。

---

❶ 曹龙骐:《金融学》,北京,高等教育出版社,2003年7月第1版,第275页。

二、我国商业银行发展的思路

(一) 加入 WTO 后,我国银行业面临的形势

1. 金融全球化。金融全球化是指一个国家的金融体系融入国际金融市场和国际金融体制,而这一融入要求政府开放国内的金融部门和资本项目❶。由于科技进步和信息网络技术的迅猛发展,金融创新及金融管理的自由化,使得各国金融市场与国际金融市场紧密连接,逐步形成一个相互依赖、相互作用的有机整体。金融全球化的表现形式或重要标志之一,就是国际资本流动的速度不断加快,数量迅速增加。2000 年,全球资本流动总额高达 7.5 亿美元,比 1990 年增长了 4 倍❷。此外,越来越多的企业和主权债务人在国际金融市场上筹措资金。1970 年,跨国界资本流动相当于发达国家 GDP 比重的 3%,2000 年已经上升到 17%;同期发展中国家的这一比重几乎从零上升到 5% ❸。联合国贸发会议的有关报告认为,20 世纪 70 年代初固定汇率制度时代的结束,为短期资本流动的加快"打开了闸门"。全球外汇市场上的平均日交易量从 1973 年的 150 亿美元上升到 1992 年的 8800 亿美元,至 1995 年已达到 1.3 亿美元。在此期间,国际银行业的发展大大快于全球贸易额和产值的增长。此外,国际私人资本流动的组成部分也发生了质的变化,从银行放贷款转向直接投资和间接投资。这一变化在涉及发展中国家的资本流动中表现得尤其突出❹。随着金

---

❶ Sergio L. Schmukler and Pablo Zoido-Lobaton, Financial Globalization: Opportunities and Challenges for Developing Countries, *World Bank*, May 2001.

❷ Gerd Hausler, The Globalization of Finance, *Finance and Development*, March 2002, p. 10.

❸ Haizhou Huang and S. Kai Wajid, Financial Stability in the World of Global Finance, *Finance and Development*, March 2002, p. 13.

❹ UNCTAD, *Trade and Development*, 1997, p. 69 to 103.

融市场的全球化，商业银行经营也出现了国际化趋势，主要表现为银行经营的跨国界发展，这不仅加速了国际资本流动及新的金融工具和技术的广泛运用，而且加速了金融市场的全球化进程。

金融全球化是一把“双刃剑”，它无疑将给我国商业银行的发展带来巨大的发展机遇，同时也带来了严峻的挑战。我国在很短的时间内逐步履行对外开放金融市场的承诺：入世 5 年内开放所有人民币业务，外资金融机构将在短期内大规模进入等。外资银行在经营体制、经营业务、筹资能力等方面具有我国商业银行所不具备的优势。

2. 西方商业银行以客户为中心。20 世纪 80 年代以来，西方商业银行的经营理念与实际做法经历了从以产品为中心向以客户为中心的转变。这一转变体现在银行经营管理体制的各个方面，其中一个重要标志就是：西方发达国家商业银行积极改革传统的营销模式，普遍实行了客户经理制。实行客户经理制的商业银行通过选聘客户经理，对客户关系进行管理和维护，与客户建立全面、明确、稳定的服务对应关系。商业银行通过推销金融产品、采购客户需求，为客户提供优质、高效的金融一体化服务，从而实现客户资源配置最优化，增强商业银行竞争实力。客户经理制是商业银行服务理念和业务经营管理机制的创新，是稳定和扩大其优质客户群体的有效手段。客户经理既是商业银行金融产品的“推销员”，又是收集市场信息、反馈客户需求的“采购员”，同时也是为客户提供金融产品和金融服务的“服务员”。作为商业银行业务代表，客户经理经商业银行授权，可以调动银行相关的内部资源，为客户提供全方位的金融服务，在与客户建立长期、密切的关系中发挥组织、协调作用。西方发达国家的客户经理制将传统商业银行的产品主导型经营布局调整成为客户导向型经营架构，使商业银行能够集中营销资源，按照客户类型和金融需求开展业务活动，形成前台营销、中间风险控制和后台产品处理既有区别又紧密联系的三大序列。“以客户为中心”，使西方商业银行具有很强的竞争力。

3. 金融业电子网络化。自 20 世纪 50 年代美国商业银行首次利用计算机处理银行业务以来，计算机在银行业务中得到了越来越广泛的应用。近年来，金融电子化浪潮更是席卷全球。现代信息技术的迅猛发展，为金融服务电子网络化提供了必要的物质基础。进入 20 世纪 90 年代，国际金融领域中的电子化、自动化、现代化的金融服务系统基本形成。目前，金融电子技术已囊括了银行交易、证券交易、数据处理、资金转账、信息传递和经营管理等各个环节，在银行与客户、各银行之间、各客户之间联结成一个电子网络。国际银行业由以前的扩张分支机构等有形银行向“全能银行、网络银行”过渡。高科技的应用，提高了经营效率和经营潜能，为银行业务的进一步发展提供了可能性和广阔前景。高新技术在我国银行业的应用尽管较晚，但发展较快。目前我国银行普遍使用了计算机网络，这为会计核算、国际结算、汇兑及其他代理业务的高效率开展奠定了基础。目前，我国的电子金融结算系统连接着 600 多个地面卫星小站和 1000 多个收发站，覆盖了全国所有的地级城市和 1000 多个县，平均每天往来业务 9 万多笔。网上银行业务在国内也得到了较快的发展，1999 年 6 月 28 日，中国银行的网上银行开通。1999 年 8 月 30 日，中国人民银行联合中国工商银行、中国农业银行、中国银行、建设银行、交通银行、招商银行、广发银行、深圳发展银行、光大银行、华夏银行、中信实业银行、民生银行 12 家商业银行成立了金融认证中心，为建立规划统一、布局合理的全国安全认证体系打下了良好的基础。

（二） 应对策略

孙中山先生说过：“世界潮流，浩浩荡荡，顺之者昌，逆之者亡。”面对入世后的新的国际经济形势，我国商业银行只有顺应它，丝毫没有退缩的余地。

1. 树立以客户为中心的理念。随着我国经济及金融体制改革步伐的加快，我国商业银行外部经营环境也发生了深刻的变化，金融同业竞争日趋激烈。我国商业银行在经营管理上也应“以客户为中心”。商业银行与国际先进商业银行的竞争的差距不仅表现在金融产品和风险防范、控制方面，在营销理念、营销人员和营销技术上的差距更加巨大。能否进一步提升我国商业银行营销服务层次，强化对优质存量客户潜在需求的挖掘和对优质增量客户的渗透、拓展，加大对优质客户的营销管理力度，是决定我国商业银行在新一轮市场竞争中成败的关键。面对严峻复杂的竞争形势，我国商业银行必须创新经营方式，改进金融服务，建立以市场为导向、以客户为中心的经营管理体制和业务运营模式。

客户经理制作为一种科学的营销组织形式和服务创新模式，是商业银行经营管理模式变革的发展方向和必然选择，是客户营销体制和客户关系管理的全新尝试，是实施客户发展战略的重大突破，必将对我国国有商业银行的改革和发展产生重大而深远的影响。

金融市场竞争的日益激烈，使优质客户和市场机会成为银行经营的稀缺资源。如何更有效地开拓金融市场，开发客户资源，与广大优质客户建立起稳定的联系，就成了商业银行生存发展的基础。当前，我国商业银行业务发展中遇到的一个显著问题是资金来源相对充足，而优质客户信贷的有效需求明显不足，因此，必须努力挖掘客户的有效需求。对于众多的企业来说，仍存在很多没有被满足的金融需求。关键是如何去挖掘、去引导和把握，如何去开展营销，形成营销优势，实现效益最大化。面对竞争日趋激烈的金融市场，商业银行首先在客户的选择上，应当由重所有制、生产规模和利润总量向重客户法人机制、竞争能力和现金流量状况转变，不仅分析客户的过去，更要依据客户评价标准，分析客户的成长性和还本付息能力。其次，对客户的支持上，要由重有形资产向有形、无形资产并重转变，对知识和技术的价值应予以充分的肯定，并支持和促进企业发展知识经济。再次，信贷投向由重生产向生产与消费并重转变。应根据人民群众的物质和精神文化需要，发展消费型贷款，并通过引导消费促进国民经济的发展。最后，重视对中小企业的贷款营销。这既支持了地方经济建设，又符合国家政策导向；既为银行开辟了新的经济效益增长点，又培植了新的客户群体。

实施客户经理制的实质和根本目的，在于实现商业银行效益最大化。我国应建立以市场为导向、以客户为中心、以增强营销能力为动力的全行联动的市场营销服务机制，培植一个庞大、稳定的优质客户群体。我国商业银行的客户经理制必须树立以下5种核心理念：(1)以客户为中心的理念。这是客户经理制的最为核心的理念。商业银行必须把客户的需求和利益放在优先考虑的地位，调动所有资源让客户感到满意，以客户的满意度作为评价工作质量和工作效果的标尺。要通过提供专业水准的服务，使客户资产增值，使其经营风险降低，运营效率提高，从而提高客户对商业银行的信赖度、依赖度和忠诚度。(2)营销一体化理念。在现代经济条件下，服务业的市场营销范畴早已超越了产品的生产边界，范围扩展到市场调研、营销战略、营销组织、技术指导、售后服务等诸多领域和环节。商业银行实施客户经理制，也就是要把金融产品的营销作为一种专门化的事业，将各种营销资源进行整合，以满足各种营销活动需要，实现营销的专业化。(3)金融服务创新理念。客户经理制本身就是一种制度创新，客户经理本身又是金融产品创新的主体；作为桥梁和纽带，客户经理应对客户的需求和变化异常敏感，对其及时进行提炼和总结，反馈到产品部门，和产品部门联手进行金融产品创新设计，以最快的速度把最新的金融产品提供给客户。(4)核心客户综合开发理念。对为商业银行创造较多利润，并且占客户总量比例较少的优质、核心客户，商业银行必须给予高度重视，最大限度地满足核心客户的金融需求。(5)个性化产品和服务理念。客户经理必须能够综合运用各种知识和技能，根据客户的需求提供“量体裁衣”式的金融服务，通过对不同客户群进行调查和评价，提供有针对性的客户服务方案。

2. 理顺政府与银行的关系。当前，我国银行业改革取得了巨大成绩，但是，很多问题依然存在，如不良资产问题、行政干预问题、政策性业务“分而不离”问题等。这些矛盾解决得不好，就无法与外资银行竞争。目前，我国的银行体制是“政银不分”，国有银行往往将“国家信用”作为自己的经营工具，试图直接借助政治因素取得竞争优势，国有银行难以完全按照市场经济规律来经营，也难以参与充分有效的市场竞争。为了适应日益发展的市场经济环境，参与全球化经营和应对国际竞争的挑战，我国国有银行应进一步理顺与政府之间的关系。

首先，应当加快国有银行的股份制改造进程。随着对外开放度的增加，我国商业银行面临来自外资银行越来越激烈的竞争，我国银行业实力薄弱。目前，在世界范围内，大部分国家金融资产的增长速度远远超过国民收入、财政收入的增长速度，如果我国国有银行继续维持国有独资局面，国有银行的资本充足率将持续处于下降状态。解决国有银行资本金不足的问题，以及理顺政府与银行关系的问题，只能通过国有银行实行产权多元化予以解决。股份公司可以面向社会募集资本，使资本来源多元化。通过股东大会、董事会、监事会和信息披露制度直接接受所有者和社会的监督，杜绝或减少由于产权不清造成的管理人员滥用职权等现象的出现。现在，国内已相继成立了一批股份制银行，它们为国有银行顺利进行股份制改造提供了有益的借鉴。只有国有商业银行实行股份制改造才能缩小中外银行的差距。其次，转变政府职能。政府对银行业进行管理的理念、方式及手段上的转变将是决定银行改革成败的外在关键因素。政府作用的发挥主要应体现在创造有效率的市场环境等方面。政府通过加强和改善对银行业的监管，提高宏观调控能力，并保持市场交易公开、公正、公平。政府与银行关系的理顺，将有助于形成中央银行的“超脱化”、商业银行的“企业化”和银行利率的“市场化”的局面。最后，加快人事体制改革，建立有效的考核激励机制。有效的激励机制是促进商业银行业务发展的首要内部动力之一。目前，国内商业银行人事体制及考核奖励机制存在很大的缺陷，难以充分调动员工的积极性、主动性和创造性，人才流失很严重。为稳定人才队伍，国内商业银行需要加快人事体制改革，为优秀人才脱颖而出创造一个有利的环境。

3. 积极探索对外合作，发展海外机构。当前，我国商业银行可以利用国内业务网点的数量优势，为外资金融机构提供代理业务。外资银行进入我国金融市场初期，不仅其在我国客户中的品牌信誉仍有待树立，其在我国的分支机构更为匮乏，业务开展受到极大的限制。我国商业银行可以充分利用自身网点的优势为外资银行提供代理业务。在发挥自身机构和人员优势的同时，学习外资金融机构的运作经验。实事求是地讲，外资银行在给我国银行业带来冲击的同时，也为我们提供了难得的学习和提高的机会，我们应加强与外资银行的交流，了解竞争对手，学习其先进的操作方法和管理经验。我国商业银行和外资银行也可以在具体业务上寻求切实的合作机会。1999 年 10 月，中国银行与英国汇丰银行、渣打银行在伦敦分别签署了总额达 30 亿元的备用信贷协议，正是这种合作的重要表现。外资银行在我国将会进一步发展，国内商业银行必须学会“与狼共舞”。还可以通过与外资银行建立合作培养计划等方式，吸收国外银行在业务、管理、人才等方面的优势和长处，逐步壮大自身的实力。我国商业银行还可以通过与外资银行建立合资子公司或共同设立分支机构等方式开展合作。

20 世纪 80 年代以来，世界各大银行都致力于在世界各国、各地区广设办事处、代表处和分行，建立海外附属金融机构。20 世纪90年代，一些新兴工业国家以及一部分发展中国家的大银行纷纷在其他国家设立分支机构，以壮大自身力量。我国经过20多年的改革开放，也通过在境外设代表处等方式发展自己的银行体系。目前，我国银行的海外机构已达557家，遍布22个国家和地区，形成了一个较为完整的全球网络。但是与发达国家和一些新兴工业化国家相比还有很大的差距。

4. 加快银行电子化进程，发展网络银行。现代科技特别是电脑、电讯技术和电子信息处理技术的高度发展，一定程度上改变了金融市场的运作方式。电子商务是新生事物，也是银行业新的利润增长点，我国银行业应加强网络建设。

当前，我国商业银行电子化进程需要进一步加快。例如，由于我国商业银行各自为政，各行信用卡只能在本行的ATM机和POS机上使用，造成大量的重复建设，浪费社会资源，也限制了信用卡的推广。因此，我国有必要建立一个统一的银行卡管理机构，即独立于银行和商家的第三方机构进行银行卡业务处理。这样，就可以制定统一的标准，避免重复建设和资源浪费。能否成功地运用法律手段以保护银行和客户在网上交易的合法权益，也是电子商务能否迅速得以发展的关键所在。我国1997年10月1日实施了新的《中华人民共和国刑法》，其中的第196条是专门针对信用卡犯罪的，包括针对使用伪造的信用卡、使用作废的信用卡、冒用他人的信用卡、恶意透支等方面的犯罪。

电子现金、电子钱包、电子支票的课题却完全是一类新问题，法律责任的认定和追究需要全新的法律条文。我国商业银行应顺应银行电子化、信息化的大趋势，进行银行电子化工程建设，切实将银行效率的提高转移到依赖技术进步上来。

目前，我国商业银行应积极发展网络银行，借助于网络技术和数据库技术的发展，建立管理资讯系统，发展电子商务，提高商业银行的效率。

金融混业经营与发展网络银行，都是应对商业银行国际化竞争的有效手段和途径，关于金融混业经营，由于内容较多，故在第十章专门讨论。发展网络银行，则放在本章第三部分探讨。

三、网络银行运行研究

信息技术运用于金融业始于 20 世纪 50 年代。在 20 世纪 90 年代中期，随着现代高新技术在银行业务中日益广泛、深入的应用，银行内部逐步实现业务操作网络化，普及自动柜员机、电话服务和联机网络服务，产生电子货币，最终出现了网络银行。1995 年，全球第一家网络银行——美国安全第一网络银行(Security First Net - work Bank，SFNB)诞生。对商业银行而言，互联网技术的发展及其应用为其经营活动提供了新的物质基础，深刻地影响着它的生存与发展。因此，在新的历史条件下，研究商业银行运行，不能仅仅停留在传统的商业银行运行的分析之上，而应该同时对网络银行运行的课题进行深入的思考。

（一）网络银行优、劣势分析

网络银行又称“在线银行”，是指银行以自己的计算机系统为主体，以单位和个人的计算机为入网操作终端，借助互联网技术，通过网络向客户提供银行服务的虚拟银行柜台。网络银行包括“纯网络银行”、“电子分行”和“远程银行”。“纯网络银行”是指没有分支银行或自己的自动柜员机，仅以因特网作为交易媒介，将客户的电脑终端连接至银行网站，提供网上支票账户、网上支票异地结算、网上货币数据传输、网上互动服务、网上个人信贷等业务的商业银行；“电子分行”是指在同时拥有实体分支机构的商业银行中，仅从事网络银行业务的商业银行分支机构；“远程银行”是指同时拥有 ATM、专有的家用计算机软件和“纯网络银行”的金融机构。

1. 网络银行优势分析。目前，全球已有数百家银行可提供网络银行服务。美国和欧洲发展最为迅速，其网络银行业务量之和占全球网络银行业务总量的90%以上。网络银行功能日益丰富，已覆盖了除现金以外的所有零售银行业务和部分投资银行业务。网络银行得以诞生和发展，为人们所接受和偏爱，得益于它的四个明显优势。

（1）高速。由于信息技术的发展，通过Internet传播信息的速度现在达到每秒钟绕地球7.5圈，因而网络银行业务的速度自然也就非常之快。过去，我们进行资金支付，在账户上实现资金的异地转移，通常都需要一段较长的时间，从而使一部分资金成为在途资金，但是，在网上银行，这种在途资金不复存在，只要付款方点击一下鼠标，收款方即可将款收至账上。如果一定要说这里有时差，那也只能是千分之一秒、万分之一秒，甚至更少。的确，网络银行的出现和发展使地球变得越来越小，使人们的距离越来越近，同时，人们的想像空间却愈来愈大。这正是信息化时代网络对人类施展的不可抗拒的魅力之所在。再从资产业务来看。过去，银行发放一笔贷款，从借款人提出贷款申请，到银行进行各种审查、报批等，再到批准，需要很长一段时间，一般要1个多月，甚至更长。当西方有些商业银行将按揭贷款的审批时间缩短到只有1天时，着实让国内的银行家感到吃惊，但是，在网上银行，这种核批时间却被再一次极大地缩短了，美国富国银行批复房屋贷款只需50秒，即当客户在网上进行房屋贷款申请时，只要把银行所要求的表格填好，并点击后送给银行，银行会在50秒钟之内予以批复。更有甚者，美国SFNB宣称，其客户在网上申请贷款只需25秒钟即可知道结果。

（2）低成本。由于网络银行是在网上开展业务，无须开设分支机构，无须购置房产，无须购置固定资产，也无须太多的人力，因而其平均业务运行成本水平相对于传统银行而言就要低得多。在美国，商业银行要开设一家分支机构，平均成本为200万美元，而建立网上银行的成本则非常低，网上银行的开办费用仅相当于传统银行的1/40，网络银行的业务成本只相当于传统银行业务成本的1/12，甚至更低。根据美国商务部1998年4月的调查材料，在美国各类商业银行服务的平均每项交易成本为：以传统的柜台方式交易，银行需要花费1.08美元；通过电话交易，需要0.54美元；通过ATM交易，需要0.27美元；通过个人PC交易，需要0.15美元；而通过互联网交易，成本只有1美分。这就是说，电话银行交易比柜台交易要节省50%的费用，互联网交易的成本只是柜台交易成本的1/108，即0.93%。

(3) 高回报。由于网络银行有成本低的优点，这就为它提高存款利率吸引客户提供了可能。按照美国目前的情况，网络银行的存款利率比传统银行同类账户的存款利率至少高出0.5个百分点。按惯例，商业银行对客户的支票存款是不付息的，活期存款利率也很低，不到2%，但网络银行不仅对所有账户付息，而且还要付出高几个百分点的利息。加拿大皇家银行在收购安全第一网络银行后所做的第一件事就是提高支票账户的存款利率。它许诺最先申请网络银行账户的10000名客户可以在当年年底之前享受6%的优惠利率。美国另一家著名网络银行Net Bank的首席执行官格埃莫斯(G. R. Grimes)认为，每一个网上银行的客户都是从其他银行吸引过来的，所以，吸引客户在纯网络银行的发展战略中应该是第一位的，而存款利息又是吸引客户的最佳手段。除存款高利率外，纯网上银行还有一个手段，即通过降低有关手续费率来吸引客户[1]。由利率加费率构成的"银行价格"成了纯网络银行的最大"卖点"。

(4) 便捷。在网络银行出现后，客户获得银行服务就要方便

[1] 郑先炳：《聚焦金融改革 西方商业银行最新发展趋势》，2001年9月第1版，第225页。

得多。客户可以坐在办公室(或家里)把要办的业务处理了。在旅游、外出时,同样可以通过“手机银行”业务,处理完很多事情。网上银行为客户免去了在途时间,免去了在大厅的等候时间,免去了同银行柜台服务员面对面交流时可能造成的误会,等等。

2. 网络银行劣势分析。网络银行给人们带来便利、效益的同时,也给人类带来了安全威胁。电子化、网络化突飞猛进的同时,“网络病毒”、“网络欺诈”、“网络黑客”也应运而生。

1958 年,美国就有了计算机滥用事件的记录。1966 年 10 月,学者唐·B. 帕克在美国斯坦格研究所调查与计算机有关的事故时发现,一位计算机工程师通过非法修改程序在存款余额上做了手脚。这是世界上首例受到刑事追诉的计算机犯罪案件。此后,计算机犯罪在美国和世界各地不断出现,层出不穷,五花八门,愈演愈烈。例如,1978 年 10 月,美国太平洋安全银行一名叫瑞福金的计算机顾问利用职务上的便利,潜入该银行的电讯转换室,窃得转换资金用的密码后,谎称某分行经理,由公用电话利用密码将 1200 万美元汇到他在瑞士银行的账户上。后来,他带着用这笔钱买到的钻石潜回美国向朋友炫耀,才被告发。网络计算机犯罪给世界各国造成严重的经济损失,以计算机犯罪最严重的美国为例,1997 年造成的经济损失已超过 15 亿美元。仅两年,据估计,计算机犯罪所造成经济损失年均高达 5 亿美元[1]。

我国发现的计算机犯罪最早是利用计算机伪造存折诈取存款案。1986 年 7 月,港商李某前往深圳人民银行和平路支行取款。微机显示,存款少了 2 万元人民币。两个月后,迎春路支行也发生了类似情况,客户赵某存入银行的 3 万元港币,经微机检索也已不翼而飞,经侦查认定,上述两笔存款均被犯罪分子,即该行计算机操作员陈新义利用计算机知识伪造存折和隐形印鉴诈骗而去。到

[1] 王云斌:《网络犯罪》,北京,经济管理出版社,2002 年 3 月第 1 版,第 2 页。

1988年,我国已发现的计算机犯罪案件中,经济损失最多的一起是成都市农业银行德盛街营业部的计算机盗窃案。1988年3月,该部微机操作员谢某,伙同他人凭借娴熟的技术修改了计算机程序,几分钟之内就盗取了87万元人民币❶。

网络银行犯罪造成的经济损失巨大,有的高达百万元甚至上千万元,足见网络银行犯罪具有特别严重的社会危害性。据公安部公共信息安全局一位官员在上海透露:"1998年比1997年增长7倍,仅1999年上半年金融系统的发案数量就达到1998年全年的水平。"可见这种犯罪增长速度极快,给商业银行安全提出了严峻挑战。

(二) 我国网络银行发展策略研究

近年来,网络银行在我国也获得了迅速的发展。1996年,我国只有一家银行通过国际互联网向社会提供银行服务,到2001年底,在互联网上设立网站的中资银行达50多家。截至2001年底,中国工商银行的网上银行业务客户达165.6万户,办理业务901万笔,交易金额23446亿元❷。

目前,我国网上银行业务主要内容包括:(1)信息服务。主要包括新闻资讯、银行内部信息及业务介绍、银行分支机构导航、外汇牌价、存贷款利率等,以及一些银行提供的特别信息服务(如股票指数、基金净值等)。(2)个人银行服务。主要包括账户查询、账户管理、存折和银行卡挂失、代理缴费等,一些银行还提供外汇买卖服务、个人电子汇款服务以及小额抵押贷款和国债买卖服务。(3)企业银行服务。主要包括账户查询、企业内部资金转账、对账、代理缴费等。除此之外,一些银行还提供同城结算和异地汇款服务、国际结算服务。(4)银证转账。即银行存款与证券公司保证金

---

❶ 王云斌:《网络犯罪》,北京,经济管理出版社,2002年3月第1版,第6页。

❷ 金永利:"我国网络银行发展的现状、问题及对策探讨",《企业经济》,2003年4月。

之间的实时资金转移。这类服务既可在银行申请,也可在证券公司直接申请,但都必须有书面协议。部分银行已开始提供相关信息的查询。有一些网络银行,正在或即将推出网上证券交易委托平台,以便其客户可以直接在网站上从事股票买卖、查询和投资管理等。(5)网上支付。包括企业对个人和企业对企业,大部分网络银行提供前一种服务。这种服务一般与网上商品销售相结合。支付方式有三种:银行卡直接支付、专用支付卡支付和电子钱包。

我国网络银行的发展应选择何种模式,采用哪些策略?对这个问题必须进行深入的研究。

1. 面临的形势。我国银行内部网络建设起步较早,但互联网银行业务发展不足。从 20 世纪 70 年代开始,我国的金融电子化的发展经历了三个阶段:(1)计算机技术应用于后台业务服务系统;(2)各网点前台客户终端能够直接输入客户的交易;(3)进入面向客户需求的网络服务阶段。1997 年中国银行在 Internet 上建立了自己的网页,1998 年推出了网上银行业务。招商银行于 1997 年推出"一网通",并于 1999 年全面启动。目前,我国所有商业银行都在一定范围内开通了该项业务,2000 年 9 月 29 日,中国建设银行与中国联通联合推出的手机银行在北京开通[1]。网络银行业务的竞争已经成为各家银行竞争的焦点。

我国网络银行起步时间早,发展速度快,市场前景好,主要是有以下几个方面的有利条件:(1)我国已基本具备了适合网络银行发展的 Internet 环境。国内 PC 机拥有量增长迅速,宽带网和电子数据交换系统建设在加速进行,企业信息化和企业内部网建设方面取得了巨大的进步,10 余年金融电子化建设,为我国网络银行的建设提供了宝贵的实践经验和硬件方面的物质基础。(2)国

---

[1] 张建华主编:《入世后再论中国面临的紧要问题》,北京,经济日报出版社,2001 年 1 月第 1 版,第 111 页。

家对电子商务和网络化的政策支持和金融创新产品的不断涌现，为商业银行发展网络化业务、开办网上银行提供了一个良好的外部环境，并为其顺利开展提供了新的契机。(3)电子商务的发展为我国商业银行网络化奠定了市场潜在需求基础。电子商务的发展，为我国银行网络化提供了国内客户机遇，已开办了电子商务的企业商户，将成为网络银行的推动者和受益者。(4)现代技术的飞速发展，使金融创新产品更容易模仿。利用这一特点，我国在发展网络银行时可以充分借鉴国外各大银行已经趋于成熟的网上金融产品和服务，借此迅速缩小同他们的差距，避免了直接开发的高额成本。(5)网络安全保密技术的日趋成熟，为商业银行网上业务的顺利开展提供了技术保障。特别是中国认证中心的成立，使得网上安全支付取得了突破性的进展。

同时，我国网络银行发展还有一些制约因素，主要表现在：(1)原计算机网络和操作系统运行不稳定，使网络银行发展受到一定限制。各家商业银行现有的计算机网络故障率高，小型机容量有限，运行速度慢。新业务品种的推广造成业务量激增，网络超负荷。各家商业银行及其分支行之间，网络系统不尽统一，数据无法集中。(2)各银行网上支付的标准不同，使用的安全协议也不相同，增加了实现跨行支付的难度。我国全国性权威的认证中心还只是刚刚启动，各银行的认证体系还比较混乱，影响网络银行服务效率和准确性。(3)潜在的市场需求转化为现实需求还有相当长的过程，银行和客户均尚未完全转变观念，网络银行金融服务供求不平衡。商业银行目前只是从完善功能和技术领先的角度投入网上银行业务，不愿为网上银行业务的迅速推广而承担风险，使得网络银行业务供给不足。个人消费者和企业商户也尚未完全转变观念，对网络银行业务的需求不足。(4)与电子支付相关的行业的网络化水平未与银行网络化配套发展。海关、税务、交通等社会部门的电子化、网络化没有及时跟上，限制了网络银行的发展。电子商务只是在特定的商户和特定的客户范围内开展，客户群小，网络银行的适用性也受到了相应的限制。(5)金融立法相对滞后。目前，网络银行采用的规则以协议为主，出现问题后涉及的责任认定、承担仲裁结果执行等复杂的法律关系难以解决。(6)网络银行所需的计算机和金融复合型人才缺乏，不利于网络银行的建立、发展、维护和推广。

2. 我国发展网络银行的策略。为了实现我国网络银行的快速健康发展，必须充分考虑我国实际情况选择相对有效的发展模式。目前，发展网络银行主要有三种模式。第一种是“新生类”，完全建立在互联网上的“纯网上银行”，这种银行所有的业务都依赖互联网来完成；第二种是传统转型类，是将现有的银行业务扩展到互联网上，开设新的服务窗口，我国的网上银行显然属于这一种；第三种是业务扩散类，原来业务与金融联系比较紧密，特别是一些大的电子商务企业进入服务领域，很快可以进入个人理财，一直到银行服务，他们主要依赖客户资源和资本力量。在现阶段，应当坚持以传统转型为我国网络银行发展的主要模式。首先，建立网络银行需要有较大的技术和设备投资，我国各大商业银行已经在过去 10 多年中投入了巨额资金，计算机网络信息系统建设也已初具规模，这是网络银行建设的基础，应当保护和有效利用；其次，相对而言，银行业储备的具有建设网络银行能力的人才较为丰富；再次，传统银行拓展的电子化业务，逐渐引导客户进入网络交易空间，出于我国银行业的特殊经济地位，以及企业与大众对传统商业银行的信任，新型的交易方式可能更容易、更快速地为社会所接受；最后，在必要的法律规范建立之前，过早允许非国有企业进入网络银行市场，可能会对金融秩序的稳定带来冲击，容易形成不利局面，影响我国网络银行发展的整体进展。应当看到网络银行技术的发展有一个日臻完善的过程。商业银行在建设网络银行的过程中，必须充分估计到目前技术条件所限带来的风险。商业银行可以考虑采取灵活的方式，比如以企业银行、家庭银行等安全性较高的封闭型网络银行模式为重点客户服务。

针对我国网络银行建设过程中面临的种种困难，政府、中央银行、各商业银行以及全社会应当采取相应的策略和措施，进行必要的准备，为我国电子货币和网络银行的发展打好基础。(1)坚持网络银行与传统银行业务并举的方针，全面推进银行业的创新。尽管网络银行取得了令人瞩目的进步，但网络银行并不能取代传统银行的作用，就其本质而言，在现阶段网络银行主要是作为银行的销售渠道之一，因此，发展网络银行必须正确认识它的作用，使网络银行与传统银行均衡地得到发展。(2)应当大力加强网络银行的基础设施建设。这包括继续发展 CHINANET、继续发展"三金工程"、特别是重点建设我国高速信息网。我国高速信息网是宽带化、智能化、个人化的综合业务数字网，是我国 21 世纪的信息高速公路，是我国未来网络银行的最强基础支撑。同时，各家商业银行应当在营业网点及重要的公共场所多设置各类电子终端，加大信用卡、借记卡及各种电子支付工具的普及程度，大力推广智能卡，使人们体会到电子支付的优越性、转变观念，为接受电子货币打下基础。(3)注重发展网络银行特色服务，着力打造网络银行服务品牌。在网络银行建成以后，应对网络银行服务分类进行品牌包装，通过统一的市场营销，带动整个网络银行的发展。目前国内的网络银行都由传统业务构建，所提供金融服务的差异较小，下一步竞争的重点应是确立优势业务，建立自己的服务品牌，以获得更多的客户。一方面，充分使传统业务和网络银行业务相互促进、相互补充，结合客户的需求进行网上金融产品创新，对特色产品进行包装，使网络银行特色服务品牌化，从而提高客户的认知和认可程度。(4)尽快着手解决银行业的技术规范问题。网络化的特点是相互的开放、兼容与连接，没有统一的规范，各自为政所开发出来的技术是与网络化时代相违背的。而我国目前仍存在一些重复开发、互不兼容的现象，造成人力、财力、物力的巨大浪费。我国网络银行的发展要依靠银行业、软件开发商、硬件供应商、系统集成企业的相互配合，由中央银行制定统一的标准以保证各方兼容，这是避免混乱、提高效率、促进发展所必要的。(5)做好网络银行的知识储备工作。我们应注意学习国外网络银行建设的先进经验，研究国外电子货币发展的技术方向，掌握世界网络金融的发展动态，加强我国网络银行建设的科学规划。同时，应该加强对高级复合型人才的培养和引进。网络银行建设需要一批既掌握计算机技术、网络技术、通信技术，又掌握金融知识的复合型高级技术人才和管理人才。各大商业银行应该着眼未来，认真考虑这些人才的培养渠道、培养方式，为我国网络银行的发展积蓄力量。

总之，与传统的银行服务相比，网络银行具有明显的优势：它不拘泥于时间、地点的限制，能提供随时随地的接入和服务；能提供大量准确的信息和高效及时的服务；能通过各种技术创新、产品创新、制度创新、管理创新，为客户提供更多个性化和人性化的金融服务，使银行经营方式更加科学，给银行带来新的生机与活力。透过无边界限制的网络，打破金融同业之间、不同行业之间经营界限，在它们之间建立深层次和更广泛的合作关系。尽管我国网络银行仍存在着一些问题，但是，我国的网络银行已进入了高速发展的时期。确立网络银行的发展方向尤为紧要。

第六章　保险运营

保险是以契约形式确立的二方三方[1]经济关系，以缴纳保险费建立保险基金，并对保险协议规定范围内的灾害、事故造成的损失进行补偿或给付的一种经济形式。保险是与自然灾害、意外事故等相联系的。没有灾害、意外事故也就没有补偿损失和经济救助的必要，也就不需要保险。因此，自然灾害、意外事故的存在是保险产生的必要条件。保险经济形式是商品经济发展的结果，一方面经济发展为保险提供了剩余价值、剩余产品的现实基础，另一方面也为保险奠定了商业经营的发展基础。保险也是重要的社会经济稳定器。现代保险业构成了金融活动的重要组成部分。大部分发达国家的保险业规模，仅次于银行业的规模。例如，美国保险业资产规模在金融机构资产总额中的比重，能够反映出这一特征(见表6－1)。

表6－1　1960～1993年各类金融中介机构在资产总额中的份额

(%)

保险类型	1960年	1970年	1980年	1990年	1993年
保险公司					
人寿保险	19.6	15.3	11.5	12.5	13.0
财产、灾害保险	4.4	3.8	4.5	4.9	4.6
养老基金					

[1] 保险三方当事人中，有时投保人与被保险人为同一主体，三方经济关系由此简化为二方经济关系。

续表

保险类型	1960年	1970年	1980年	1990年	1993年
私人养老基金	6.4	8.4	12.5	14.9	17.0
公共养老基金（州和地方政府）	3.3	4.6	4.9	6.7	7.7
金融公司	4.7	4.9	5.1	5.6	4.8
互助基金					
股票债券互助基金	2.9	3.6	1.7	5.9	11.1
货币市场互助基金	0.0	0.0	1.9	4.6	4.1
存款金融机构（银行）					
商业银行	38.6	38.5	36.7	30.4	28.1
储贷业和互助储蓄银行	19.0	19.4	19.6	12.5	7.5
信用社	1.1	1.4	1.6	2.0	2.1
总计	100.0	100.0	100.0	100.0	100.0

资料来源：原载于联储资金流量账户。摘自 Frederic S. Mishkin，*The Economics of Money, Banking and Financial Markets*（《货币金融学》），陈岱孙主编，北京，中国人民大学出版社，1998年8月第1版，第305页。

一、保险运营四大原则

保险体现的是保险当事人之间的经济关系和法律关系。经济关系表现在：保险人与被保险人是以保险合同为标的物的交换关系；保险人与被保险人之间是一种收入再分配关系，保险是将多数人缴纳保费建立起的保险基金再分配给少数受损失者的一种损失分摊方法。法律关系则体现为保险是一种契约行为，即保险双方通过签订保险契约，明确保险当事人的权利与义务，被保险人以缴纳保费获取保险合同规定范围内的赔偿，保险人则有收受保费的权利和提供赔偿的义务。保险当事人包括投保人、保险人和被保险人。投保人是以与自己有利益关系的财产或人身等标的物参加保险，并同保险人订立协议、缴纳保险费，而当其标的物发生保险责任范围内的损失时，可向保险人请求赔款或保险金给付当事人，投保人将自己无法预测或无力承担的灾害通过保险转移出去；保险人是接受投保的一方。保险人向投保人收取保险费，当被保险人遭到保险责任范围内损失时，按保险契约规定给予补偿；被保险人是受保险协议保障的人，享有按保险协议规定的赔偿请求权。

根据 1995 年颁布的《中华人民共和国保险法》的规定，我国的保险运行应遵循最大诚信原则、可保利益原则、补偿原则、近因原则[1]。

（一）最大诚信原则

红军长征过彝区前，毛泽东同志在关云长塑像前久久伫立，贺子珍询问何故沉思，毛泽东说，三国时，诸葛亮七擒七纵南王孟获，对不识王化的孟获等人言必信、行必果，正确执行了少数民族政策，所以关公在此地就有了香火。眼下红军要过彝区，也必须和少数民族讲诚信。在他的领导下，红军战士与彝民赤诚相见，刘伯承司令员与小叶丹彝海结盟，结为异姓兄弟。诚信化解了彝族人民对红军的偏见，打破了蒋介石使红军成为当年翼王之师的妄想。开展保险业也要讲求最大诚信原则，否则，不可能使我国保险业真正得到发展，甚至可能使其夭折。

---

[1] 1995 年 6 月 30 日第八届全国人民代表大会常务委员会第十四次会议通过《中华人民共和国保险法》，该法案自 1995 年 10 月 1 日起施行；根据 2002 年 10 月 28 日第九届全国人民代表大会常务委员会第三十次会议《关于修改〈中华人民共和国保险法〉的决定》，该法案作了修订。

最大诚信原则的推行最早始于海上保险，当时保险人签订保险合同时往往远离船货所在地，对投保人要求保险的财产不能实地查看，仅凭对方的陈述决定承保。因此，保险人要求投保人要遵守诚信原则，如果投保人违反诚信原则，合同即告失效。由于保险业具有高度的信用性，所以其诚信要求程度也高于其他经济活动。最大诚信原则是以诚实、守信为签订保险合同的基础。保险二方或三方当事人在实施保险行为过程中要诚实守信，不得隐瞒有关保险活动的重要事实。特别要求被保险人必须主动向保险人陈述有关保险标的危险的重要事实。重要事实是指任何影响保险人判断投保标的风险大小、决定是否承保和费率高低以及合同条件的种种情况。被保险人必须告知的重要事实主要有：标的物的危险或损失的可能超出正常情况的现象；与投保的标的有联系的相关道德风险；有关保险人应负责任的一些较大事实；涉及投保人或被保险人的一些事实。为降低危险或减少损失而采取的安全措施；人所共知的常识；被保险人根本不知道的事实；保险人已经检验过或询问过的事实等情况不属于重要事实。

保险是一种保障性的经济行为，凡承保的危险发生并给被保险人带来损失时，保险人必须对损失给予补偿或给付。然而保险双方当事人对保险标的信息的了解程度不同，使双方在保险中的法律地位也不同。保险标的一般为被保险人所有或受托人承运、保管等，所以被保险人对保险标的了如指掌，他具有事先审议保险条款或保单内容，最后决定是否投保的优越条件，因而被保险人处于主动地位。相对而言，保险人对保险标的的了解不如被保险人清楚，有的险种如海洋货物运输保险，可能保险人对保险标的了解甚少或一无所知，是否承保、怎样拟定保险措辞、如何确定保险费率等都只能根据被保险人的陈述。如果被保险人陈述不正确或有意欺骗，保险人是难以及时发现的。所以，保险人从选择业务开始到保险合同签订为止，在其立约的整个过程中基本处于被动地位。

为了减少信息不对称现象，杜绝或减少保险业务活动中的欺诈行为，维护保险人应有的权益，确定了最大诚信原则为保险的基本原则之一。

诚信是对二方或三方当事人的要求。诚信对保险人的要求：保险人不得向被保险人隐匿信息，导致双方签订对自己不利的合同；保险人签订保险责任和赔款处理的条文必须明示，条款必须明确，不得故弄玄虚或欺骗对方。

诚信对被保险人的要求：(1)告知。世界范围内的保险合同的基本原则主要源于英国的保险合同法。在英国古代的保险法律中，告知义务是必需的[1]。要注意告知义务的时效。首先，申请保险时被保险人要主动向保险人如实陈述关于所要转嫁危险的重要事实。陈述的方式采用口头或书面均可。在业务洽谈过程中，如果保险人询问某些还不清楚的情况，被保险人要如实告知，不得隐瞒，否则就违背了诚信原则。如果被保险人以欺骗手段诱使保险人签订保险合同，保险人有权解除合同和要求被保险人赔偿由此造成的损失；其次，在保险合同的有效期内，要及时通知保险人所发生的与保险标的有关的各种情况。如海上货物运输保险条款规定，在保险责任生效后，如发生绕航或非正常运输，被保险人一经获悉要立即通知保险人。保险人根据变化的情况决定是否增加保费或继续承保；最后，保险标的出险时，应向保险人如实告知出险的原因和受损情况。索赔时必须提供真实证明，不得伪造事实或提供虚假证明。否则，保险人可拒绝赔偿。(2)保证。即被保险人遵守的保证事项或被保险人对保险人所尽义务的承诺。保证是保险合同赖以存在的基础，被保险人不遵守保证事项，保险人可以废止合同。保证有明示保证和默示保证两种。明示保证是以条款形

---

[1] 张玉英："前沿观察：保险合同的最大诚信原则需改革"，《经济日报》，2003年10月29日。

式在合同中载明的保证。保险人为了慎重起见，在保险合同中可安排一种固定的格式让被保险人承认保单上的保证条款，该条款作为保单的内容之一，被保险人必须遵守。如在汽车保险单中列有“被保险人或其雇用的司机对被保险人的汽车要妥善维护，以便使其经常处于适宜驾驶的状态，防止发生事故”的条款。默示保证是指在保险合同中虽然没有用文字明确列出，但在习惯上已被社会公认是被保险人应遵守的事项。如要求被保险人的船舶必须有试航能力等。

（二）可保利益原则

保险利益是指被保险人对其投保的标的具有的法律上认可的经济利益。可保利益与被保险人的关系是：保险标的安全存在，被保险人的利益存在；保险标的遭遇灾害事故，被保险人遭受伤害或出现损失。保险标的及其可保利益共同构成保险合同总体。被保险人对保险标的具有可保利益，保险人才能接受承保；被保险人与投保标的没有利害关系，保险人不能接受承保。已经签订的保险合同如果没有可保利益，合同无效。如果保险不贯彻可保利益原则，不制止用他人财产保险，就把保险变为赌博，保险就失去了补偿经济损失的原意。避免道德危险。保险人接受没有可保利益的人投保会诱发道德风险。财产保险中如果允许没有可保利益的人参加保险，会导致为图谋利益而破坏财产。人身保险中如果接受没有可保利益的人投保，可能诱发谋杀犯罪。其结果必然严重威胁人们生命财产安全和社会公共利益。限定赔偿金额。在寿险中，一般以下几种情况投保人有可保利益：(1)投保人对本人投保；(2)配偶、子女、父母等；(3)具有收养、赡养等法定义务；(4)对有合同关系或其他债务关系的人；(5)对其他与之有合法经济关系的人。另外我国《中华人民共和国保险法》还规定，被保险人同意投保人为其订立保险合同的，视为投保人对被保险人具有可保利益。保险人对被保险人的保障在于保证保险标的遭受损失后对被保险人经济损失的补偿。所以补偿的金额最高不能超过可保利益。可保利益以既得利益和预期利益为限,根据可保利益确定保险责任和损失赔偿金额不仅合理,还能避免产生不良后果。

可保利益要有某种具体标的存在,预测、推论和期望可能获得的利益不能作为可保利益。财产保险的可保利益必须是具有财产和同财产相关联的利益;人身保险的可保利益必须是人身的身体和生命;责任保险的可保利益必须是不幸事故发生后所丧失的权益等。保险补偿是一种经济补偿,只有当可保利益能够用货币计算其价值时,保险人才能对被保险人的损失作出有效补偿。因此,对一些不能计价的物品,尽管它们与投保人(或被保险人)的利益相关,但不能作为可保利益存在。被保险人以保险标的所体现的经济利益必须是国家法律承认的。与国家法律法规和方针政策相抵触的利益不能成为可保利益。例如,盗窃物资、违禁物品等非法利益不能构成可保利益。不同保险的可保利益要按不同尺度确定。财产保险的可保利益按标的物实际价值确定;人身保险的可保利益根据保险金额确定;责任保险的可保利益按被保险人未来可能承担的潜在责任金额确定;再保险的可保利益以保险人已经接受的风险责任额确定。可保利益存在的时间要与保险合同的有效期相一致,否则保险人可拒绝赔偿。如果合同一经生效,被保险人没有可保利益,保险人可以拒绝赔偿。

一般情况下,各种保险要求被保险人从合同生效时起就要有可保利益。但是货物运输保险例外,只要求在保险标的受损时具有可保利益。因为货物运输保险的利益方比较多,经济关系复杂,保险合同随货物运输单转让而转让,保险标的不受被保险人所控制,所以货物运输保险在保险标的受损时有可保利益就能获赔。

（三）近因原则

1. 近因原则理论。保险所说的近因是指在保险标的发生损失中起决定性作用的因素,而非损失发生的时间早晚或空间远近的概念。决定性的因素是指某一因素与某一事故及其损失之间存在因果联系。可见,近因是一种有效的动因,它直接促使某种事件产生后果,是诱发事件的主要原因或是在诸因素中起支配作用的因素。

近因原则是根据保险人对投保的风险有选择地接受而确定的。目的是为了统一对损失原因的认识,正确确定保险责任,建立处理保险理赔争议的基础,并及时理赔。保险人对待风险转嫁不是一律接受,而是根据个体情况有选择地接受,少数风险如道德风险等保险人会拒绝承保。因此,保险人对被保险人的保险标的所遭受的损失是否给予赔偿,要根据引起损失的风险属性而定。属于保险人承保的风险造成的损失,保险人承担赔偿责任;否则保险人不予赔偿。如果不考察何种风险的直接原因,有损就赔,不仅不利于保险业的正常经营,还会助长灾害事故的发生,扩大损失,不利于保障人们生命财产的安全。因此,当保险标的发生损失时,必须全力找出保险标的受损的近因,以正确确定保险责任,确定保险的损失。

2. 近因原则案例分析。王某于 2001 年 10 月向某保险公司投保了一份生死两全保险,被保险人为本人,受益人为其妻李某。2003 年 1 月,王某经医院诊断为突发性精神分裂症。治疗期间,王某病情进一步恶化,终日意识模糊,狂躁不止,最终自杀身亡。事发之后,妻子李某以保险合同中列明"被保险人因疾病而身故,保险人给付死亡保险金"为由向保险公司提出给付死亡保险金的索赔要求,而保险公司则依据保险法第 66 条的规定,以死者系自杀身亡,且自杀行为发生在订立合同之后的两年之内为由,拒绝了李某的索赔要求,只同意退还保险单的现金价值。

本案不应适用保险法第 66 条的规定。第 66 条规定:"以死亡为给付保险金条件的合同,被保险人自杀的,除本条第 2 款规定外,保险人不承担给付保险金的责任,但对投保人已支付的保险费，保险人应按照保险单退还其现金价值。以死亡为给付保险金条件的合同，自成立之日起满两年后，如果被保险人自杀的，保险人可以按照合同拒付保险金。”从字面上理解，似乎对于所有被保险人在保险合同成立之日起两年内的自杀身亡行为，保险人均可引用此条拒赔。然而，本案应从立法目的上来理解和适用此条规定。

表面上看保险公司似乎拒赔有理，但仔细分析王某死因和保险法第 66 条的立法初衷，保险公司则应承担给付死亡保险金的责任。

王某死亡的近因应为突发性精神分裂症，而非自杀行为。近因原则是保险法的基本原则之一，其含义为只有在导致保险事故的近因属于保险责任范围内时，保险人才应承担保险责任。也就是说，保险人承担赔偿责任的范围应限于以承保风险为近因造成的损失。我国现行保险法虽未直接规定近因原则，但在司法实践中，近因原则已成为判断保险人是否应承担保险责任的一个重要标准。对于单一原因造成的损失，单一原因即为近因；对于多种原因造成的损失，持续地起决定或有效作用的原因为近因。如果该近因属于保险责任范围内，保险人就应当承担保险责任。

本案王某的死亡与两个原因有关，突发性精神分裂症和自杀行为。据王某的邻居和同事反映，王某生前性格开朗，乐观豁达，家庭和睦，从未流露过悲观情绪。王某的医生介绍，王某所患的这种精神分裂症比较特殊，患者极易产生臆想，导致自残行为。由此可以判断，突发性精神分裂症才是持续起决定作用的、有效的原因，即近因。因此，本案中保险公司应当承担给付死亡保险金的义务。

保险法设置上述条款的目的，主要是为了预防人身保险中有可能出现的道德风险，防止一些保险诈骗分子为骗取保险金而故意实施自杀行为。但王某生前从未有轻生之念，皆因患病后意识模糊不能自控而自杀，本意上并非利用保险骗取保险金，应当不属于道德风险之列。本案对以后类似案件的处理颇具借鉴意义。本案体现了近因原则和法律解释原则在理赔实践中的灵活运用：对于保险事故的原因不能停留于表层理解，应当依据近因原则深究其因果关系；对于法律规定不可机械套用，轻率地得出结论，应当尽量探求其立法本意。

（四）补偿原则

补偿是指当保险标的发生保险责任范围内的损失时，保险人给予被保险人的赔偿。需要注意的是：补偿只能使被保险人在经济上恢复到受损前的状态，不允许被保险人通过索赔获得额外利益。补偿的基本要求是，补偿数额既不能超过保险合同中的保险金额，也不能高于被保险人的实际损失。补偿原则主要用于各种非寿险服务和人寿保险中的医疗、伤害性保险。

保险赔偿金是计入 GNP 的。假定一架新西兰的飞机坠毁，飞机上遇难的乘客全是投了保险的新西兰人，则这些遇难的新西兰人家属将得到赔偿金，则新西兰的国民生产总值因此增加。因此，有人将保险赔偿金视为“不幸福的经济学”。又如，有两位母亲，各自在家中抚养自己的孩子。因为是自己的孩子，母亲尽心尽力，孩子们充分享受到母爱和幸福，但国民经济不会因为她们的劳动产生任何变化。如果这两位母亲来到劳动力市场，双双作为保姆彼此到对方家里照管对方的孩子，她们的劳动因此产生了经济效果，该国的 GDP 也因此相应提高，但双方的孩子享受的只是保姆而不是母亲的抚养。

保险补偿要使被保险人恢复到受损前的经济状态，其关键是合理界定保险补偿数额。各种保险的性质不同，界定的根据也不同。例如，财产保险根据其是否足额保险确定，足额保险的补偿金额按标的物损失当时的价值和当地的价值确定；不足额投保时，补偿金额按比例计算。

由于保险标的不同，损失情况不一，则补偿方式不尽相同，保险补偿方式通常有如下几种：(1)支付现金。这是使用最多的一种，简单方便，了结赔案迅速，它也是责任保险惟一可行的补偿方式。(2)更换。指更换保险标的受损部分，只适用于易破碎物品和耐用消费品的保险。可以在满足被保险人保留原有标的物的要求下，既使其经济上恢复到受损前的状态，又减少保险人的支出，有利于保险经营。(3)修理。指修理保险标的物的受损部分。汽车受损主要采用这种补偿方式。通常情况下，保险人根据被保险人的汽车修理结算账单或修理费发票进行补偿。

补偿相关问题的处理。(1)代位追偿。保险标的发生保险责任范围内的损失是由第三者造成的。如果被保险人向保险人索赔，保险人可以根据合同规定对其损失给予赔偿。同时要求被保险人必须将其向第三者追偿的权利转让给自己，由保险人向责任方追偿。不允许被保险人一方面向保险人索赔，另一方面又向责任方追偿，防止被保险人获得双重赔偿。(2)权利转让。保险标的发生全损时，被保险人如果按全部损失索赔，事先要向保险人进行委付，方可取得全损赔偿。委付是指被保险人放弃受损保险标的的一切权利和义务，而转归保险人。其目的也是防止被保险人获得额外利益。委付主要适用于海上保险。(3)损余处理。财产保险标的物如果发生全损，保险人向被保险人履行赔偿义务之后，对标的物的残余价值可作如下处理:将残值转归保险人，由保险人根据规定处理或者将残值留归被保险人，但要从赔款中扣除残值。(4)重复保险。如果受损标的是重复保险，被保险人向保险人索赔时必须说明重复保险的原因和情况，由保险人根据有关规定处理。被保险人如果不如实陈述，即为欺骗，保险人有权拒绝赔偿，已经补偿的也要追回。

二、我国保险运营总体态势

关于我国保险业的概况，在第三章《金融机构》中已经作了粗略的介绍。保险对于我国经济、社会有着其他金融机构不可替代的重要作用，对稳定社会经济意义重大。当前，我国保险业总体运营状况良好，保险机构、保险市场、保险业务等蓬勃发展。同时，我国保险业在发展过程中也面临大量的保险陷阱和其他问题。

（一）发展速度特征

20 世纪 80 年代恢复保险业务以来，我国已成为世界上发展最快的保险市场之一。保险市场呈现出快速发展的趋势。保费收入不断增长。20 世纪 90 年代以来，仍然保持这一快速增长的格局（如图 6－1）。

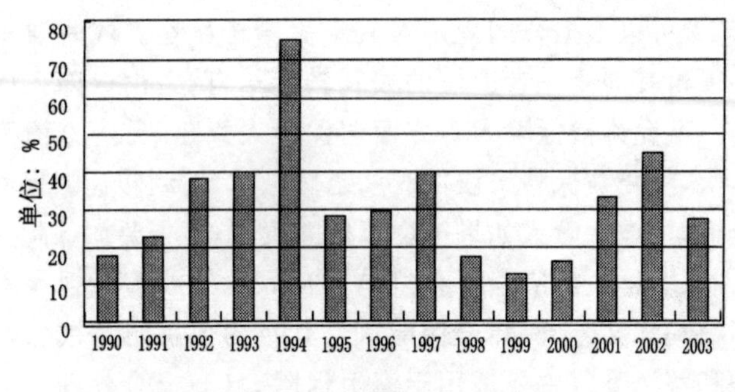

图 6－1　我国保费收入年增长率(1990～2003)

从图 6－1 可以看出，我国保险业保费收入的增长明显高于 GDP 增长率，有些年份甚至是 GDP 年增长率的数倍。比较典型的有 1994 年、1997 年，以及 21 世纪的 2001 年、2002 年、2003 年。即使是保费收入年增长率相对低的年份，其数值也远远高于当年的 GDP 年增长率。根据有关资料统计，1981～2003 年，保费收入的年平均增长率为 21.58％，远高于同一时期内的 GDP 平均增长率。保险业发展的相对数值呈现明显扩大趋势，保险收入占 GDP 的比重、人均保险支出也在不断增加。1980 年保险业占 GDP 的比重为 1％，2003 年攀升为 3.3％；人均保险支出的增势也十分显著,1980 年几乎为 0, 2003 年上升到 287.44 元。

2003 年,我国保险金融机构 总资产达 9123 亿元,同比增长 40.48%。经过短短几年的发展,资产规模已从 2000 年的 3374 亿元增长到 2003 年的 9123 亿元(如图 6-2)。

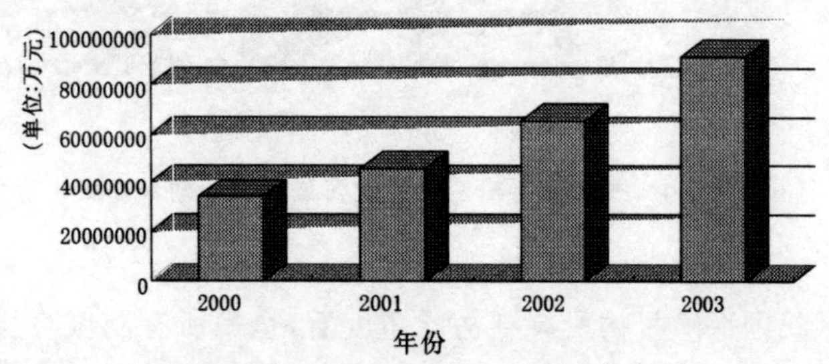

图 6-2 我国保险机构总资产增长态势

保险公司正在逐步成为资本市场重要的机构投资者,持有大量的国债或通过证券投资基金进行投资(如图 6-3、图 6-4)。

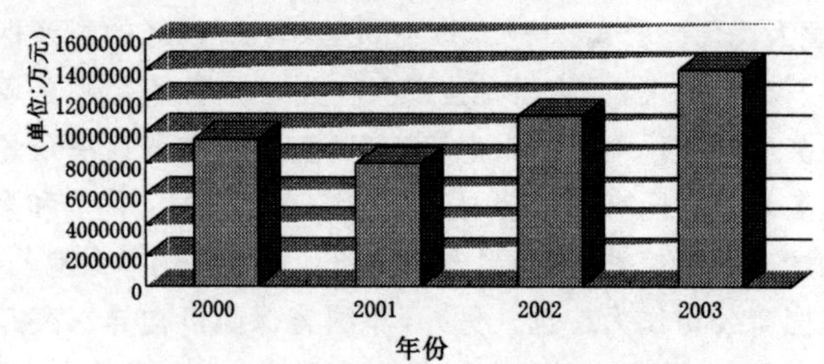

图 6-3 我国保险机构国债投资增长态势

近年来,我国保险中介市场从无到有,发展迅速。目前全国共有专业中介机构 156 家,其中代理公司 121 家,经纪公司 13 家,公估公司 22 家,兼业代理机构 7 万个,营销员 121 万人。2002 年,我国批准了 380 个保险公司分支机构开业。

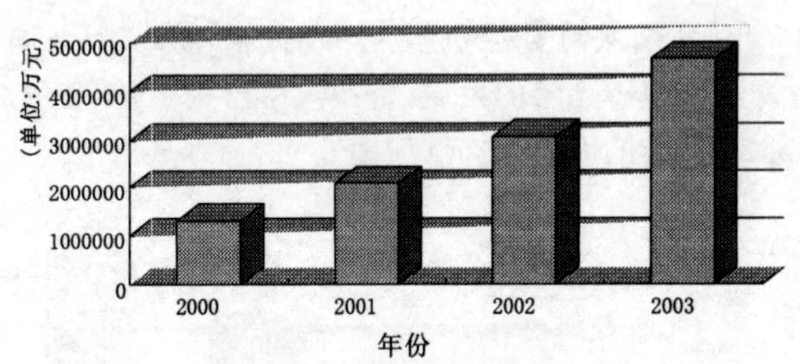

图 6-4　我国保险机构证券投资基金投资增长态势

（二）结构特征

从我国保险机构所有制构成角度看，全民所有制保险公司一直保持领先地位，然而，随着保险业的发展，保险市场主体多元化格局逐步形成。2001 年，中国人寿保险公司、中国人民保险公司和新疆兵团保险公司保险业务收入占全国的 62.7%。其中中国人寿保险公司以 812.36 亿元占有了 57.04%的人身保险市场份额，中国人民保险公司以 505.41 亿元占有 73.74%的财产保险市场份额。究其原因，尽管国有独资保险公司在管理体制、经营机制以及服务质量上仍不尽如人意，尤其是直接面向普通民众的人身保险业务，然而，国有保险公司具有网络遍及全国的优势和多年来造就的国有品牌信誉，使相当多的企业和个人在选择保险公司时，仍然将国有公司作为首选。另外，非国有保险机构异军突起。从 1988 年我国出现第一家股份制保险公司以来，由于其在推销、后援支持以及服务方面有较大优势，使得越来越多的投保人选择了股份制保险公司，从而使我国股份制保险公司保持强劲的发展势头。2001 年，中国平安保险公司寿险业务收入 401.22 亿元，占全国人身保险市场的 28.18%；中国太平洋保险公司寿险业务收入 143.37 亿元；新华人寿保险公司业务收入 20.7 亿元；泰康人寿保险公司业务收入 16.4 亿元。上述四家我国最大的股份制保险公司2001年的人身保险业务收入占全国市场的40.85%。外资保险公司也已开始逐步进入我国保险市场。1998年中国保险监督管理委员会成立以后,随着股份制保险公司数量的增加和外资保险公司的进入,我国保险市场的主体格局进一步多元化。

从保险业务构成情况来看,人身保险业务占据绝对优势地位。以2003年我国不同保险业务的保费收入构成为例,2003年我国财产险保费收入869.40亿元;人身险保费收入3010.99亿元,其中,寿险收入2669.49亿元,健康险收入2419.24亿元,人身意外伤害险收入99.58亿元。人身保险业务“三分天下有其二”。各险种保费收入在总保费收入中所占的比重如图6-5所示。

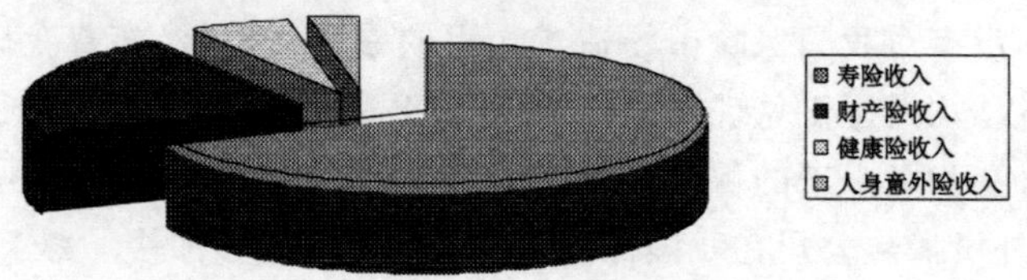

图6-5 2003年我国保费收入结构

从保险资金运用角度看,2003年底,我国保险资金运用余额达8738.53亿元,占保险公司总资产的91.84%。其中,存入银行的保险资金仍占可运用资金的绝大部分,占54.3%;购买国债的资金占比为13.9%;金融债券投资为不到10%;证券投资基金5.5%左右(图6-6)。

图6-6 我国保险资金投向结构图

（三）开放度情况

国内保险市场目前的对外开放状况。保险市场的对外开放是我国对外开放政策的重要组成部分，对提高我国保险业的经营管理水平、实现与国际惯例接轨、促进保险业的改革与创新等都具有重要意义。成为WTO成员国之后，我国保险市场已进入全面开放的新时期。2001年，外资保险公司在内地的保费总收入为32亿元，在已经开放的上海、广州和深圳市场中，外资公司寿险市场份额分别达到14.4%、11.8%和2.5%；保险市场份额分别在6.7%、1.5%和6.66%。在我国营业的各家合资和外资保险公司的保险费收入总量约为32亿元，占不到全国保险市场业务总量的2%，没有对我国保险市场造成太大的威胁。但是，随着我国入世的各项承诺逐步兑现，外资保险业将会利用其管理、技术和服务的优势在我国未来的保险市场扮演越来越重要的角色。2002年以来，外资保险公司在我国保险市场推进速度明显加快。继上海、广州、天津等地之后，北京也迎来了首家外资保险机构。美国国际集团于2002年5月23日宣布：其全资子公司——美国友邦保险有限公司获准在北京经营寿险业务。5月28日，美国ACE集团旗下的ACE天平再保险公司、ACE北美洲保险公司和ACE美国公司以股权受让方式，获得华泰保险公司22.13%的股权。这是入世后外资保险首次以较大比例参股我国保险企业。到目前为止，已有34家外资保险公司获准在内地营业，还有19个国家和地区的112家外资保险公司在内地的14个城市设立了199个代表处，进入中国保险市场。2002年，我国共批准了6家外国保险公司进入我国市场、16个外资保险公司营业机构开业。从地区看，上海仍是目前外资和合资保险最集中的城市，已有外资独资保险公司8家，中外合资保险寿险公司6家。此外，纽约人寿和海尔合资的寿险公司，以及荷兰全球人寿与中国海洋石油总公司合资的寿险公司也均选定了上海作为注册地。广州是另一处外资、合资保险公司聚集地,包括中意人寿等公司在内都看好广州,而中宏人寿等进军广州也已成定局。此外,由加拿大永明人寿保险公司与中国光大集团合资的光大永明已落户天津,而荷兰保险与北京首创集团合资的寿险公司将定址大连。2003 年,中国人民保险公司、中国人寿保险公司和中国再保险公司进行了股份制改造;其中,中国人民财产保险股份有限公司和中国人寿先后登陆海外资本市场,为中国金融业的发展走出了一条新路;而中国人寿更以 34.75 亿美元(约合 287 亿人民币)的筹资额成为 2003 年度全球最大的 IPO 项目。这些情况表明,我国保险市场对外开放已经达到了一定规模。

三、保险陷阱及其他问题

目前,我国的经济发展具有典型的转轨经济特征,市场经济体制正处在不断的完善过程之中,各种价值观发生激烈的碰撞。保险市场总体发展态势是良好的,这是事物的主要方面,但是,年轻的保险业还很不成熟,存在大量的保险陷阱以及其他亟待解决的问题。

(一) 保险陷阱

当前,一定程度、一定范围保险陷阱的大量存在,构成了我国保险业发展的巨大障碍。有人曾经将形形色色的保险陷阱归纳为以下 12 种:(1)重复投保,伪造不曾发生的事故证明材料,连环诈骗;(2)夸大损失金额,谋求高额赔偿;(3)制造保险事故,骗取赔偿金;(4)少数保险从业人员假借客户之名,申请提前退保,骗取全额保费;(5)蓄意截取客户保费,携款潜逃;(6)同一保险标的,开两张不同险种保单,从中诈骗;(7)预留保单空号、倒签单,伺机骗赔款;(8)伪造保险公司保险单,向客户兜售,直接行骗(目前已经发现有公路货运单、涉外货运险保单、机动车保险卡、家庭财产定额保险单有制假现象,其中以货运险居多);(9)拖延结付保费,谋取保费或利息收入;(10)寿险代理营销员上门行骗,承揽到数额较大的保费后,携保费逃之夭夭;(11)内外勾结,提高保额,谋杀保险人,诈骗巨额人寿保险金;(12)保险公司内部人员伪造假赔案,诈骗保险金❶。

寿险业存在一些恶意投保事件,有些地方甚至存在一些"保"母烧母、"保"己害友、"保"妻杀妻的恶性骗保行为,触犯了国家刑法。例如,"保"母烧母。1997年,辽宁省丹东市振安区楼房镇农村青年初志刚,为其母亲投了多种人寿保险,保险总金额达119万元,并指定自己是惟一受益人。之后,钱迷心窍的初志刚竟用酒精点燃了熟睡的母亲。"保"己害友。抚顺市青年董庆利,于1997年购买人身保险后,将同学徐某勒死(徐某体貌特征酷似董庆利),然后留下"遗书"并纵火烧尸,伪造成自己因负债太多而绝望自杀的假象。最后逃到亲戚家里,做着如何花20万元赔款的美梦。"保"妻杀妻。1994年,沈阳市居民张学刚从报纸上看到平安保险公司推出了一种"人身意外伤害贺岁保险",每份10元保费,一年内出险即可获5000元赔偿。张学刚为妻子买了30份,之后,他趁妻子熟睡之机,将妻子杀害。

财险业也存在恶意骗保的现象。例如,辽宁省盖州市一个农村小翻砂作坊,不过几间旧房,几件旧设备,却以数十万元投了保。更为蹊跷的是,投保第二天就遭了火灾。由于保险公司职权和手段有限,尽管心存疑虑也无可奈何,只好赔付了几十万元。又如,某市的一家集食宿娱乐为一体的"俱乐部",在税务机关登记的资产总值是600万元,而在保险公司投保的财产总价值却高达9762万元。就在投保后的第17天,这家"俱乐部"也失火了,中餐厅被烧毁。"俱乐部"方要求保险公司赔付986万元,其理由是餐厅装

---

❶ 吴一夫:《黑脑花》,北京,中国言实出版社,1999年9月第1版,第170页。

修为348万元，大中型进口照明灯具为296万元，加上家具、空调、电梯、喷泉鱼池和库存物品95万元，还有3幅“进口名画”价值240万元。此案属“骗保”性质。

1992年，随着美国友邦保险公司进入上海保险市场，引入寿险营销机制以来，我国保险代理人队伍逐年扩大，发展迅猛。到2002年底，全国个人代理人数达到130万人，代理保费收入达到1200多亿元。个人代理人代理业务成为寿险保费收入的主要来源。但是，由于代理人员素质参差不齐，保险公司对代理人的培训工作跟不上，代理人出现的违规问题较为严重。据了解，北京保监办2002年1～9月份收到的电话信访投诉共1589件，其中主要投诉内容为代理人误导和诱导保户投保的问题。近几年，司法机关受理的保险纠纷案件中，大多也是因保险代理人宣传误导、扩大责任而引起的。以国内某寿险公司为例，2002年，该公司共查处个人代理人违规案件2400件，比2001年增长了1445件，涉案金额达411.4万元。其中，代签名、侵占或挪用保费和代理人服务不周分别列违规行为多发类别的前三名。中国保监会重点查处的误导客户、虚假宣传行为也占到所有违规投诉的7.33%[1]。以上数字，只是某保险公司保户投诉案件的统计数字，其实，按《保险代理人管理规定(暂行)》来衡量，目前我国保险个代理人违规行为远比以上列举的数字要高。

保险陷阱的大量存在，说明我国保险业的发展任重道远，社会上一部分人法制意识淡薄、道德沦丧是保险陷阱产生的主要原因。另外，保险业内控制度不够严谨科学、保险市场信息不对称等，也是催生道德风险的重要因素。

（二）中资保险公司资本金不足

2001年12月11日，我国正式成为WTO成员国，相对弱质

[1] 刘元智等：“析我国个人代理人违规现象”，《保险研究》，2003年第8期。

的金融业被迫开放。其中政府对保险业作出了多方位的开放承诺,这一切意味着,中资保险公司将面临严峻的挑战。

由表6-2,可以看出我国的保险公司注册资本金很少。下表中注册资本金最大的也不过77亿元人民币,若折算成美元,则不足10亿美元。目前,已在我国国内开业的包括美国、日本、加拿大、

表6-2 我国部分保险公司注册资本金状况

单位:亿元人民币

保险公司	注册资本金
中国人寿保险公司	77
中国太平洋保险公司	43
中国平安保险公司	25
华泰财产保险公司	13
天安保险公司	5
太平保险公司	5
永安财产保险公司	3
华安保险公司	3
中华联合保险公司	2

资料来源:霍中彦《天安保险25亿大私募》,《国际金融报》,2003年3月28日。

瑞士、德国、英国、法国、澳大利亚等多家外国保险公司,以及目前在我国设有190多家代表机构、申请等待营业执照的98家外国保险公司,其经营历史都在百年以上,资产总额大都在几百亿、甚至几千亿美元以上。由下表,我们可以具体看到外国保险公司规模之庞大(见表6-3)。

表 6-3 入世前夕已进入我国市场的部分外资保险公司的资本

单位：百万美元

《财富》500 强排名	公　　司	股东权益
15	法国安盛 AXA	15894.7
23	德国安联	26106.8
37	瑞士信贷(瑞士丰泰的母公司)	18809.3
74	英国保诚	5406.0
130	英国皇家太阳	12094.9
178	美国安泰	11388.9
239	日本东京海上火灾保险公司	5754.7
476	加拿大永明人寿保险公司	3958.7
—	美国丘博集团	5644.1

资料来源：*The World's Largest Corporations*：1999 *Global* 500，Fortune August 2，1999.

America's Largest Corporations：1999，500，*Fortune*，*April* 26，1999.

中外保险公司注册资本悬殊❶，并且，与中资保险公司抢夺市场份额的许多外资保险金融机构，都有较为畅通的融资渠道(如通过证券市场增资扩股等)，有很强的资本再扩张能力。

目前中资保险机构的资本规模难以与外资保险机构相竞争。例如，中国人寿保险公司在中资保险公司中应该属于"重量级"保险机构，而它的总资产仅为 2212.14 亿元人民币(2001 年)，所有者权益❷则更少，不足 43 亿元人民币(1999 年)。即使将它和上表

❶ 在此特指与发达国家对比。

❷ 所有者权益＝实收资本＋资本公积＋盈余公积＋本年盈利。

排名最后1位的美国丘博集团(股东权益56亿美元)相比,差距仍相差10多倍。因此,资本金不足可能是目前中资保险公司面临的最严峻的问题之一(见表6-4)。

表6-4 进入我国市场的部分外资保险公司的融资渠道

公　司	公司性质	证券交易所
美国国际集团	上市公司	纽约证交所
日本东京海上火灾海险公司	上市公司	NASDAQ上市
德国安联集团	上市公司	法兰克福证交所
法国安盛-国卫	上市公司	纽约证交所
瑞士丰泰	上市公司的子公司	Credit Suisse 的子公司
美国安泰	上市公司	纽约证交所
英国皇家太阳	上市公司	伦敦证交所
英国保诚	上市公司	伦敦证交所
美国丘博	上市公司	纽约证交所

资料来源:*Hoover's Online*, August 4, 1999.

从表6-4可以看出,这些已进入我国市场的外资保险公司大部分都是国际资本市场上的上市公司。在美国股票市场中,上市保险公司的市值占整个美国股票市场市值的1/4左右。

(三)我国保险业盈利状况不佳

我国保险业的盈利状况有待提高,表6-5反映的是我国保险业1999年的净利润指标和净利润占所有者权益[1]比重的指标。

---

[1] 所有者权益=实收资本+资本公积+盈余公积+总准备金+未分配利润

表 6－5　我国保险业盈利状况(1999)　　　单位:万元

保险公司	所有者权益	净利润	净利润/所有者权益(%)
中国人民保险公司	9306440	143141	15.38
中国人寿保险公司	426397	47985	11.25
中国太平洋保险公司	318139	20088	6.31
中国平安保险公司	472166	53628	11.36
天安保险公司	23299	892	3.83
大众保险公司	54061	2163	4.00
新疆兵团保险公司	39617	1156	2.92
新华人寿保险公司	66000	300	0.45
华泰财产保险公司	143200	11000	7.68
永安财产保险公司	31073	1007	3.24
合　计	2504596	281360	

资料来源:《2000 年中国金融年鉴》第 506 页、520 页。

从表 6－5 可以看出,1999 年,除中国人民保险公司、中国人寿保险公司、中国平安保险公司的利润率都在 10%以上,中国太平洋保险公司、华泰财产保险公司的利润率在 6%以上外,其余的保险公司的利润率却都在 4%以下,最低达 0.45%。而同期国内新兴股份制银行,其利润率最高的达到 19.14%,最低的也有 4.25%。我国保险业急需提高利润率水平。虽然有些保险公司的业绩有所增长，如 2002 年华泰保险公司实现税后利润 1.43 亿元，净资产收益率达 8.87%，但是，我国保险业从整体上看，盈利状况不佳[1]。

四、发展我国保险市场的思路

（一）减少不完全信息影响、强化监管、转变观念

1. 减少不完全信息影响。并非所有局中人都知道的信息，即某些局中人拥有，但另一些人不拥有的信息，这种信息就是所谓的非对称信息[2]。金融交易（包括保险在内）普遍存在的信息不对称问题，即不完全信息。按照非对称信息发生的时间，可将其分为事前非对称信息与事后非对称信息。事前非对称信息是指在签约以前发生的信息不对称问题；事后非对称信息是指在签约以后发生的信息不对称问题。按照非对称信息的内容，道德风险还可进一步分为隐藏行动的道德风险与隐藏知识的道德风险。隐藏行动是指代理人向委托人隐藏其真实行动，或委托人不能观察代理人的真实行动；隐藏知识是指代理人向委托人隐藏其真实知识，或委托人无法全面了解代理人的真实知识。

美国经济学家乔治·安克罗夫（George Akerlof）所提出的旧汽车市场上的“柠檬现象”可以解释金融市场的逆向选择结果[3]。在旧汽车市场上，同时存在着有质量问题的旧车（George Akerlof 称其为“柠檬”）和无质量问题的旧车（George Akerlof 称其为“蜜橙”）。一般说来，旧车的卖主充分了解其旧车状况，而买方则不能辨别他所购买的旧车属于坏车（“柠檬”）或好车（“蜜橙”），因此，买

---

[1] 《金融时报》，2003 年 2 月 14 日。

[2] 秦国楼：《现代金融中介论》，北京，中国金融出版社，2002 年 11 月第 1 版。

[3] George Akerlof, *The Market for 'Lemons': Quality, Uncertainty and the Market Mechanism*, Quartely Journal of Economics, 84(1970), p. 488～500.

方只愿意付出介于好车与坏车之间的、反映在旧车市场上的平均旧车质量的价钱。这样,“柠檬”车便被高估,其卖主非常乐于成交;而“蜜橙”车则被低估,其卖主不愿进行交易。显然,作为逆向选择的结果,旧车市场被劣质的“柠檬”车充斥,从而买方不愿意进场购买,因此实际交易量非常微小。

“柠檬现象”同样出现在金融市场上[1]。金融产品的售方充分了解其产品质量,而这种金融产品的买方则不具备其有效信息。在逆向选择之下,优质金融产品的公司易于退出市场,而劣质金融产品的供方则占据了市场。当社会资金供求双方对市场信息的拥有程度一致时,金融产品的市场价格便与其质量一致,“柠檬现象”与逆向选择都不再存在。在这种情况下,金融市场便可以有效地将社会资金由供给方输导至需求方。因此,消除供求双方对市场信息的非对称拥有是解决逆向选择问题、提高金融市场效率的关键。

在保险市场中,也存在类似的“柠檬”现象。保险公司和投保人之间存在非对称信息。在此我想特别提示:一般人认为金融中介比个人在信息上具有优势,掌握更多的信息。我认为这要具体情况具体分析,即信息不对称的弱势一方是不确定的。不完全信息必然带来逆向选择和产生交易后的道德风险,必然使交易变得不再公平。不完全信息制约了我国保险业的进一步发展。由于不完全信息的存在,与保险有关的消费者个人信息难以被保险公司真实掌握,保险公司在产品定价方面很难通过判别消费者类型采用不同的价格,从而使竞争也无法在高层次上进行,实现“优质客户优价,劣质客户高价”,结果只能是价格普降,其盈利无法保证。典型的事例是近年来市场需求很大的汽车按揭保证保险业务。由

---

[1] 易纲、海闻主编:《商业银行管理学》,上海人民出版社,1998 年 5 月第 1 版,第 134 页。

于无法区分消费者的信用水平，保险公司在出售该类产品时只能提供基本一致的价格，致使逾期欠款事件频频发生，保险公司损失巨大。不完全信息导致的交易后的风险，我们在前面也能看出。有些人之所以"保"母烧母、"保"己害友、"保"妻杀妻，原因之一就是不完全信息的存在。若保险公司和投保人的信息是对称的，这些人是没有铤而走险的可能的。

我们可以通过建立和完善信息披露制度、个人信用跟踪监控制度等手段，尽最大可能地降低信息的不对称，从而也就降低了逆向行为发生的概率，另外，降低信息不对称的程度，也会减少投保后发生的"道德风险"。

2. 强化监管。制定适应中国经济发展需要的社会保险立法规划。制定短期、中期、远期社会保险立法规划是社会保险法制建设的一个重要任务。近期立法规划主要体现在出台《中华人民共和国社会保险法》上；中期立法规划是出台各险种的单行法规，应制定与《中华人民共和国社会保险法》相配套的《基本养老保险条例》等单行法规；远期立法规划则是在时机成熟时出台《农村社会保险法》。我国13亿人口中，有9亿人生活在农村，农民的保险问题不解决，就意味着我国的保险业就没有真正走向完善与成熟。农村的社会保险主要将重点放在养老保险上。另外，我国应进一步制定完善《社会保险争议处理办法》，明确社会保险行政争议处理机构，建立运转制度，积极探索和建立社会保险行政争议处理制度。

强化社会保险法律制度的实施机制。一是加强法律规范本身的强制性，减少社会保险金的支付风险。政府应逐步建立起相关的社会保险法律责任制度，对拒不缴纳法定的社会保险费、拒不履行支付社会保障金义务、不正当使用保险基金、贪污、挪用、侵占保障基金的行为人，依法追究其行政责任、民事责任和刑事责任。二是加强社会保障的司法机制。有关专家建议应在人民法院设立劳动和社会保障法庭，专门从事审理劳动和社会保障案件。在条件

成熟后，建立我国专门的劳动和社会保障法院，在审判中充分体现劳动和社会保障事务的特殊性。三是强化社会保险基金监督机制，建立健全社会保险基金监督体系。为此，应制定相关的法规、规章。比如《社会保险基金行政监督办法》、《社会保险经办机构管理规则》以及《社会保险基金内部审计条例》，以此来确保社会保险基金的安全运行。对于设置种种保险陷阱骗保的单位和个人，给予法律上严厉的惩处。对于触犯《中华人民共和国刑法》的（例如，构成扰乱社会经济秩序罪），做到"违法必究、执法必严"。

充实监管力量，提高保险监管人员素质。美国的保险监管人员有 14000 多人，相比之下，我国的保险监管人员无论是相对于辽阔的地域、众多的人口还是保险业发展的势头来说，都明显不足。中国保监会成立之初，机构设置和人员配备基本可以满足监管工作需要，但随着市场主体的不断增加、对外开放步伐逐步加快和业务规模迅速扩大，这种状况已难以适应保险业改革与发展的需要，尤其是难以适应入世后的要求。为切实加强保险监管，必须尽快调整机构设置和人员编制，重点加强保险政策研究、保险监管信息系统建设、保险精算、再保险监管、保险资金运用管理、稽核检查、教育培训等，同时应大力采取有效措施，努力提高监管队伍素质，通过公开考试等多种形式，选拔既懂经济、保险理论，又有保险从业经验、具备真才实学的精算、财务分析、投资、审计、法律、计算机等方面具有较高水准的专门人才，还应加大对保险从业人员的培训力度，借助社会力量，有针对性地对现有监管人员进行培训，全面提高其综合素质和专业水准。另外，还要抓紧进行智力引进，聘请境外知名的业内专家担任重要实职或顾问，吸引学有所成的海外留学人员回国工作，加快保险从业人员知识观念的更新和队伍结构的调整。

3. 转变观念。目前，我国保险市场要继续快速发展，有两个观念上的突出问题必须解决：(1)保险人方面——面对各种困难，相当一部分保险从业人员对继续开拓我国保险市场信心不足，我们在现实中经常看到这一现象；(2)投保人、被保险人方面——为数众多的投保人、被保险人认为自己只有得到保险补偿金才“划算”，否则就只是“白白地给别人做了贡献”。这是两个十分流行的看法。在此我不想作过多理论上的论述，只想借用北京大学厉以宁教授讲过的两个小故事，希望它们对一些人转变上述观点有所裨益。

有四个营销员接受任务，到庙里找和尚推销梳子。第一个营销员空手而回，说到了庙里，和尚说没头发不需要梳子，所以一把都没销掉。第二个营销员回来了，销了10多把。他介绍经验说，我告诉和尚，头皮要经常梳梳，可以止痒。头不痒也要梳，可以活络血脉，有益健康。念经念累了，梳梳头，头脑清醒，这样就销售掉一部分梳子。第三个营销员回来，销了百十把。他说，我到庙里去跟老和尚讲：您看这些香客多虔诚啊，在那里烧香磕头，磕了几个头起来头发就乱了，香灰也落在他们头上。您在每个庙堂的前面放一些梳子，他们磕完头烧完香可以梳梳头，会感到这个庙关心香客，下次还会再来，这一来就销掉百十把。第四个营销员说他销掉好几千把。而且还有订货。他说，我到庙里跟老和尚说，庙里经常接受人家的捐赠，得有回报给人家，买梳子送给他们是最便宜的礼品。您在梳子上写上庙的名字，再写上三个字“积善梳”，说可以保佑对方，这样可以作为礼品储备在那里，谁来了就送，保证庙里香火更旺。这一下就销掉好几千把。这个例子告诉我们，市场是可以创造的。老是想着“和尚要什么梳子呀”，工作就没法做了[1]。

我国的保险市场还不够发达，这一新兴的市场需要我们共同努力开拓。市场是可以创造出来的。

有一年，厉以宁到福建去考察。福建有个地方叫东山岛，就是

---

[1] 摘自厉以宁2003年8月在东北老工业基地的学术演讲。

国民党撤退到台湾时把壮丁全部拉走的那个地方。因为这个原因,当地很多村变成了寡妇村,直到改革开放前还很穷。前些年,台湾有一个企业家,搞了一套人工养殖鲍鱼的技术。他来东山岛找县长谈,想到这里投资发展。经过谈判,县长同意这个企业家在这里建养殖场,并答应给一些较优厚的条件。结果省人大、省政协包括省委接到一大沓告状信。告状信写着:土地给他优惠价格,税收给他一定减免,还贷款给他,连清朝政府都没有定过这么优惠的条件。意思是那个县长比清朝政府还无能。福建省委领导倒很清醒,没有忙着下结论,搞改革就让他先去搞,试验一段再说。几年后厉以宁教授去看那个岛,富了。台商建场后,人工养殖鲍鱼需要劳动力,劳动力由各村的农民轮流来当,他们在当劳动力期间都学会了这套技术。现在到东山岛,家家都养殖鲍鱼,这个养殖场也在发展。现在市场上鲍鱼价格高。销售量又大。农民全都富了。这就是共同富裕。如果肥水不流外人田。别人愿意来投资吗,不让人家得钱,农民也富不了:让人家富起来自己也富了。这个养殖场建在福建,土地人家也拿不走,建场就建场。这就叫“和解就是双赢”,双赢就能共同富裕。“肥水要流外人田”,道理就在这儿❶。

被保险人在投保时,也要有“肥水要流外人田”的思想,不要因为看到别人接受理赔,产生所谓的“不划算”的心理。要知道,只有时刻准备让“肥水要流外人田”,才能真正建立起经济互助关系。

(二) 探寻扩充资本金的最佳途径

资本金的扩充途径因保险公司所有制的不同而有所不同。针对国有独资保险公司,资本金的扩充可通过以下三条途径实现:(1)财政注资;(2)减税转增资本;(3)资本市场融资。股份制保险公司的资本金扩充途径则少了财政注资途径、多了增资扩股的途径。

---

❶ 摘自《群言》,2003年第11期。

财政对国有独资保险公司注资，若仅从产权角度讲，则无可厚非，即国家是以资产所有者的身份向保险公司注资。当然，这不能算是"上策"，因为保险公司也是企业，国家的救助行为也会对其产生副作用的。这个问题在第三章《金融机构》已经讲得很清楚了。按照市场经济的法则，保险公司、银行等应自负盈亏、自主经营。通过财政注资，可在短期内弥补保险公司资本金缺口。但是，财政注资有个前提：那就是注资的同时，必须转变中资保险公司的经营机制。不解决中资保险机构经营体制等核心问题，单纯的财政注资只能是低效的，从根本上讲，甚至是徒劳无益的。

减税转增资本。这种方式是通过保险业税率的降低来增加保险公司的利润，从而达到补充其资本金的目的。从资金实际的流出流入途径而言，这其实也是一种财政注资，只不过它不专门针对国有独资保险机构，而是面向境内所有保险公司。现行国内的保险营业税率为 8%，高于其他服务业 3 个百分点：所得税方面，外资保险公司现行税率为 15%，中资公司为 33%，存在着超国民待遇。这样的税率显然不利于民族保险公司的发展，因此，应该统一中外资保险公司税制，将减税额转增资本金。但是，这种途径的有效性取决于中资保险机构的盈利水平，若该保险机构效益差，其实际转增的资本必然极为有限。并且，通过这种方式来积累资本金是很耗时的，不知要到何年何月才能赶得上外资保险机构。同时，与第一种方案类似，存在着治标不治本的弊端，不能从根本上解决保险机构的经营体制问题以提升其竞争力。

增资扩股。指其他企业入股，可分为国内其他企业入股和外资企业入股。综合以下几个方面的因素，可以看出外资企业入股有更优的目标解，但都难以从根本上解决问题。首先，从双方合作的意向看，外资公司由于想在拥有巨大潜力的中国保险市场上分得一杯羹，当然比我国其他企业更愿意入股中资保险公司。目前由于我国市场经济发展尚不成熟，我国较缺乏具有长期战略投资眼光的企业，而且保险公司的股权流动性差，变现能力低，按各国保险公司的经营规律，寿险公司一般都要经过5～8年的正常业务亏损期后才开始盈利。在我国若要有与国外保险公司相同的投资回报，估计至少也需要4～5年，这种情况使得国内其他企业不愿轻易入股。其次，从参股企业的实力看，根据1994年7月28日《中国人民银行关于向金融机构投资入股的暂行规定》，工商企业向金融机构投资入股必须满足最近3年连续盈利，年终分配后的净资产达到总资产的30％等条件，并且单个股东投资金额超过10％以上，必须报经监管机构审批。面对如此苛刻的条件，民营企业没有足够大的资本量来满足保险业的需求，而大部分国有企业自身的资产负债比例过高，不符合上述条件，外资公司则具有雄厚的资本。从中方的角度讲，引入外资，不仅可以解决资金问题，而且可引入先进的保险经营管理技术。在这一方面，平安保险和泰康人寿已取得了很大的成绩。深圳的平安保险公司经国家批准引进摩根·士丹利和高盛公司入股；2000年11月21日，泰康人寿保险公司成功向外资募股2亿股，增资扩股后，其资本金达20亿元人民币，三家外资股东分别是瑞士丰泰人寿保险公司、新加坡政府直接投资有限公司和软库银行，但是，按有关政策规定，外资参股中资寿险公司，外资总额不能超过参资公司总股本的25％，其中每家外资公司不能超过10％。有了这个比重的限定，要用外资来满足民族保险业巨大的资本缺口，显然是不现实的。

上市对于宏观经济层面，这里主要考虑保险公司上市对我国证券市场的发展和对整个金融行业的发展的意义。保险公司的上市无疑将有利于证券市场的多元化、增加证券市场的容量和证券产品的品种。此外，保险风险证券化也是符合国际金融一体化的发展趋势的。

上市在政策面上已经不存在障碍。2000年1月13日，国务院颁布了《保险公司管理规定》，其中第26条表明："保险股份有限公司向社会公开发行新股，应当遵守《公司法》及国家证券监管的有关规定。”中国保监会主席马永伟在 2000 年全国保险工作会议讲话中也明确提出，保险公司符合上市条件的可以申请上市。从资本市场的承受能力看，目前我国证券市场建设日趋规范，建立了严格的监管体系；出台了《证券法》等一系列法律法规；拥有完善的组织管理体系，交易制度不断规范。可以说，日趋完善的证券市场将使保险公司上市融资成为可能。至于国内资本市场是否有足够的资金供给来源，2001 年，担任中国证券监督管理委员会副主席的史美伦曾指出：目前我国每年的储蓄存款新增额为 1 万亿元，每年股市的筹资不过 1000 亿元左右，相当于 10%。中国人民银行发布的统计数据表明，2004 年 4 月末，我国全部金融机构居民储蓄存款余额已达到 11.9 万亿元，居民储蓄存款余额比 2003 年同期增长了 15.9%❶。企业迫切需要提高直接融资比重，投资者需要寻找更多的投资渠道，股市有极大的潜力资金供给能力。退一步说，即使国内资本市场资金供应量不足，民族保险机构也可以到国外去上市。从投资者的预期效用看，投资者的投资目的在于获取最大利润，保险业作为新兴产业在我国具有良好的发展前景。

资本市场融资。不管是国有独资保险公司还是股份制保险公司，在资本市场上融资都可能是目前解决资本金不足较为可取的方案。上市将为中资保险机构提供更为广阔的资金筹集平台和经营管理约束的外部环境。上市后，短期内融资扩充资本金是很明显的。如浦东发展银行在 1999 年 9 月上市募集资本之后，资本充足率达到 13%，而上市前其资本充足率仅为 8.65%。2003 年 11 月 6 日，人保财险在香港成功上市，其集资规模创下 2003 年香港证券市场之最，美国国际集团为其战略投资者。上市后人保财险

---

❶ 张建平：《央行：4 月末我国居民储蓄存款余额达 11.9 万亿元》，新闻中心 http://news.163.com，2004 年 5 月 14 日。

的总股本为111亿股，其中境外上市外资股（H股）股东持有31%的股份，人保控股公司持有人保财险69%的股份。本次发行筹集资金总额为62.2亿港元，发行所募集资金主要用于补充公司资本金和提高偿付能力。通过此次股改上市，其2003年底的偿付能力充足率接近200%，资本杠杆比率（自留净保费与净资产的比率）达到25倍。2003年12月，中国人寿保险股份有限公司在美国纽约和香港上市，共发行65亿股，募集资金34.75亿美元，创2003年度全球资本市场IPO最高记录[1]。由于中国人寿保险股份有限公司继承1999年以后的保单，没有“利差损”的负担，因此募集的资金主要用作进一步加强偿付能力，拓展业务。目前，公司偿付能力达到了监管标准的5.6倍。另据有关统计数据显示，2003年下半年中国人寿保险股份有限公司已实现保费收入500多亿元，集团全系统实现保费收入1620亿元，占全国寿险保费收入的53.8%。上市对保险公司的长期的核心竞争力的提高也是很有效的。目前国有保险公司有两大难题，除了资本金不足外，还有所有者缺位问题。产权结构的单一导致了微观经济机制的低效运行。上市有利于法人治理结构的建立，使中资保险公司真正建立起现代企业制度，形成股东大会、董事会和监事会、经理班子相互制约的内部运行体制和外部制约机制，有利于中资保险机构持续竞争力的形成。

---

[1] http://www.recome.com/news/news02.html，2004年1月。

第七章 信托运营

当前，在世界大部分国家和地区，信托已成为与银行、证券、保险并列的四大金融领域之一，信托对经济、社会的影响广泛而深远。1979 年 10 月，我国出现了建国以来第一家信托机构——中国银行信托咨询部。同年，中国国际信托投资公司成立，从此独立的信托公司正式登上我国的金融舞台。此后，全国信托公司一度发展到 1000 多家[1]。在我国信托业的 20 多年发展历程中，先后进行了五次清理整顿。2002 年底，被业内人士视为“推倒重来”的第五次信托整顿顺利结束，我国信托业进入了一个新的历史发展时期。

一、信托——“受人之托，代人理财”

（一）信托的产生与发展

1. 古罗马的“遗产信托”。信托思想（注意：不是制度）的萌芽，与遗嘱执行、遗产继承、遗产管理有着密切的关系。现存世界上考古发现的最早的遗嘱是公元前 2548 年一个埃及人立下的遗嘱，其中指定其妻继承财产并为其子指定了监护人。这其中就蕴涵着信托思想的萌芽。而作为现代信托制度的雏形——“遗产信托”，早在古罗马帝国时期（公元前 509～公元 476 年）就已经出现了。

---

[1] 巴曙松：“中国信托业走向何方?”，《中国审计》，2003 年 4 月。

在古罗马帝国前期,《罗马法》曾经规定:只有罗马市民才享有《罗马法》所赋予的权利;家主可用遗嘱指定遗产继承人,但要求继承人必须是罗马市民,非罗马市民不得成为遗产继承人。根据该法规定,如遗嘱人的妻子或子女为外来人或解放自由人,他们会被排斥于遗产继承权之外。到罗马帝国后期,《罗马法》明确规定:"在按遗嘱划分财产时,可以把遗产直接授予继承人,继承人无力或无权承受时,可按遗产信托制度的规定,把财产委托或转移给第三人代为处理。"古罗马的"遗产信托"已经初步具备了现代信托的特征,是现代信托的雏形。

关于这一点,目前存在很大的争议,比较普遍的不同观点主要是认为信托起源于英国的"尤斯制"。如有人认为"英国是信托业的鼻祖。信托在英国起源以后,一直稳步发展……"[1]"信托业起源于12世纪的英国,它随着西方国家市场经济的发展而不断演进、成熟、规范。"[2]我认为,古罗马帝国的"遗产信托"具备了信托行为的三个基本特性(参见随后的"信托内涵与职能"部分),因此,现代信托源自古罗马的"遗产信托"。

2. 英国的"尤斯制"。"尤斯制"又称"用益制"或"用益设计",是为了规避13世纪英国《普通法》的相关规定而产生的一种信托制度。"尤斯"(Use)一词由拉丁文"Opus"演变而来,原意为"为他人的利益而持有"。13世纪的英国,宗教盛行,民众大多为宗教信徒,他们为了表示对上帝的虔诚,纷纷立下遗嘱,表示要把自己生前所有的土地遗产捐赠给教会。依照当时英国的法律,王室无权对教会征收土地税。因此,教会拥有的土地不断增加,国家的税收却日益减少。13世纪末,为维护封建君主的利益,英国政府颁布

---

[1] 曾庆芬:"发达国家(或地区)信托业发展趋势及启示",《西南民族学院学报》(哲学社会科学版),2003年4月。

[2] 胡文强:"国外信托业发展对我国的启示",《新疆财经》,2003年第1期。

了《没收条例》,规定:凡赠教会土地者,必须经得君主的许可,否则没收土地。为规避《没收条例》对转移土地的限制,教徒们效仿古罗马的“遗产信托”制度,创设了“尤斯制”,既“用益设计”,其做法是:教徒生前立下遗嘱,先将土地赠与第三人(受托人),由第三人代为管理土地,最后将土地收益交于教会。土地不直接赠与教堂,教会名义上并无土地所有权,然而,教会成为实际收益人。通过这一做法,教徒们既表达了对教会的虔诚,又巧妙回避了《没收条例》的规定。

13世纪的英国《普通法》认为:所有人将财产转移给受托人后,受托人完全居于财产所有人的地位。受托人对财产的管理是否会如遗嘱设立时的那样,完全依赖于受托人的道德和良心,一旦受托人背信弃义,使受益人的利益遭受损害,则受益人无法通过《普通法》实现维护自身利益的目的。于是,人们直接请求政府给予利益保护。政府将此类事务交予衡平法院。衡平法院以公理和善良为原则来裁判:一方面,衡平法院确立受托人在《普通法》上的所有人地位;另一方面,又以正义与良心之名,使受托人切实为受益人的利益管理、分配财产,一旦受益人利益遭受损害,受益人可以依照衡平法院的程序寻求利益保护。

3.“双重用益”(Double Use)中的“Trust”。1535年,英国议会制定了一个新的法案——《用益权法》,该法案规定:土地的受益人同时也是法定的土地所有人。从而将受益人在衡平法上的受益权转化为法律上的所有权,剥夺受托人对于受让财产的任何权利。受益人成为《普通法》上的所有人,国家即可对其征税。

《用益权法》颁布后,由于衡平法院的保护,其并未获得普遍适用。首先,在受理信托纷争案件中,衡平法院利用《用益权法》本身的缺漏,将动产用益排除在该法之外,只适用不动产;其次,对不动产的“用益”分为完全保有土地(Free Hold Land)上的用益和其他不动产的用益,衡平法院将不动产的“用益”仅解释为完全保有土地上的用益，故将房舍、租借地等其他不动产排除在《用益权法》之外；再次，衡平法院将“Use”分为“积极用益”和“消极用益”两种。“积极用益”指受托人对于其受托的财产(地产)承担经营管理的积极义务，取得土地收益并将它转给委托人指定的受益人；“消极用益”指受托人对于其所受托的财产(地产)不承担经营管理的积极责任，这类“Use”的设立仅为逃避地产的封建义务和债权人的追索。衡平法院将“积极用益”排除在《用益权法》的适用范围之外。由此可见，衡平法院将《用益权法》的适用范围大大缩小。

随着斗争的继续，英国民间出现了“双重用益”(Double Use)。在“双层用益”设计中，土地所有人甲将土地转让给乙，转让的目的不是为乙的利益，而是为了丙的利益，这是第一层“用益”；而后，乙再将土地转让给丙，丙又为丁的利益而占有、使用土地，这是第二层“用益”。但是，《普通法》不承认“双重用益”，只能对第一层“用益”适用《用益权法》，根据《用益权法》丙成为普通法上的所有权人，而丁的“用益”则不受《普通法》的保护。于是，衡平法院再次介入，承认第二层“用益”，使丙成为受托人，同时又赋予丁在《衡平法》上的强制执行请求权。由此可知，“双层用益权”仅第一层“用益”受《用益权法》的约束，第二层“用益”被排除在《用益权法》适用范围之外。在“双重用益”中，衡平法院称第二层“用益”为“Trust”。Trust的原意即为信任、委托，即现代信托制度的信托一词。自《衡平法》确立信托观念以来，信托的基本制度得以不断完善，并在世界各国得以广泛传播。

4. 纵深拓展。信托在发展初期，主要应用于民间，如小额财产信托、遗嘱信托和监护信托等，其受托人一般是无偿的。随着世界经济的不断发展和多样化，信托这一民事制度逐渐染上了商业色彩，成为具有专业知识和理财经验的受托人追寻利润的工具，无偿的传统信托也逐渐转变为有偿的现代信托。到了今天，信托制度已经发展成为一项重要的财产管理制度，在经济生活中发挥着越来越重要的作用。

至20世纪初,英国财产的1/20已成为信托财产。英美法系的信托法案,主要是不成文的,但也制定和编写了一些成文法案、条例。如英国1893年的《受托人法》、1896年的《官设受托人法》、1906年的《公设受托人法》、1925年的《受托人管理条例》、1960年的《管理慈善事业信托条例》、1961年的《信托投资条例》等。20世纪以来,日本、韩国、法国等一些大陆法系国家,也都纷纷引进信托制度。大陆法系国家过去对信托制度一直未予承认,但随着日本对信托制度的成功运用,一些国家逐渐认同信托制度,并制定了一系列成文法律法规。如印度1882年的《信托法》、日本1921年的《信托法》、韩国1961年的《信托法》,以及我国台湾地区1996年的《信托法》等。

1979年,中国国际信托投资公司的成立,正式宣告我国开始引入信托制度。

(二) 信托内涵与职能

1. 信托内涵。从信托产生、发展的历史和功能看,其最基本的含义包括:(1)信托财产的转移,主要是所有权的转移,也可能是其他处分权,如在财产权上设定用益物权或担保物权;(2)受托人对信托财产的管理、处分。这都是信托的本质内涵,可以说,二者缺一都不能称其为信托。因此,日本《信托法》第1条明确指出:"本法所称信托,是指办理财产权的转移或其他处理,使他人遵从一定的目的,对其财产加以管理或处理。"《中华人民共和国信托法》第2条规定:"本法所称信托,是指委托人基于对受托人的信任,将其财产权委托给受托人,由受托人按委托人的意愿,以自己的名义,为受益人的利益或者特定目的进行管理或者处分的行为。"中、日两国关于信托的司法规定,从以下五方面对信托进行了界定:(1)信托是由受托人对信托财产进行管理的一种制度;(2)委托人基于信任而将信托财产交付给受托人进行管理或处分,这是信托设立的基础；(3)受托人拥有按信托协议的约定、以自己的名义管理、运用和处置信托财产的权利，同时负有与之对应的义务；(4)因管理、处置信托财产而产生的与第三人之间的权利、义务，归属于受托人，而不直接归属于委托人或者受益人；(5)受托人虽然取得了信托财产的管理权，但是，受益人却享有信托财产的受益权，因此，必须严格按信托协议的目标去进行。以上五方面完整、清晰地表现了信托“受人之托，代人理财”的基本内涵。

因此，所谓信托，是指财产的所有者为了达到一定目的，通过订立协议将其财产委托给信托机构全权经营、管理和处理的经济行为。

在我国，诸葛亮接受刘备托孤可算是著名的遗嘱托孤案例。“先帝知臣谨慎，故临崩寄臣以大事也。受命以来，夙夜忧虑，恐付托不效，以伤先帝之明；故五月渡泸，深入不毛。今南方已定，甲兵已足，当奖帅三军，北定中原，庶竭驽钝，攘除奸凶，兴复汉室，还于旧都。此臣所以报先帝而忠陛下之职分也。”[1]这里所托付的一种政权，与平常的“受人之托，代人理财”不同的是，诸葛亮是“受人之托，代人治国”。治国的意义远比理财要广泛得多，因为政权的内容就包括财产权。因此，从广义上说，刘备托孤诸葛亮也是一种信托行为。

严格来讲，信托行为必须具备三个条件：(1)合法性。信托目的是信托行为成立的依据。例如，以委托运用资产，谋取资产增值为目的；以保管财产，使财产不受损失为目的；以委托代销商品，处分财产为目的等。这些行为的目的必须合法，并可能实现，否则不能确认信托行为的成立。(2)转移性。信托行为的权利要以财产为中心，不仅是因为财产是信托的标的物，还因为它的所有权可以转移。信托当事人的一方(委托人)为自己或他人的利益提出意见

---

[1] 诸葛亮：《前出师表》，载《三国演义》第91回。

表示,为实现某种既定的目的,就得把信托财产的产权转移给另一方(受托人),受托人同意依照一定目的为其管理或处分这些财产。没有财产所有权的转移,信托行为不能成立。(3)可信性。信托作为一种代人理财的财产管理制度,其确立必须以当事人之间相互信任为基础。如果委托人和受益人对受托人不信任,或者受托人不能忠实履行其管理财产的职责,信托行为难以发生。即使发生信托行为,因存在不信任,甚至带有欺骗性,在法律上仍难以确认其有效。

联结信托关系各方的当事人总称为信托关系人,包括委托人、受托人和受益人。自然人和法人都可以成为信托关系人。信托关系是指信托行为为基础形成的信托财产为中心的经济社会当事人之间特定的法律关系。信托关系与信托行为的存在完全一致,只要有信托行为发生,必然有信托关系存在。信托关系贯穿于心理、法律、经济和社会的各个方面。在心理上,委托人与受托人之间具有信任感才能形成信托关系;在法律上,委托人为了自己或第三者的利益将信托财产转移给受托人,并通过信托合同对信托财产的转移作一定的限制;在经济上,委托人通过设定信托,以达到为指定人谋利益的经济目的;在社会关系上,信托是一种代办关系。

2. 信托职能。信托主要有财务管理、资金融通、信用服务职能。(1)财务管理职能。资金信托的财务管理职能表现为信托机构为委托人代为管理货币资金。信托关系建立后,尽管信托机构必须按照委托人的要求运用财产,但在应用过程中,无论信托贷款还是委托贷款,使信托财产增值或不受损失应当采取的财务措施则是由信托机构自身确定的。(2)资金融通职能。资金信托是一种信用形式,信用形式必然具有融通资金的职能,与银行信用相比资金信托还具有长期、稳定的特点。首先,资金信托直接表现为货币资金的融通,信托机构取得信托资金后无论用于贷款、投资还是购买有价证券,都发挥着融资的作用;其次,从安全性目的出发,信托资金来源一般与资金运用相对应,长期性资金来源决定其融通长期资金的特殊作用;再次,信托关系的受益权可以通过买卖"收益证券"的方式进行转让,这样受益权的流通转让产生了资金融通的职能。(3)信用服务职能。随着经济活动的多样化,各经济主体要求金融业提供多样化、多层次、多方位的金融服务。资金信托可弥补银行信用垂直管理的不足,发挥跨地区、跨部门调剂资金余缺,沟通经济联系的作用。使不同地区和部门优势互补,从而使整个国民经济在信用的链条上紧密地联系起来。

(三) 信托类型

信托业务主要分为:资金信托、动产和不动产信托(Personal Property & Real Estate Trust)。美国信托业权威斯考特说:"信托的应用范围可与人类的想像力相媲美。"

1. 资金信托。资金信托是指信托双方以货币资金为信托财产建立起来的,信托终止时以货币资金支付给受益人的信托方式。拥有货币资金的法人或者自然人为了更好地运用和管理自己的资金,获得较好的经济效益,或者为了达到其他经济目的,委托信托机构代为运用、管理和处理受托的货币资金。受托人通常为信托公司或银行的信托部门,它们受理这些业务后,收取相应手续费和代理费。

根据信托资金的运动方式和目的不同,资金信托可分为普通资金信托和特定资金信托两种形式。普通资金信托是指委托人将资金存入信托部门,不指定资金的运用范围和形式,信托部门接受了存款后根据自己的经验和判断运用资金,并负责还本付息的信托;特定资金信托是委托人将资金存入信托部门后指定了存款运用的范围和具体对象,信托部门必须按照委托人发出的运用指示处理资金,并将有关信息反馈给委托人,其本身则无决策的权力。

融资性资金信托是最典型的资金信托业务。一方面委托人将货币资金以信托存款和委托存款的方式存入信托机构;另一方面,信托机构作为受托人按照其经验或委托人的指示，对信托资金进行运用，并将所得收益交付受益人，由此信托方式带有很明显的融资性功能。它包括信托存款、信托贷款和委托贷款三种形式。

投资性资金信托是指信托机构运用信托资金对工商企业和某些项目进行投资。根据投资对象确定的方式不同，划分为信托投资和委托投资。

基金性资金信托是指以基金形式的货币资金为标的物的资金信托，包括劳保基金信托、各种学会基金信托、科研基金信托等。劳保基金信托是指以管理劳保基金为目的而设定的信托业务。信托机构受工商企业等机构的委托，筹集和管理退休基金，并用所得收益支付退休职工的生活费。这是一种在西方国家较为常见的信托。它使得公司职员的生活有了保障，能更好地为公司服务，也减少了社会经济负担。学会基金信托和科研基金信托是由某种社会、科研主管部门或企事业单位将筹集的专用基金委托信托机构管理和运用，并将收益用于促进某种学科的建设或某种专门领域的科研活动的信托。这种信托的建立，是对科技进步的一种金融支持，它有效地利用信托机构解决了科研工作者在资金安排使用上的麻烦。

2. 动产和不动产信托。动产信托包括车辆、船舶等运输工具和其他机械设备的信托。其基本原理是由动产所有者作为委托人与信托银行（受托人）和用户（设备购买者或使用者）三方签订基本协议。动产所有者与信托银行办理设备信托，银行发给动产所有者受益权证书，并将设备出租给用户或将设备以分期付款的形式出售给用户。不动产信托包括代理收取地租、房租的管理信托、卖掉房屋的出卖信托以及利用信托建造房屋等形式的信托。其具体操作过程是：委托人从土地所有者那里承接土地的信托，并通过外部筹集资金，以该信托财产贷款建房，然后再出租建好的住房，从租金中扣除利息和其他费用后，再将盈余付给土地所有者。

动产信托是以动产为标的物的信托。动产是指能自由移动而不改变性质、形状的财产，如交通工具、设备、原材料等。动产信托是属于财产信托的一种。动产信托的方式一般可分为管理处理方式、处理方式和管理方式3种：(1)管理处理方式的动产信托。在这种信托中，受托人在一个信托协议下承担对信托财产进行管理和处理两项任务。如某项动产的所有者和信托机构、设备用户签订信托协议。设备所有权转移给信托机构，由信托机构出租给用户使用，信托期满再出售给用户。在信托期间，信托机构在一个信托协议项下，先后承担了管理性的代出租和处理性的代出售两项业务。(2)处理方式的动产信托。在设立信托时，动产所有者把设备所有权转移给信托机构，由信托机构代为出售给设备用户，设备用户向信托机构分期支付贷款和利息。(3)管理方式的动产信托。动产所有者在信托期间根据信托契约把动产所有权转移给信托机构，由信托机构受托出租给用户使用，并向用户逐次收取租金直至收回设备全部价值，信托期满收回设备。

不动产信托是指以不动产作为信托标的物设立的信托方式。不动产是指不能移动或移动后会引起性质、形状改变的财产，如土地、房屋及附着在土地、房屋上的不可分离部分。委托人将不动产的产权转移给信托机构，信托机构作为受托人按照信托契约的规定对不动产进行保管、管理和处理。不动产信托业务包括：房产信托、不动产保管信托、房地产出租管理信托、土地执业信托等。

二、美、日信托运营分析

（一）美国信托运营分析

在美国，信托观念已经深入人心，例如，证券投资信托就已经成为美国证券市场的主要机构投资者。据统计，1981年9月，作为其主要形式的开放型投资公司的基金总数已经超过1505个，资产净额为1661.7亿美元；到1992年初，全美中等规模以上的投资基金已近3000家，资产净值超过14000亿美元[1]。

从目前现状看，美国的信托业务，按委托人法律上的性质分为三类：个人信托、法人信托、个人和法人混合信托。个人信托包括生前信托和身后信托两种，委托信托机构代为处理其财产上的事务和死后一切事务，具体包括：受托管理财产、受托处理财产、指定充当监护人或管理人以及私人代理账户。法人信托主要是代理企业和事业单位发行股票和债券（如发行公司债券信托），进行财产管理（如商务管理信托），代办公司的设立、改组、合并及清理手续等业务。个人和法人混合信托有职工持股信托、年金信托、公益金信托等（见表7－1）。

表7－1　美国信托业经营的主要项目

<table>
<tr><th colspan="2">信托类型</th><th>品　种</th></tr>
<tr><td colspan="2">个人信托</td><td>生前信托、遗嘱信托</td></tr>
<tr><td colspan="2">法人信托</td><td>有担保债券信托、无担保债券信托、
设备信托、建设公债信托</td></tr>
<tr><td rowspan="2">个人与法人混合信托</td><td>职工福利信托</td><td>年金信托、员工分红信托、节约储蓄计划信托、员工入股信托、个人退休账户转账信托</td></tr>
<tr><td>公益信托</td><td>余存财产之公益信托、主导公益信托、集合运用收益基金</td></tr>
</table>

另外，美国还开发了许多新型的信托投资工具，比如MMMF（货币市场互助基金）、CMA（现金管理账户）、MTF（共同信托基金）、融资租赁业务以及把信托资金投资于CD（大额存单）、CP（商业汇票）和TB（国库券）等短期资金市场等。伴随新技术革命的

---

[1] 马亚明：《发达国家信托业发展及其对我国的借鉴和启示》，http://sohu.com，2004年9月2日。

到来，美国的信托业为适应市场的变化和满足投资者对资金运用的选择要求，其业务项目还在不断拓展。

美国信托运营呈现以下特征：

1. 快速发展。18世纪末，美国从英国引进民事信托。随着美国的开发和市场的迅速扩张，源于荷兰的股份公司制度在美国也得到了充分发展，因此，以盈利为目的的金融信托公司和银行信托部应运而生。美国最早完成了由个人信托向法人信托的过渡及民事信托向金融信托的创新。第二次世界大战后，美国经济实力大大增强，股票、债券等有价证券大量涌现，社会财富由土地、商品等实物向有价证券的形态转化，这一时期逐渐形成了保险业务和信托业务兼营的信托公司和专业信托公司，有价证券逐步代替实物而成为信托的主要标的物，信托公司完全具备了金融机构的性质，金融信托业务由此完全形成。

19世纪末到20世纪90年代是美国现代信托业得到迅速发展的时期，全国约有30%的银行设立有信托部，即全美14000多家银行中约有4000家银行设有信托部。美国金融信托业务基本为美国商业银行特别是大商业银行所垄断，由其信托部兼营，信托业务实行单独管理、分别核算，严格信托从业人员的资格管理。1970年底，美国的信托财产总计2885亿美元；1980年底，增长了约1倍，达5712亿美元。20世纪80年代后，由于储蓄机构被准许开办信托业，管理公司型的"投资信托"迅速发展，美国信托资产总量也快速增加。20世纪90年代以后，信托业增长依然十分迅速，集中了美国大量信托资产的商业银行，其信托收入的增长十分迅猛：1991年美国商业银行的信托业务收入为94.99亿美元，2000年达到222.13亿美元，10年中增长了1.34倍。

2. 覆盖面广。美国的信托业务按法律上的性质分为三类：个人信托、法人信托、个人和法人通有信托。个人信托又包括生前信托和生后信托。个人的生前信托是指委托人生前委托信托机构代为处理财产的信托；生后信托（或遗嘱信托）则是指委托人委托信托机构在委托人死后，代为处理其财产的信托，例如，按照委托人的遗嘱分配遗产、处理债权债务、代理继承人管理继承的财产、对未成年子女的监护、代理领取和处理人寿保险赔款等。

美国信托业承担了服务领域日益广泛的金融职能。在传统的代理证券业务、基金业务、代收款项业务的基础上，美国的信托机构将有关的金融服务推广到纳税、保险、保管、租赁、期货、会计经纪人及投资咨询服务等其他金融领域，使信托进入社会各个方面。信托机构和信托业务日益国际化。花旗集团在亚太地区的 20 个国家和地区建立了分支机构，涵盖东亚、东南亚、南亚（不含巴基斯坦）和南太平洋等地区，不仅为客户提供银行服务，还提供投资信托、年金以及保险类服务。1984 年，美国与日本达成协议，日本向美国及其他西方国家银行开放日本的信托市场。随后不久，美国摩根银行、纽约化学银行、花旗银行等被批准在日本开展信托业务。与此同时，美国等西方国家也向日本的银行开放其国内信托市场，使得日本的信托银行纷纷进入欧美国家，促进了日本和欧美国家信托业的交流和发展。

3. 有价证券业务信托开展普遍。这是美国金融信托业务发展中的一个显著特点。在美国，几乎各种信托机构都办理证券信托业务，既为证券发行人服务，也为证券购买人或持有人服务。特别是商务管理信托（亦称“表决权信托”），代理股东执行股东的职能，并在董事会中占有董事的地位，从而参与控制企业。南北战争结束后，美国兴起建设的热潮，筑铁路、开矿山的公司纷纷成立，所需的巨额资金大部分通过发行股票和公司债券来筹集。于是有价证券逐渐取代了原来以土地为主的信托对象。产业资本的发展，社会上大批富人涌现，股票和公司债券发行量也日渐增多，客观上需要有更多的代理经营机构。信托公司不断增加，并扩大以社团法人为对象，为生产企业代办有价证券的发行、流通以及付息还本等业务。金融信托和个人民事信托的内容日益丰富，许多大商业银行也纷纷成立信托部参与经营。直到现在，美国信托业仍是以有价证券为主要信托对象，1990 年全美信托财产中，仅普通股票投资比重就达 48%，企业债券比重 21%，国债和地方政府债券比重 18%，其他信托财产比重 13%左右。

4. 信托业财产高度集中。第二次世界大战至今，美国信托业基本上已被商业银行尤其是大商业银行所设立的信托部所垄断，专业信托公司很少。由于大银行资金实力雄厚，社会信誉良好，而且可以为公众提供综合性金融服务，竞争的结果是，社会信托财产大部分集中到大银行手中。目前，位居美国前 100 名的大银行管理的信托财产占全美国信托财产的 80%左右，处于无可争议的垄断地位。举例来讲，银行家信托公司是摩根财团的金融支柱之一，有分支机构约 100 家，其资产额达 426.7 亿美元；摩根保证信托公司主要经营各种有价证券、用持股的方式参与公司董事会，控制了许多大企业和其他金融组织；制造商汉诺威信托银行除从事投资业务和信托业务外，还通过信托部控制了许多公司的股票；芝加哥大陆伊利诺斯国民银行和信托公司资产总额达到 423 亿美元；还有美洲国民信托储蓄银行等，都拥有一般商业银行难以匹敌的巨额信托财产。

（二）日本信托运营分析

20 世纪 90 年代以来，随着泡沫经济的破灭，日本各信托公司的资产严重缩水，大量的不良债券及停滞不前的日本经济使各信托公司同其他金融机构一样陷入了前所未有的困境。与此同时，欧美原有的银行、信托混合经营制度以及 1998 年美国对 G 法案的废止，使许多西方金融机构成为真正意义上的“金融百货公司”。日本金融机构的国际竞争力因此受到了严重的挑战。在内忧外患的情况下，日本的信托、银行、证券、保险等金融机构被迫走上合并重组之路。例如，1999 年，排名第三的三井信托与排名第六的中央信托合并。2000年4月,三菱信托、日本信托和东京三菱银行决定实行联合经营。

目前,日本信托业的主力是信托银行,信托银行主要从事以下各类信托业务:(1)金钱信托;(2)贷款信托;(3)养老金信托;(4)财产形成信托;(5)证券投资信托;(6)金钱信托以外的钱财信托;(7)有价证券信托;(8)金钱债权信托;(9)动产、不动产信托;(10)土地信托;(11)公益信托;(12)特定赠与信托;(13)遗嘱信托;(14)其他。除以上信托业务外,日本信托银行还从事不动产、证券代理、遗嘱执行等中间业务。随着全球经济金融自由化、国际化的不断发展,日本信托银行业务日趋多元化、专业化,新的金融工具正不断地被开发和使用,以促进日本经济的发展。到1997年为止,日本信托银行受托的信托财产总额达231万亿日元,其构成如表7-2所示。

表7-2 日本信托银行受托财产构成 [1]

金钱信托	贷款信托	养老金信托	证券投资信托	其他钱财信托	其他	合计
70	40.4	31.2	45.9	20.3	23.1	231
30.3%	17.5%	13.0%	19.9%	8.8%	10%	100%

近年来,以上各类信托品种所占比例呈以下变化趋势:(1)金钱信托与证券投资信托所占比例相对稳定;(2)养老金信托与其他所占比例呈逐年增长趋势;(3)贷款信托与其他钱财信托所占比例呈逐年下滑趋势。

日本信托运营呈现以下特点:

1. 创新性强。日本在金融信托业务发展上比较重视结合国

[1] 日本信托业1997年数据。

情予以创新，各信托银行积极开发、扩充新业务，以增加其竞争能力。20世纪60～70年代，是日本经济高涨的年代，经济高涨，长期投资是一项重要前提。七家信托银行大力开展社会调查，不断开拓适合日本国情的信托业务，为日本经济建设提供了大量的长期资金。日本人家庭观念很强，若发生孩子年幼而父亲去世留下财产的情况，习惯由本家族中有才干的亲戚理财，一般不愿委托他人代管。故日本金融信托业务很早就开始大力发展金钱信托。此外，还发展财产形成信托、年金信托、职工持股信托、特定赠与信托等，这使得日本的信托业形成了范围广、种类多、方式灵活、经营活跃的特点。日本金融信托业务创新性极强，金融创新给委托人、受托人都带来了巨大的福利增进，以公益信托和证券投资信托为例，足以说明这一点。公益信托(Public Welfare Fund Trust)是一种将个人或团体捐赠或筹集的基金用于公益事业为目的的信托。其基本原理是：捐款人(委托人)将信托财产交给信托部门并签订协议，由信托银行(受托人)将委托资金代为运用生息，最后根据委托人指示将收益支付给受益人。证券投资信托(Portfolio Investments Trust)是指由银行作为受托人，代替个人、企业和团体进行证券投资的信托业务。其操作原理是：证券投资信托公司接受投资者的申请，作为委托人向信托银行或投资公司办理投资信托事宜，签订协议，交付信托款项；银行作为受托人按委托人的要求经营投资；投资者(受益人)凭受益权证书获取投资收益。证券投资信托的优点是：(1)优化投资组合，银行作为受托人通过多种形式的股票和债券投资，既确保收益的相对稳定性，又分散投资风险；(2)投资者的资产具有较高的流动性，因为受益权证书可以在二级市场上流通转让。证券投资信托主要包括股票投资信托、企业债券投资信托和国债投资信托三种形式。

2. 政府支持、发展迅猛。20世纪初，是日本近代产业蓬勃发展的黄金时期，从欧美国家引入先进技术的同时，日本也从美国引入了信用制度。为了解决厂商所面临的资本稀缺问题,日本首先引进了信托业务。信托业发展初期,业务规模迅速扩大。信托业迅猛发展的同时,也伴随着一系列亟待解决问题的产生,但是,日本信托业克服了种种困难,总体上保持了快速增长的势头。1945年以后,日本经济萧条,并且1948年通过的《证券交易法》规定信托投资公司不再被允许办理除国债、地方债和政府担保债以外的其他证券业务,使信托投资公司的经营陷入困境。为了帮助信托投资公司从困境中摆脱出来,日本政府允许信托公司兼营银行业务。为了避开《信托业法》中信托公司不能兼营银行业务的规定,信托投资公司先从形式上转化为"银行",再根据1943年通过的《关于普通银行兼营信托业务的法律》兼营信托业务。从20世纪70年代后半期开始,日本进入"信托时代"。与西方(地理层面概念)发达国家相比,日本现代信托业起步较晚,但是,日本现在已经成为世界上信托业最发达的国家之一。

日本的信托银行机构遍布全国各主要城市和地区,为适应各地的需要而提供高质量的综合性金融服务,从而发展迅速。到1993年9月末,日本信托银行机构已达405个,其中包括在我国的机构14个。截至1994年底,在海外的分行有64家,海外办事处43家,当地法人机构57家。到1995年3月,仅日本国内信托银行的机构网点数就已达588家。

3. 法制化运营。日本信托银行开展每一项信托业务都有法律依据。信托银行从开业到经营都要严格遵循法律条款,同时其权利也受到法律的保护。而且每一项有关信托业务的法律都在不断地更新,以适应新的金融形势。日本政府1922年颁布《信托法》和《信托业法》,1928年颁布《银行法》,1962年颁布《法人税法》,1965年颁布《福利养老金法》,1971年颁布《促进劳动者财产形成法》,等等。目前,日本信托业的法规体系主要由《信托法》、《信托业法》、《兼营法》、《担保公司债信托法》、《贷款信托法》和《证券投资信托法》等组成。其中最基本的是《信托法》，它是关于信托的一般法规。《信托业法》、《兼营法》和《担保公司债信托法》是与经营信托相关的法律，是相对于《信托法》的具体化和延伸。《贷款信托法》、《证券投资信托法》又是相对《信托业法》、《兼营法》的具体化和延伸。

总之，日本信托业有较全面的法律作为基础，对信托业实施集中监管。信托机构的开业、合并、变更业务种类和经营方法、设立分支机构等，都需要经过大藏省批准。

4. 信托品种丰富。日本的信托业务主要集中于七家大信托银行，它们分别是三菱、三井、住友、安田、东洋、中央和日本信托银行。从 20 世纪 50 年代开始，信托银行积极发展，扩充新业务以增强竞争力，一时间产生了许多信托产品。到 20 世纪 70 年代末 80 年代初，已基本形成了一个比较健全的信托体系。日本信托银行的业务主要分为信托业务、兼营业务和银行业务三大类。其中信托业务是信托银行的主业，约占其业务量的 80%以上。信托业务本身又分为金钱信托和非金钱信托。金钱信托主要包括：(1)贷款信托。1952 年，新颁布的《贷款信托法》创立的贷款信托业务，是信托银行履行其长期融资机构职能的基本业务。(2)年金信托。年金信托不仅为长期建设筹集了稳定的资金，而且还完善了社会保障体系。(3)财产形成信托。财产形成信托为改善劳动者生活水平、提高劳动者生活质量起到了重要作用。其他还包括证券投资信托、有价证券信托和金钱债权信托等。非金钱的信托主要包括动产信托、不动产信托、担保公司债信托、公益信托、特定赠与信托和遗嘱信托。信托银行的兼营业务，主要是不动产买卖和租赁的媒介、不动产鉴定与评价、证券代办业务、投资管理和投资咨询等业务。而信托银行的银行业务内容和普通银行一样，经办存款、贷款、国内汇兑、国际业务及《银行法》规定可以办理的附带业务。

三、我国信托业发展策略研究

（一）我国信托业现状

我国信托业规模较小，但近年来发展势头良好，特别是2002年我国颁布《中华人民共和国信托法》以来，我国信托业基本结束了数年的清理整顿，步入了规范发展、快速发展的新时期。《中华人民共和国信托法》的实施，使得信托金融机构的发展具备了制度上的保证，促使信托业取得迅猛发展。截至2003年底，全国共有41家信托金融机构推出了近200项资金信托计划，累计融资总额达162亿元（如图7-1所示）。信托计划所运用的领域也得到极大的拓展。除了传统的基础建设项目和房地产项目开发的资金运用以外，在证券投资、资本运作、企业融资以及外汇投融资等各个领域，信托业均推出了新产品。信托运用领域的扩张以及运用方式的差异，充分说明信托金融机构作为市场主体，基本上能够敏锐地把握住近年来出现的经济环境和政策变化的机会，创造性地推出了不同类型的信托产品，以满足市场的潜在需求。这一过程中，信托业过去不够规范的负面形象得以改良，信托产品所具有的优越特性也越来越得到社会各方的认可。

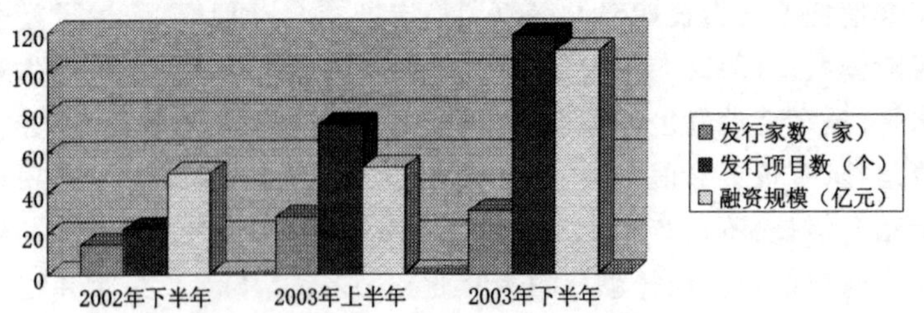

图7-1　2002年7月至2003年12月信托产品发行规模

资料来源：孟辉：《创新——信托业发展的原动力》，2003年。

截至2004年初，全国已经完成重新登记的信托公司达55家，其中实收资本规模最低为3亿元人民币，超过10亿元人民币的共

12 家，占 22%，最高达 25 亿元人民币。一个较为完整的、全新的信托业格局已然形成。

伴随 2003 年各家信托公司回归信托业务，不断开展和推出创新业务，各信托公司之间的差距逐渐显现，分化趋势开始形成，主要表现在以下方面：(1)核心盈利模式。对一部分信托公司而言，成熟的核心盈利模式和有效的盈利手段仍处在探索阶段，盈利手段和业务模式基本被短期利益所驱使，缺乏成熟、系统的展业体系。与此同时，一些信托公司由于基础较好，起步较高，通过近年的摸索和完善，已经初步形成符合自身特点和信托特色的信托投资业务体系，企业核心竞争力基本形成。(2)整体资产质量。经过重新登记后的信托公司，资产质量大多得到不同程度的提高。一些信托金融机构通过调整结构、清理消化和扩大盈利规模，使整体资产质量得以根本性提升，为其实现可持续发展奠定了较为坚实的基础。然而，一部分信托机构在近年的业务开展中，不但原有的不良资产没有减少，还迅速形成新的不良资产，各类资产安全性方面的潜在风险不断积累，甚至个别信托机构因违法违规和管理不善，遭到暂停集合资金业务等处理。

近年来，我国信托业充分实现了其创新潜力。从房地产信托到 MBO 信托，从外汇信托到法人股信托，一个个收益和风险特征各异的信托产品不断地推出。从产品设计上打破传统模式，先后出现开放式信托、“伞型”信托、产权租赁信托、贷款加股权等不同模式；从投资方向上，信托产品已经涉及房地产、教育、资本市场、上市公司、银行信贷资产、银行票据资产等众多领域；在竞争和合作共同力量的推动下，信托机构从银行、券商、保险、基金管理公司、租赁公司等金融机构的合作中获得灵感，逐渐在金融市场上站稳脚跟。例如，推出了停缓建工程信托，即“烂尾楼”信托。“烂尾楼”由于其债权复杂、产权不清、管理混乱等一系列问题以及先天的某些不足，一度成为房地产投资的“死结”。2003 年，衡平信托

“精图大厦”“烂尾楼”信托一经面世，便以其独特的破产隔离机制成为撬动“烂尾楼”财富的一个支点。该信托计划经过精心的设计，理顺原开发商与债权人之间的债权债务关系，信托公司以受托人身份接受“烂尾楼”作为信托财产，以集合资金信托方式筹集续建资金并以售楼后的收入兑现投资人本金和收益，真正实现了投资人、开发商、债权人、信托机构、市容市貌等多方利益的“多赢”。

表 7-3　2003 年信托资金运用分布表(按融资规模)

运用领域	占比(%)	运用领域	占比(%)
基础设施	27.37	政策性房地产	7.34
商品房开发	17.78	公用事业	6.04
企业融资	15.51	贷款转让	1.25
资本运作	13.35	外汇融资	0.93
证券投资	10.05	其他	0.38

资料来源：李扬主编《中国金融发展报告》，社科文献出版社，2004 年 10 月第 1 版。

（二）发展策略

1. 发展适合我国的信托模式。每个国家的国情不同，信托模式也不应雷同。美国的信托模式主要是证券信托，英国主要是民事信托，日本主要是金钱信托，每种模式都与它们的国情分不开。

英国大部分信托由个人承办，所以英国的信托以民事为主，这与其历史传统和风俗习惯相联系。首先，英国曾经是一个老牌的资本主义国家，拥有殖民地较多，因此，英国人的财产一般以不动产表示；其次，英国人一般比较保守，不同于日本和美国，他们不愿意把财产进行较高风险的证券信托和金钱信托；再者，英国的证券市场和资本市场也不如日、美活跃，没有形成证券信托和金钱信托的市场氛围。因此，从某种意义上说，英国的信托功能实际上就是财务管理。

日本居民的财产以货币形态为主，证券及其他资产相对较少，并且没有把其他财产交给别人管理的习惯，信托经营机构经营的主要对象只能是货币形态的金钱信托；其次，金钱信托的收益比商业银行的利息要高，对委托者很有吸引力；再者，这种以长期(3～5年)形式存在的金钱信托又通过贷款信托这种方式运用于国家的基础产业项目，适应了日本国民经济发展的需要，所以，日本的金钱信托业逐渐发展壮大起来。日本在移植信托过程中，不完全照搬英国以民事信托为主的模式，针对日本国情推出了“年金信托”、“财产资金信托”、“贷款信托”等新品种。从性质上讲，信托财产所生利益及风险完全由受益人承担，然而，日本作了特殊规定：在运用不特定的金钱信托时，委托人和受托人可以缔结补偿本金与补足收益的条款；否则信托公司将负责补偿本金损失或补足最低收益。

由于经济的全球化和美国经济的证券化，并且美国经济高速发展，使美国积累了巨额的信托财产，同时，发达的资本市场和相对成熟、完善的法制环境为美国的开展证券信托提供了依据和空间，从而使得证券信托在美国迅速发展起来。美国引进信托后，为适应市场的变化和满足投资者对金钱运用的选择，开发了许多新型的货币市场互助基金工具，如货币市场互助基金(MMMF)、共同信托基金(MTF)、融资租赁业务等。

20世纪末，我国的资本市场飞速发展，人们的金融意识日渐增强，资产证券化必将成为发展趋势，因此，证券信托将成为我国信托业重要的利润增长点。随着证券市场的发展壮大，证券投资信托业务的需求会越来越大，信托业可以在证券品种交易、证券品种抵押等方面对信托业务进行创新，以满足投资者这方面的需求。我国信托机构还可以开展与证券投资基金相关的业务。近年来，在国民经济迅猛发展、经济结构调整加快和金融服务需求多元化的背景下，我国投资基金发展迅速。信托业应抓住机遇，根据《信托投资公司管理办法》有关条例的规定，开展证券投资基金、风险基金以及产业投资基金的设立、管理和托管业务。同时，随着国有企业改革的进一步深化，一系列配套改革也必须继续跟进，包括住房制度、医疗制度和社会保障制度的改革。所以，为了适应住房制度、医疗制度和社会保障制度改革的需要，以及为个人投资者提供一个缓冲机制，信托业应该开展一些与这方面相关的业务，如年金信托、财产形成信托、财产形成给付金信托、财产形成基金信托等。当前，我国可以推出大量的诸如集合资金信托、社会保障基金信托、地产基建定向资金信托、房地产按揭贷款权益信托等适应我国当前国情的信托产品。

自 2002 年 7 月《信托投资公司资金信托管理办法》实施以来，截至 2003 年初，我国累计发放了 57 个信托产品，其中，募集资金投向房地产业的集合类资金信托品种高达 19 只，累计募集资金 27 亿多元。据统计，19 只地产类投资信托产品信托期都在 3 年以内，收益率最高的达到 8.4％，而预期收益率在 4％以上的信托产品达到 16 只，预期收益率最低也达到 3％，高于银行同期存款利率、国债投资收益率和企业债投资收益率，对民间资金具有较大诱惑力[1]。相对银行贷款而言，房地产信托计划具有明显的融资优势：(1)募集资金灵活方便。由于国内银行监管十分严格，项目审批手续烦琐且监管效率低下，特别是由于房地产开发周期长，投融资项目规模大，因此，经常会出现无法及时满足项目方资金需求的情况。发行集合资金信托品种，根据中国人民银行有关规定，只要信托投资公司认可，无需报中国人民银行批准，只要项目需要，随时可在市场上发行集合资金信托品种，并且募集的资金量不受任何限制。(2)资金利率可灵活调整。随着金融市场度的提高，资金利率随市场情况而波动，在贷款时已签订有关合同，银行利率无法

[1] 徐崇高："我国不动产信托的理论与实践"，《上海金融》，2003 年第 7 期。

随意更改，当国家利率出现变动时，有可能导致项目方财务费用增加。发行集合资金信托可根据一定阶段市场资金利率的平均水平制定利率，灵活性更高。(3)鼓励多渠道筹集资金。通过发行集合资金信托，可以拓展投资渠道，改善融资环境，促进金融产品创新，降低银行系统风险。(4)可以降低房地产开发公司整体融资成本，节约财务费用，而且期限弹性较大，有利于房地产公司持续发展。

对于信托机构而言，我国信托金融机构应根据自身特点，突出自身比较优势。专业信托公司只有注重品牌建设，突出自身比较优势，以其灵活多样的个性化服务才能赢得一席市场。经过第五次清理整顿，我国信托公司基本形成两种类型：一是注册资金数十亿的国家级信托投资公司，如中国国际信托投资公司。这些公司以其几十亿注册资本、几百甚至上千亿资产的雄厚实力为后盾，在发展综合业务，形成金融、投资、贸易、服务于一体，功能相对全面、门类比较齐全的"综合超市"，为客户提供"一站式"服务方面具有一定优势。二是注册资金较少，资本实力稍差的中小型信托投资公司。我国相当一部分信托投资公司属于后者。这些公司必须更加注重品牌建设，形成自己的专业特长和比较优势，为客户提供"量体裁衣"式的个性化服务。如选择以证券投资为主，为客户提供资金信托服务，或者从事中介、代理和投资银行等业务。

2. 完善信托立法，强化监管。从发达国家信托业发展的过程看，完善的立法是信托业健康发展的基础。例如，英国 1893 年通过了第一部信托成文法《受托人法》，随后相继颁布了 1906 年的《公共受托人法》、1954 年《公益信托确认法》、1959 年《信托变更法》、1971 年《国家信托法》、1987 年《公益信托承认法》等 10 多部法律。美国相当多的州已颁布了全面调节信托关系的信托法典，国会也相继颁布了《信托公司储备法》、《信托契约法》等四部成文信托法，而且美国法律协会在 1935 年出版了《美国信托法重述》，成为美国信托活动的法律指南。由此可见，信托业发达国家的信托发展史实质上也是一部信托法的发展史，在这些国家中，信托法颁布得越早、越及时，其正面影响越大，该国的信托业就发展得越快。可以说，法律的健全是信托业务健康发展的基础。

我国已经颁布了《中华人民共和国信托法》、《信托投资公司管理办法》和《资金信托管理办法》，尤其是《中华人民共和国信托法》的颁布，标志着我国信托业进入了一个新的发展时期，但是，由于这些法律、法规的某些条文在措辞上不够明确，容易使人产生歧义，这些法律、法规在贯彻实施过程中出现了各种需要作出解释的情况。所以，迫切需要《中华人民共和国信托法》司法解释的出台。例如，国际通行的信托制度是建立在信托财产所有权转移基础上的，并由此形成信托最根本的法律原则，即“信托财产的所有权与利益相分离”原则。《中华人民共和国信托法》第 2 条只是使用了“委托给”三个字，致使不少人望文生义地认为，我国信托制度并不需要建立在财产权转移的基础上，只要有委托的意思表示就可以。因此，需要司法解释的出台，将《信托法》第 2 条中所用“委托给”解释为“委托＋给”，“委托”是设立信托的意思表示行为，“给”是将信托财产所有权转移给受托人的行为。《中华人民共和国信托法》第 10 条第 1 款规定：“设立信托，对于信托财产，有关法律、行政法规规定应当办理登记手续的，应当依法办理信托登记。”第 2 款规定“未依照前款规定办理信托登记的，应当补办登记手续；不补办的，该信托不产生效力。”这就是我国的信托登记制度。但我国《信托法》关于信托登记的规定显然过于简单和含糊，有关登记的范围、如何登记、由谁登记等事项一概不清，如不加以解释和明确，实务上根本无法操作。《中华人民共和国信托法》第 8 条第 3 款规定：“采取信托合同形式设立信托的，信托合同签订时，信托成立。采取其他书面形式设立信托的，受托人承诺信托时，信托成立。”一般而言，法律行为“成立之时”即“生效”，但是，从信托的固有特性分析,“信托成立”与“生效时间”不能一致,换言之,信托成立并不意味着信托就生效。信托的生效不仅需要意思表示成立,还需要信托财产从法律上有效转移给受托人。因此,需要有司法解释与之相配套。当然,如果能够对现行的《中华人民共和国信托法》的有关条款进行修改,则无须司法解释的出台。

我国应借鉴国外信托业的经验,建立、完善相应的监管机构,承担起两项监管职能:(1)检查信托机构是否严格地遵循各种立法和条例,其服务类型和业务发展是否符合社会公众的利益和要求;(2)防止信托业对整个经济产生任何消极的影响,一旦发现,则及时地予以纠正。首先,我国信托运营中,出现了广东国投破产案等重大事件,在全国引起了不小的反响。所以,应该建立一套从上到下完备的监管体系以防不测。其次,建立严格的市场准入制度。信托机构在申请信托权时,必须要向主管部门提交连同经营章程、业务种类和经营方法的书面申请书,经批准后方可经营信托业务。再次,信托公司在经营过程中要定期向主管部门提交业务报告书,并向公众公开其资产负债表。主管部门也可以随时要求信托机构提供业务报告,并对其业务和财务状况进行检查。最后,建立一套有效的清算方法,并对其程序进行严格的监管,以保障各受益人和债权人的利益。从 1999 年广东国投宣布破产,广东省派驻清算小组进行清算工作,到 2003 年 2 月 28 日宣布终结破产程序,4 年的时间里虽然耗费了大量的人力和物力,但同时也积累了宝贵的进行清算工作的经验,为建立一个良好的宏观发展环境起到了积极的作用。

3. 加强与非信托金融机构的合作。我国的信托机构应大胆探索,加强与其他金融机构的合作。2003 年初,中国人民银行批准中国农业银行开办代理信托投资公司销售资金信托产品资金收付结算业务，成为首家获准开办该项业务的国有商业银行[1]。中国建设银行、中国农业银行、中信实业银行、民生银行正式获准成为开办代销信托产品的四家银行。许多以前只能挤在信托公司购买的信托产品，在银行的众多网点都能买到。在2003年11月，北京国际信托投资有限责任公司开始通过民生银行北京管理部四家网点(安定门支行、朝阳门支行、广安门支行、紫竹支行)正式代理其财产信托优先受益权转让项目——“盛鸿大厦财产信托优先受益权转让项目”的资金收付业务[2]。

通过与银行合作，信托机构可以借助银行雄厚的资金实力、庞大的客户群体和遍布城乡的网点网络系统拓展自身业务。就信托本身而言，目前由银行或证券公司代理部分信托业务，比如代理销售信托受益凭证，对信托市场的开拓将十分重要。信托机构要实现信托品种销售量的迅猛增长，尤其是销售个人信托品种方面，与银行或证券公司合作，无疑是最优选择。这种合作不仅销售范围大、销售成本低，而且体现了信托公司方便客户、服务客户的思想。对于不具备条件组建金融控股公司的信托公司，这种合作是金融分业体制下实践金融混业的前奏。这种合作是双赢的，同样有益于银行。由于信托具有业务范围广泛、业务功能齐全的优势，银行通过与信托机构的合作，不仅可以向自己的客户提供银、信结合的金融新产品，而且可以借助信托手段，拓展自己的业务功能，向更广泛的业务领域延伸渗透。

信托和保险结合的空间也极其广阔。当前保险公司可以着手为信托业务提供收益保险，把信托不能承诺的收益改由保险公司以保险的形式向投资者承诺。这样不仅可以开发新的保险品种，而且能够避开“信托公司不能承诺回报”的约束。2004年初，规模

---

[1] http://www.cei.gov.cn/.../200302200675.htm，2003年3月12日。

[2] 《市场报》，2003年11月3日。

为 1.7 亿元的“中国财产再保险股份有限公司股权收益权财产信托优先信托权益投资计划”在上海发售。该信托产品由上海新华闻投资有限公司将其持有的中财再保险的股权收益权委托给中泰信托，由中泰信托按照信托合同的约定对外转让，社会投资者为优先信托权益受益人。信托合同项下的权益价值为 2.07 亿元，而投资者的优先信托权益为 1.7 亿元，只要信托合同项下财产权益处置达到 82.1%，就能实现全部投资者的优先信托权益[1]。

在经济全球化和金融市场一体化推动下，金融业混业经营已成为不可逆转的潮流，作为金融业两大支柱的保险业和信托业有着广阔的合作前景。信、保双方可以利用双方各自的比较优势，加强资源共享，实现业务互补，拓展经营空间。如信托公司可以充分利用保险公司的营销渠道推广和代理销售信托产品，避开信托产品发行的私募限制，降低经营成本；而保险公司可以利用信托公司横跨货币市场、资本市场和实业投资，业务遍及租赁、贷款、投融资、同业拆借等多个经营领域的特点，将信托纳入保险资金运用渠道，以信托为纽带打通保险资金进入基础设施、大型工程等领域的通道，从而拓宽保险资金运用渠道、提升保险资金运用的效率。同时，保险公司投资于信托产品，也将使信托产品份额的限制迎刃而解。在信、保合作过程中，合作双方还可以发挥专业理财优势，合作开发保险信托等创新金融产品，拓展客户群体范围。如被保险人作为委托人可以将寿险保单信托给信托公司、以人寿保险金债权为信托财产而设立信托。保险信托结合了保险与信托的优势，具有强大的保障功能和投资理财功能，在国外市场上已发展成为一种相对成熟的信托产品。我国经济的持续稳定发展、社会财富的不断增长以及理财需求的多元化和综合化都为保险信托产品的涌现奠定了基础。人寿再保险信托及中财再保险信托在这一方面

---

[1] 梁静：“信托产品创新助推信托与保险合作”，《证券时报》，2004 年 3 月 20 日。

已经作了有益尝试。

我国的信托机构还可以积极与国外金融机构合作,融入国际金融市场。历史上日本与国际金融机构在信托业务方面的合作,不仅促进了日本信托机构的发展,也繁荣了日本的信托市场,促进了全球信托业的发展。借鉴日本的成功经验,我国信托机构应以更积极的态度加强与外国同行的联合,包括参股国内信托公司、成立中外合资信托机构、中外合作信托机构等方式开展信托业务。在条件成熟时,国内信托机构走出国门,开拓国际市场。

第八章 资本运作

资本运作主要是指对长期资金的运作，交易对象包括股票、期货、债券、长期借贷资金等。本章主要以我国股票市场和期货市场为研究对象，对资本运作的相关课题进行研究。本章在阐述过程中结合了大量的案例。

一、我国资本市场的发展历程

（一）我国股票市场的发展历程

1. 股份制和股票市场的试点。我国的股份制改革走过了一条“农村包围城市”的道路，股份制试点始于乡镇企业，然后，逐步推广到国有大中型企业。实行改革、开放政策以后，我国城乡广泛发展了一种集体企业，它是职工“以资带劳，以劳带资”共同创办的❶。1979以来，中央政府对这种募股集资方式多次在文件中给予了肯定，并在1984年进一步肯定了乡镇企业股份合作制形式。中央政府对集资入股方式的肯定，激发了广大农民投资入股兴办企业的热情，推动了乡镇企业股份制的发展。

1984年，随着《中共中央关于经济体制改革的决定》的发布，经济体制改革的重点从农村转向城市。随着农村改革向城市改革的扩展，以股份制形式改革国有企业的试点工作也开始展开。次年，国务院在《关于深化企业改革增强企业活力的若干规定》中指

---

❶ 《集体企业股份制改造》，http://www.dfit.net/yjy/yjygc/djz.htm，2004年11月20日。

出，"各地可以选择少数有条件的全民所有制大中型企业，进行股份制试点"。1987 年 1 月，获得股份制试点资格的上海真空电子器件公司公开发行股票，成为上海第一家实行股份制的国有大中型企业，为其他试点城市所效仿。

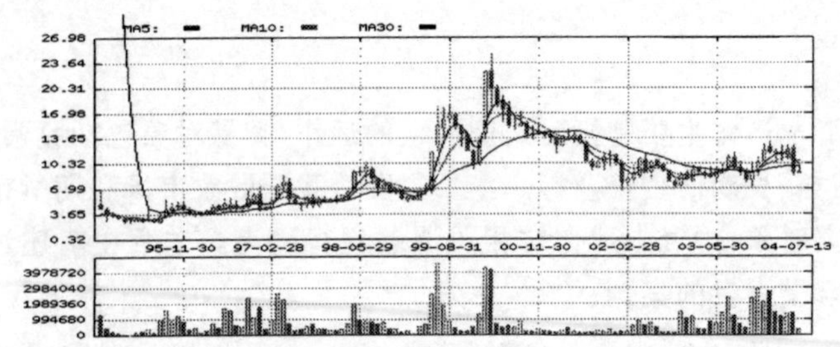

图 8-1　广电电子(原真空电子,600602)月 K 线

资料来源：http://www.sohu.com/，2004 年 7 月 13 日。

中共十三大提出股份制作为一种财产组织形式，可以试行。各地股份制企业发展迅速，国有大中型企业的股份制改造步伐加快，但是，由于缺乏经验和相关法规，股份制试点工作在 1987～1988 年期间出现了混乱现象。1989 年以后，我国经济进入治理整顿阶段，股份制试点工作重心转为规范、完善和提高。

在我国部分企业逐步推进股份制试点的同时，股票市场的主体——股份公司也逐步形成。20 世纪 80 年代上半期，我国出现了第一批股份公司。1980 年 8 月人民银行辽宁省抚顺支行代理企业发行 211 万元股票，此举成为我国改革开放以来有记载的首次股票发行。1983 年 7 月，深圳市宝安县联合投资公司（农村股份合作性质的企业）在深圳公开发行股金证。1984 年 11 月，上海飞乐音响股份公司委托中国工商银行上海信托投资公司静安分部向社会发行不偿还股票。1985 年 1 月，上海延中实业股份有限公司成立，全部资金以股票形式向社会募集。

1984 年以前，我国企业发行的股票只能算是股票的雏形。这些股票的发行范围限于企业内部职工和一些自愿法人；股票具有到期偿还本金、保息分红的特点，具有债券特征；同股不同权，个人股东的收益率一般比法人股东高。北京天桥百货股份有限公司1984年成立时发行的股票具有代表性，该股票规定3年还本，定期付息，公司盈利后可以分红，但是不能转让。1984年11月上海飞乐音响部分公开发行了新中国第一张较为规范的股票。该股票总计10000股，每股面值50元，即总规模为50万元。其规范性表现在公开发行、具有不可偿还性和等额划分股份等方面。1988年，上海工商银行信托投资公司以1987年11月2日为基期，编制了上海静安股价指数，这是新中国最早的股票价格指数。

在交易所成立以前的股票交易市场的发展可以分为三个阶段：萌芽阶段、柜台交易前期阶段（1986～1989）和柜台交易后期阶段（1990年1～11月）。在萌芽阶段，柜台交易[1]尚未出现，股票交易是私下进行的。交易主体主要是股票掮客，交易规模很小，市场规则简单、原始。随着中国工商银行上海分行静安证券业务部获准代理买卖股票，股票交易进入柜台交易前期阶段。由于柜台交易网点少、场地小、交易手段落后，无法满足市场需求，致使股票"黑市"交易繁荣。在柜台交易后期阶段，投资者大举入市，股市暴涨进一步激发投资者入市热情。地方政府对柜台交易实施限价措施，客观上进一步促使"黑市"交易主导股票交易市场。

1985年9月，经中国人民银行批准，深圳经济特区证券公司试营业（1987年9月正式成立），它是我国大陆首家证券公司，该公司于1988年4月开始代理深圳发展银行的股票交易。1986年9月26日，"飞乐音响"和"延中实业"两支股票经批准在中国工商银行上海分行信托投资公司静安证券业务部公开转让交易。1988年7月，我国首家股份制证券公司万国证券公司成立。

---

[1] 柜台交易即"Over the Counter"（简称OTC），也有人称其为"店头交易"。

上海、深圳证券交易所分别于1990年12月和1991年7月成立,有力地促进了全国性股票市场的最终形成。

2. 全国性股票市场的形成、发展与规范。1992年初,邓小平同志在“南巡”讲话中指出:“改革开放胆子要大一些,敢于试验,不能像小脚女人一样,看准了的,就大胆地试,大胆地闯。”“证券、股市这些东西究竟好不好,有没有危险,是不是资本主义独有的东西,社会主义能不能用,允许看,但要坚持试。搞一两年,对了,放开;错了,纠正,关了就是。关,可以快关,也可以慢关,也可以留一点尾巴。怕什么,坚持这种态度就不要紧,就不会犯大错误。”[1] 这实际上是对股份制和股票市场试点的肯定。在邓小平“南巡”讲话以后,我国股份制和股票市场的试点工作进入了新的发展阶段,股票市场开始全面发展。

邓小平“南巡”讲话使股市走出强势行情。1992年5月,上海证券市场股价全面放开后,股价直线飙升。1993～1994年期间,股市从1500多点调整到325点。1994年7月底,管理层推出“停发新股、允许券商融资、成立中外合资基金”三大“利好”政策,沪深股市全线井喷。上证指数仅1个月就从300多点持续上涨直至突破1000点。1995年初,国债期货市场的过度投机分流股市大量资金,股市行情陷入低迷状态。1995年的“327国债风波”使中国证监会在5月17日宣布在全国范围内暂停国债期货交易试点。受其影响,原分流资金大量回流股市,由此爆发了“5·18”行情,股指在3天内暴涨60%。“5·18”井喷行情持续时间极短,之后大盘再次陷入低迷之中。从1996年开始,在连续降息等一系列“利好”因素的作用下,我国股票市场在曲折中,又经历了一次重大的历史发展时期。

---

[1] 邓小平:“在武昌、深圳、珠海、上海等地的谈话要点”,《邓小平文选》,北京,人民出版社,1993年10月第1版,第370、373页。

如果从1990年上海证券交易所成立算起，我国股票市场已经经历了10多年的发展，目前已经形成了一个规模较大的新兴股票市场。根据沪深证交所的相关统计，截至2002年底，沪、深两市上市公司数量达到1223家，上市股票数达到1310只，发行股数5462.99亿股，流通股数1679.94亿股。2002年证券市场的投资者队伍继续壮大。股票市价总值38329.13亿元❶。2004年上半年，沪、深股市交易活跃，A、B股成交金额均大幅增加，1～6月份，沪、深股市累计成交26037亿元，同比增加8009亿元；日均成交224.5亿元，为2001年以来最高水平，同比增加66.4亿元，增长41.9%，其中第1季度成交金额为2003年同期的1.5倍。2004年上半年，股票交易印花税累计收入104亿元，同比增长44.5%❷。

1998年12月《中华人民共和国证券法》正式出台，并于1999年7月1日起正式实施。《中华人民共和国证券法》确立了我国证券市场法律规范的总体框架。《中华人民共和国证券法》颁布后，中国证监会及相关机构又陆续颁布了大量证券类法规。今天，我国已基本形成了以《中华人民共和国证券法》和《中华人民共和国公司法》为核心、其他多项行政法规和部门规章为主体的证券市场法律框架体系。

根据《中华人民共和国证券法》的规定，中国证监会自2001年2月起，建立了上市公司退市制度。截至2003年底，沪、深两市累计有14家上市公司因连续3年亏损而“退市”。同时，为切实保护投资者的合法权益，中国证监会又先后出台了《亏损上市公司暂停上市和终止上市实施办法》、《亏损上市公司暂停上市和终止上市实施办法(修订)》、《关于执行〈亏损上市公司暂停上市和终止上市

---

❶ 张炜：“有关数据显示：证券市场规模进一步扩大”，《上海证券报》，2003年1月2日。

❷ 张文红、刘爱武：“2004年上半年金融市场分析”，《中国金融》，2004年5月。

实施办法(修订)〉的补充规定》,建立警示存在终止上市风险的特别处理制度(即ST),充分揭示“退市”风险,不断完善“退市”程序,着力降低市场风险。另外,加强对券商的管理。2002年9月,中国证监会发布关于撤销鞍山证券公司的公告,公告称:“鉴于鞍山证券公司严重违规经营,为了维护金融市场秩序,保护债权人的合法权益,根据国家有关法规,中国证券监督管理委员会决定自2002年9月起撤销该公司。”鞍山证券成为第一家国内“退市”券商。

2004年初,中国证监会向证券交易所、证券业协会、登记结算公司和证监会各派出机构发出了《关于做好股份有限公司终止上市后续工作的指导意见》。《指导意见》提出了进一步完善市场退出机制和切实保护投资者的合法权益的总体要求,并对上市公司终止上市后保护股东权益、转让股份、资产重组和申请再次上市等事宜提出指导性规范意见。

(二) 我国期货市场的发展历程

1987年,香港实业家杨竞羽先生向我国国家领导人提出了发展期货市场的建议,受到有关方面的重视。同年底,国务院发展研究中心价格组开始着手研究期货,并将期货市场问题列入1988年的重点课题计划。

1988年3月,李鹏总理在《政府工作报告》中指出:“加快商业体制改革,加快发展各类贸易批发市场,探索期货交易。”从而确立了在我国开展期货市场研究的新课题。1988年初,国务院发展研究中心价格组和国家体改委流通司联合成立期货市场研究工作小组,着手研究在我国建立期货市场的相关问题,同时组织河南、四川、吉林和湖北等省成立地方性期货市场研究小组,进行当地期货市场试点方案的研究。

1990年10月,郑州粮食批发市场作为我国第一家引入期货交易机制的全国性批发市场正式开业。次年6月深圳有色金属交易所成立,它是我国第一个以交易所名称挂牌的期货交易所,深圳有色金属交易所推出了我国第一个标准化期货合约——“特级铝期货标准合同”。上海金属交易所和苏州物资交易所于1993年3月分别推出1号铜标准化期货合约和钢材标准化期货合约。1993年5月，郑州粮食批发市场启用中国郑州商品交易所的名称，同时推出标准化的期货合约。1992年12月，我国第一家期货经纪公司——广东万通经纪公司在广州正式宣告成立。

由于部门、地方“本位主义”的利益驱使，我国期货市场在初期阶段无序发展，具体表现为期货交易所和经纪公司数量膨胀、交易缺乏规范性。据中国证监会在1994年4月8日公布的统计数字，自1992年以来，各地批准成立的经纪公司近300家，如果再加上未在工商部门登记注册的“地下”经纪公司，总数超过500家。期货市场缺乏统一的规范管理，对经纪公司监管不力，经纪公司内部管理不规范。所有这些，使得我国早期期货市场事件频发。

以下是苏州“红小豆9602事件”的整个过程，我国早期期货市场的不规范性，由此可见一斑。

苏州“红小豆9602事件”。红小豆是一种具有高蛋白、低脂肪、多营养的杂粮，在世界上种植面积比较小。20世纪90年代，我国是世界上红小豆种植面积最大、产量最大的国家，年产量一般为30万～40万吨，相当一部分出口到日本、韩国和东南亚各国。我国优质红小豆中主要有“朱砂红”(又叫天津红小豆，主要分布在天津、河北、山西、陕西)、“唐山红”(河北唐山玉田及其附近地区)、“宝清红”(黑龙江宝清及周边地区)、“大红袍”(江苏启东市)等10种，其中“朱砂红”以其特有的优良品质在日本享有较好的声誉，被东京谷物交易所列为红小豆期货合约标的物惟一替代的交割物。“朱砂红”年产量约为6万吨。红小豆的产量受自然条件、气候变化和国内外市场需求量的影响较大，其价格波动也较为频繁。20世纪50年代初，日本首先推出红小豆期货合约交易。经过近半个世纪的改造、补充和完善，东京谷物交易所的红小豆期货合约已成为当今世界上最有影响力的红小豆期市品种。我国自20世纪90年代以来也在不断探索如何利用红小豆期货交易为生产和流通服务，先后有北京、上海、大连、长春、海南等8家交易所推出红小豆期货交易，其中以天津联交所和苏州商品交易所最为活跃。苏州商品交易所于1995年6月1日正式推出期货合约的交易，其交易标的物为二等红小豆。由于红小豆现货市场低迷，"苏州红"1995系列合约一上市就面临巨大卖盘压力，库存持续增加，致使期价连创新低，"9511合约"曾创下1640元/吨的低价。期价的偏低和1995年红小豆减产等利多消息促使很多资金入市"抄底"。随着1996年诸合约的陆续上市，"多头"主力利用交易所交割条款的缺陷和持仓头寸的限制，利用"利多"消息的支持，蓄意在1996年系列合约上"逼空"。1995年10月中旬，"9602合约"期价为3380元/吨，同年11月9日价格涨至4155元/吨的高位，随后回落整理，进入12月再入暴涨阶段。12月15日，苏交所通知严禁陈豆、新豆掺杂交割，"多头"借机疯狂炒作，于12月19日将期价推至5320元/吨。"空头"主力损失惨重，同时"拉爆"了很多套期保值者。1996年1月8日，中国证监会认为"苏州红"合约和交易规则不完善，要求各持仓合约头寸减仓和不得开出"9608"以后的远期合约。同年1月9日、10日，"苏州红"开盘不久即告跌停，又使在高位建仓的"多头"头寸面临"爆仓"和巨大亏损的风险。之后，苏交所推出一系列强制平仓的措施，期价大幅回调。1996年3月8日，中国证监会发布通知停止苏交所红小豆期货合约交易[1]。

我国自1999年9月起实行《期货交易管理暂行条例》，明确了中国证监会对期货市场进行集中统一的监督管理，对试点期货交易所进行了整顿和撤并，只保留了三家期货交易所，并由证监会直接管理，改变了期货市场多头管理和交易所恶性竞争的混乱局面

---

[1] http://www.by futures.com，2004年4月8日。

(见表 8 - 1)。

表 8 - 1 我国目前的期货交易所

交易所名称	交易品种
上海期货交易所	铜、铝、天然橡胶、籼米、胶合板
大连商品交易所	大豆、豆粕、啤酒大麦
郑州商品交易所	小麦、绿豆、红小麦、花生仁

2001 年 6 月,《国有企业境外期货套期保值业务管理办法》正式颁布;2002 年,我国对原有的《期货经纪公司高级管理人员任职资格管理办法》、《期货从业人员管理办法》、《期货交易所管理办法》以及《期货经纪公司管理办法》进行了修订。四个新办法不仅对期货经纪公司的权利、义务有了明确的界定,也使投资者的利益有了更切实的保障。同时,四个新办法在不违背《期货交易管理暂行条例》的前提下,剔除了一些与期货市场现状不相适应的限制性条款,在一定程度上减轻了对期货业的束缚,为期货市场的发展打开了空间。

我国期货市场发展迅猛,2000 年全年市场成交额为 1.6 万亿元,2001 年恢复到 3 万多亿元,2002 年接近 4 万亿元。2003 年期货市场总成交金额已超过 10 万亿元,打破了 1995 年创下的历史记录❶。

二、资本运作模式

(一) 资本运作

到目前为止,理论界对资本运作还未形成公认的、权威的界定。笔者认为,所谓资本运作,是指经济主体为了实现其资源配置

❶ 中国金融网,http://zgjrw.com/,2004 年 7 月。

最优化、增强其盈利能力、控制或影响其他经济主体等目标，进行的以资本所有权转移为特征的经济交易行为。资本所有权包括股权、债权、实物资产权等，这些都属于资本运作所有权转移方面的具体内容。在现实中，资本运作通常表现为一些企业的以下经济行为：企业成立证券部、投资银行部，专门从事证券市场投资或炒作股票；企业通过购并、资产重组等手段，优化配置企业资源，提高市场竞争力；企业通过资产重组、包装，在资本市场上市融资；少数具有一定规模的企业，把资本运作作为扩大规模、抢占市场的手段，通过兼并、控股、参股其他企业实现其低成本扩张。

可见，在具体操作上，资本运作具有多样性。处于不同发展阶段的企业，资本运作的目的、方式有所不同。资本运作根本目的就是对剩余价值的追求。所以，不论是产权的转让、并购重组、包装上市等都只是手段。资本运作是在一个非常复杂的市场环境下进行的，凡是能够实现资本目的性的各种行为都可以视为资本运作的形式，如股票交易、房地产买卖、资产重组购并、实物资产货币化等都算资本运作。资本运作是一种所有权的转移行为，任何一种形式的资本运作都是以所有权转移为实质性内容，也就是当我们界定什么是资本运作时，主要看是否发生了资本所有权或产权的转移。在分析我国资本运作案例的基础上，我们可以对资本运作的概念内涵，作出一些定性的描述：(1)资本运作以实现企业资源优化配置、企业运营能力的全面提升或者资本在资本市场的升值、变现为目的，其终极目标在于实现企业利润最大化；(2)资本运作即资本运动，通常以某种形式的资本所有权的转移为特征，这里的资本形态既包括货币资本，也包括股权、资产、债务；(3)资本运作以对资产、债务、人员、机构的购并、重组、整合为手段；(4)我国企业(公司)资本运作的焦点在于企业(公司)的股权。

股权转让是我国上市公司资本运作的最重要的方式，发生的次数远远超过其他资本运作形式，原因在于股权转让并没有使企业资产和负债受到直接冲击，其对上市公司的影响是间接的，并且股权转让也是非上市公司实现买“壳”上市和借“壳”上市的重要手段；兼并收购是资本运作的重要形式，收购兼并表现为上市公司的主动扩张，通过这种手段可以实施多元化经营战略，分散经营风险，但它的运行要受到企业流动资金和企业实力的限制，在上市公司资金普遍不足的情况下，这种方式较少被采用；资产剥离是上市公司为了改善财务状况和盈利状况而采取的一种行为，在剥离资产过程中一般有现金收回，可用于改善资产流动情况，调整投资结构，故成为股份公司资本运作的第三种比较重要的方式；资产置换是资产重组的特殊形式，通过将不良资产与母公司或与借“壳”上市的公司优质资产进行置换，来改善企业的盈利能力，这类重组一般涉及关联方交易。

资本运作方式绩效分析。上市公司资本运作是否对公司的经营业绩产生积极影响是评价资本运作绩效的一个重要方面。有人通过对沈阳市上市公司资本运作的分析，得出以下结论：收购兼并的绩效最好，资产剥离和股权转让次之，资产置换虽然能迅速提高业绩，但是持续发展性不强[1]。没有实质性重组的股权转让不但没能改善企业业绩，反而恶化了企业的财务状况。分析主要基于各种运作方式带来的每股收益变化，以及净资产收益率、流动比率等方面的变化得出结论的（见表8-2，见表8-3）。

表8-2　沈阳市上市公司资本运作类型（1998～2002年8月）

项　目	收购兼并	股权转让	资产剥离	资产置换	债务重组	其他形式
次数	17	37	10	9	5	9
比例（%）	19.54	42.53	11.50	10.34	5.75	10.34

资料来源：孙世敏、王星、王永安：“上市公司资本运作绩效评价”，《财会研究》，2003年5月。

[1] 孙世敏、王星、王永安：“上市公司资本运作绩效评价”，《财会研究》，2003年5月。

表 8－3　各种运作方式每股收益统计表

项　目	股权转让	兼并收购	资产剥离	资产置换	其　他
1998 年	0.249	0.356	—	0.286	0.114
1999 年	0.371	0.553	0.147	0.068	0.567
2000 年	0.329	0.124	0.404	—	0.017
2001 年	0.194	0.325	0.170	－0.222	0.007
平均值	0.286	0.340	0.240	0.044	0.176

资料来源：孙世敏、王星、王永安："上市公司资本运作绩效评价"，《财会研究》，2003 年 5 月。

（二）我国资本运作模式与案例

1. 买"壳"上市，改变主业。在这一模式中，最为典型的案例当属北大青鸟有限责任公司的买"壳"上市。企业通过各种手段购买"壳"资源，实现其上市的目的。

青鸟天桥的买"壳"上市。青鸟天桥的买"壳"上市采用先收购、再受让股权的策略。20 世纪 90 年代中期，北京的股票市场主要有"天龙"、"天桥"等股票品种。当时的北京天桥有限责任公司规模不大，流通股票只有 1000 多万股，并且权极为分散。北大青鸟有限责任公司是一家经营高科技电子产品的公司。由于当时实行的额度审批制，一个部门只能有一个上市名额，于是，北大青鸟有限责任公司考虑通过资本市场买"壳"，实现其上市的目标。北京北大青鸟有限责任公司分别与北京天桥的原大股东——北京市崇文区国有资产经营公司、北京住宅开发建设集团总公司签署《法人股转让协议书》，共受让北京天桥法人股 11269870 股，占总股本的 12.31％。在此之前，北大青鸟已经分别受让了北京市京融商贸公司、深圳市莱英达集团股份有限公司、深圳市莱英达开发有限公司持有的北京天桥法人股，共计 4080000 股，占北京天桥公司总股本的 4.45％。此次转让后，北大青鸟共持有北京天桥公司股份

15349870股，占公司总股本的16.76%，成为北京天桥第一大股东。青鸟通过买“壳”实现了其上市的目标。收购方实现低成本扩张。

这种方式需要买“壳”公司和政府部门有密切的关系，由于是低成本收购，应该作为首选买壳上市策略。

类似青鸟天桥跨行业上市，改变上市公司主业模式的还有“科利华”收黑龙江的“阿城钢铁”，“航天科技”收“武汉电缆”等。航空航天研究院收购武汉电缆，把武汉电缆的资产全部剥离出去还给武汉市政府，用武汉电缆这个“旧瓶”装进了航天航空的“新酒”，成为一个实力很强的高科技企业。

方正科技收购延中实业。方正科技是惟一完全通过二级市场收购实现买“壳”上市并且得到成功的公司。它的“壳”公司是著名的“三无概念”股延中实业(600601)。延中实业是“上海老八股”之一，股本结构非常特殊，全部是社会流通股。延中实业以前的主业比较模糊，有饮用水、办公用品等，没有光明的发展前景，是一个非常“理想”的“壳”公司。1998年2～5月，延中实业的原第一大股东深宝安(0002)5次举牌减持延中实业，而北大方正及相关企业则通过二级市场收购了526万股延中股票，占总股本的5%。后来深宝安又陆续减持了全部的股权，北大方正成为第一大股东。北大方正后来将计算机、彩色显示器等优质资产注入了延中实业，并将其更名为方正科技，延中实业从此变为一家纯粹的IT行业上市公司，2000年中期的每股收益达到0.33元，买“壳”上市完全成功。从买“壳”上市的成本上看，当初收购526万股延中股票动用的资金上亿元，但是通过成功的市场炒作和后来的股权减持，实际支出并不高。

新太科技买“壳”上市。新太科技的买“壳”上市是典型的反向收购。远洋渔业(600728)1996年发行上市，公司主营远洋捕捞及其下游相关产品的生产、销售，上市后公司曾一度取得辉煌的业绩，但随着海洋底层鱼类资源的日趋衰竭，以及同业竞争的加剧，捕捞费用的增加，致使公司单位产品生产成本上升，经营业绩下降。1999 年 10 月 25 日，远洋渔业出资 15326 万元，受让广州新太科技有限公司 95.112%的股权。广州新太科技有限公司成立于 1997 年 5 月，注册资金 10000 万元，是广州市天河高新技术开发区内的一家高科技企业，主营计算机互联网电话语音集成技术业务，是我国计算机电话集成领域的“领头羊”之一。远洋渔业一跃成为一家纯粹的互联网技术公司，经营业绩和发展前景都出现了脱胎换骨般的变化，取得了巨大成功。

创智软件园收购五一文。创智软件园收购五一文(0787)的手法更为独特。创智软件园通过组建合资公司方式间接控股上市公司。其具体做法为：由五一文第一大股东以其持有的五一文法人股股权作为出资，与创智软件园合资设立创智科技有限公司，创智软件园占有创智科技有限公司 51%的股份，这样，创智软件园通过绝对控股该合资公司而间接成为五一文的第一大股东。这种手法与直接收购法人股相比，成本大为减少，并且有效地避免了自身优质资产的未来收益被上市公司其他股东所摊薄的风险。

科利华收购阿城钢铁。科利华(600799)对阿城钢铁的收购方式也不简单。该公司以每股 2.08 元的价格从阿钢集团购买阿城钢铁 28%的股份，应付价款 1.34 亿元，该数额显得相当庞大，不过与此同时，阿城钢铁以 2 个 5000 万元分别购买科利华下属的晓军公司 80%股权和一项软件著作权，这 1 亿元以其对阿钢集团的债权支付给科利华。这样，科利华仅用 3400 万元现金和这笔债权偿付给阿钢集团作为购股款。采用这种做法的主要目的也是大幅度降低实际收购成本，将购买价款中的绝大部分通过账面数字进行“对冲”。

2. 围绕自身主业进行资源整合。其突出的特点是运营主体拥有强大的产业基础，围绕自己的产业实施并购整合；通过整合资源，提升核心竞争能力，快速占领市场，实现低成本扩张为目的。其主要的操作方法是：(1)整体兼并。在经济不太景气的时候，行业内有的企业由于市场原因、经营管理不善或者科学技术落后等原因使企业处于一种“半死不活”的状态，这时依托政府的行政支持实现企业的合并，比如海尔对红星电器公司的兼并，被学术界形象地称为吃“休克鱼”。(2)品牌运作。如海尔与杭州西湖电子集团的合作，实质上是以海尔品牌为基础，通过优势互补，新造一条“活鱼”。

海尔运作模式走的是一条围绕主导产业进行的资源整合的道路，这是资本运作最基本的一种模式。操作这种模式要求企业具有明显的技术、品牌和管理优势，那些缺乏资本市场运作经验，而产业基础十分强大的企业可以加以研究效仿。

海尔集团兼并红星电器公司。从 1991 年起海尔就在实施资产扩张战略，先后兼并了原青岛空调器厂、冰柜厂、武汉希岛、红星电器公司等 10 多家大中型企业，盘活存量资产达 15 亿元之多，集团资产已从 10 年前的几千万元膨胀至 39 亿元，成为我国第一家家电特大型企业。青岛红星电器公司曾是我国三大洗衣机生产企业之一，拥有 3500 多名员工，年产洗衣机达 70 万台，年销售收入 5 亿多元，但从 1995 年上半年开始，其经营每况愈下，出现多年未有的大滑坡现象，资产负债率高达 143.65%，资不抵债 1.6 亿元，前景堪忧。为了盘活国有资产，解决 3500 多名职工的生计问题，1995 年 7 月 4 日，青岛市政府决定将红星电器股份有限公司整体划归海尔集团。红星作为一个老牌的洗衣机生产厂，其设备、技术以及工人的熟练程度在当时都是相当好的，它所缺乏的主要是科学的管理和市场导向的生产经营模式，而海尔正是以管理和出色的市场观念而著称，因此它们的结合有着极大的合理性。市政府的出面使得这一并购进行得十分顺利，而且由于是由市政府将红星整体划归海尔，不需海尔出资，这大大降低了并购成本，这恐怕也是海尔认为红星并购案例是它所进行的最成功的并购的原因之一。通过这一并购,新成立的海尔洗衣机有限公司不仅将原有的生产能力提高了1倍,产生了规模经济,并且极大地丰富了自己的产品线,大大增强了自己在洗衣机市场上的竞争能力。红星在划归后不久,通过引进海尔竞价模式,使每台海尔洗衣机的配套成本降低15.3元,按每年60万台产量计算,1年可降低成本近1000万元。在划归后的第3个月里,公司实现扭亏为盈;9月份盈利2万元,10月份盈利7.6万元,11月份盈利10多万元,12月份盈利150多万元,企业出现了越来越好的发展态势。据国家权威部门统计,该公司洗衣机销量从1995年7月份的全国第7位上升为1995年底的第5位,全国市场占有率增长3.7%。该公司1995年出口洗衣机8.2万台,创汇1230万美元,位居全国洗衣机行业首位。1996年海尔洗衣机发展势头更猛,一次性顺利通过了ISO9001国际质量认证,并囊括了洗衣机行业几乎所有的最高荣誉:荣获中国洗衣机"十佳品牌"第一名;出口量全国第一,我国每出口2台全自动洗衣机就有1台是海尔出口的;国家质量抽检连续两年荣登榜首;荣获全国消费者欢迎产品第一名、1997年购物首选品牌第一名,在1997年举办的中国消费者协会投诉率调查活动中,海尔洗衣机成为惟一一家投诉率为零的企业。

3. 相互提升模式。这一模式的典型案例首推红塔集团。红塔集团主要从事烟叶的种植、加工和销售,但是,它不满足于只把这一个行业做大做强。为了更加有效率地利用资本运作达到增加积累的目的,红塔集团利用自身强大的资金优势成立了专门负责资本运作的财务集团公司。红塔集团进入资本市场进行收购时不管目标企业与烟业有没有关系,而是通过品牌效应实现被收购企业的升级,提升股票价值。收购"云南白药"之后,红塔集团利用自己的积累把云南白药产业做大做强。不直接参与上市公司经营管理,目的在于控股,分取利润,实现双赢的目标,这是红塔模式的特点。另外,红塔集团和其他财团合作组建新的投资公司,再寻找有前景的上市公司进行收购,利用其品牌效应拉升股票,继而通过增发新股、配售股票融资,最后用所筹集的资金投入到盈利水平较低的企业,进行控股经营。

4. 以改善上市公司经营管理为核心的模式。这种模式首先利用场外协议转让方式控股上市公司,然后经营上市公司,通过上市公司业绩的全面提升实现再融资的目的。福建升汇纺织公司曾经按净资产价格收购辽宁丹东化纤 20250 万股国有股,成为该公司的绝对控股股东,占 51.9%。成为上市公司第一大股东就有资格推荐董事长,从而可以任命总经理,改变公司的经营班子,作出重大决策,决定丹东化纤的发展方向,在全面改善上市公司经营业绩改善的基础上,再要求配股增发,增加资本积累。

ST 丹化走过寒冬[1]。ST 丹化(000498)曾发布公告称,升汇集团成为公司的实际控制人后,利用自身强大的管理平台、资金平台、供销平台,大力降低公司的经营成本,使公司很好地抓住了主导产品销售价格大幅度上涨的市场机遇,公司 2003 年净利润大幅度上涨。

那么,是什么因素促使这家濒临退市的公司在短短的 1 年时间里发生了脱胎换骨的变化呢?

化纤行业的整体复苏是公司走出困境的重要原因,但是,市场的转暖只是表面的因素。公司的真正变化是丹化集团通过引入民营资本和先进的管理体制,转换了自身原有经营体制。

福建升汇对 ST 丹化的重组主要是通过对丹化集团的改造来完成的。重组后,升汇集团对丹化集团内部资产进行了重新划分、整合。打造了以升汇丹东办事处、实业公司、物流部、项目投资公司和股份公司等五个单位(部门)为主体的经营管理平台。各单位

---

[1] "ST 丹化走过寒冬",《证券时报》,2003 年 12 月 19 日。

均独立运作，丹化股份公司不再负担相关事务及费用，全力抓好生产经营，实现了轻装上阵，自身发展潜力充分地释放了出来。与此同时，ST 丹化各类大宗原材料、设备、辅助材料全部进入集团采购平台的同时，按照集团内部资源共享的原则，其采购渠道、销售渠道也得到了很大的拓展，产、供、销成本均实现了大幅度下降。

依靠升汇集团良好的企业形象和雄厚的经济实力，升汇集团还为丹化集团的贷款提供担保，使集团现有贷款规模不仅没有减少，反而稳步增加，缓解了资金压力。为解决丹化短期支付能力不足的问题，升汇集团为丹化代开信用证，使公司能够很好地把握市场机遇，稳定生产，提高效益。

既没有大规模的资产置换，也没有变更主营业务，ST 丹化在与福建升汇的重组中，悄无声息地完成了一次"死与生"的转折。

5. 产业整合、重组和二级市场炒作相结合的模式。与青岛海尔模式略有不同，海尔主要从强化既有产业优势入手进行产业整合，新疆德隆则是以资本市场为依托进入传统产业，并通过整合形成新的产业优势。其进行产业整合的模式是：首先通过买"壳"上市，改变上市公司的股权结构；通过注入优质资产调整产品结构，使上市公司的主业结构发生变化；进而，通过并购、托管、委托加工等形式，对上市公司所处产业进行整合，优化产业结构；最后，通过对销售网络和销售渠道的整合，扩大上市公司产品在国内外市场的占有率，形成规模化、垄断性经营。上述模式可以简单概括为：投资于上市公司—输出一个战略—通过增资扩股、融资收购—整合传统产业的市场。二级市场炒作同时展开是这一模式的重要特征。

自 2001 年股市大跌以来，德隆集团一再强调自己不是股市庄家。其实，刻意的低调并不能掩饰德隆资本运作的实质。在我国证券市场，人们对德隆的了解几乎都是从其控盘股票的直线飙升开始。除了令人眼花缭乱的资本并购外，德隆在二级市场的操盘技巧和胆略颇受关注，被一些后来者所研究、仿效。德隆曾有过将“炒、营结合”改为“以营为主”的想法，当时苦于没有接盘。2003年上半年的股市反弹，他们急不可待地想“改炒为营”，由于操之过急，运作不太成功。

三、资本运作过程

（一）端正资本运作的观念

在资本运作前，必须首先端正资本运作的观念。否则，很可能将资本运作引入误区，违背资本运作的初衷，给上市公司和相关企业带来重大损失。资本运作作为现代企业的有效管理手段，曾被一些企业家成功地应用，并创造了企业超常发展的经营业绩，但是，由于我国资本运作的理论研究和实践探索时间较短，资本运作所需要的制度环境和条件尚需进一步完善，因此，在我国资本市场发展初期，尤其要重视端正资本运作观念的问题。现实中，主要有以下几种典型的错误观念：

1. 将资本运作视为企业解困的惟一（或根本性的）良方。一些企业耳闻目睹资本运作的神奇功效，于是盲目地认为资本运作是企业解困和增效的根本性替代品，甚至将其视为企业解困的惟一良方。许多企业连年亏损，基于各方面的压力，这些企业有很强的扭亏增盈的动机，这是很正常的现象。但是，一些企业不把企业脱困的努力放在改善经营管理、开拓产品市场等方面，而仅仅把希望寄托在资本运作之上。希望通过资本运作，一夜之间就“脱胎换骨”。一些经营亏损的企业，为实现扭亏，不是在主营业务上努力，而是把工作重心放在盘活土地存量资产，通过土地评估和置换取得级差收益，仅在账面上作文章。上市公司或其他企业出现经营危机，可能是由于产品（服务）与市场产生脱节，可能是因为内部管理存在较大漏洞，也可能是其他情况。扭亏增盈的根本途径在于总结经营教训后，对症下药，从自身经营管理水平的提高上使企业解困。资本运作是解困的一个有效方式,但不能作为主要方式,否则,资本运作之后,旧的矛盾依然没有解决,不久又会使企业重新陷入困境。

一些人不否认加强企业自身经营管理的作用,但是,他们同时认为资本运作高于生产经营,直接依靠资本运作可使资本迅速增值。目前,有相当一部分人士认为资本运作是一种高级的经营形式,企业工作指针要从生产经营为主转向资本运作为主;而一些企业抓住资本运作题材,在行业内外、地区内外大举扩张,忽视了自己的生产经营业务。这种观念上的错误极有可能把资本运作引入歧途。资本运作固然可以使企业迅速壮大规模,获得发展所需的资本,提高企业的知名度,促进产品的市场拓展和占有率的提高等,但是,归根结底,资本运作只是手段而非目的,是保障而非基础,它必须服从或服务于正常的生产经营。只有企业的市场做大了,产品打响了,资本运作才可能顺利开展,也才有可能获得良性循环。被资本运作的"神奇功效"所迷,将资本运作视为救命稻草,奉若神明,乃至最终放弃企业运营之根本,是这些人(企业)的可悲之处。

2. 盲目追求多元化经营。有些人认为兼并、收购某些与本公司主业无关的企业,实行多元化经营,会降低企业的经营风险,实现稳定的经营利润,但实际上,如果企业实行无关联多元化经营战略,而对新涉及的行业不熟悉,反而会加大风险。单纯追求多元化经营是资本运作的又一大误区。它使企业主业不精、副业不旺。无关联多元化扩张的结果不仅不能给企业带来跳跃性发展,反而可能使企业走向衰退或破产。有的企业本身没有良好的基础和业绩支撑,由于收购项目与企业原先所具有的核心产品、技术缺乏内在的联系,又未能在新产品中及时培育出新的核心产品,最终"抓鸡未成,反蚀一把米",连自己原有的竞争优势也丢失殆尽。

目前在我国汽车类的上市公司中,有很多企业都涉足了多元化投资的领域。从长安汽车参股西南证券,到东风汽车的高科技多元化投资[1]，这样的例子还很多。对于这种现象，笔者认为搞多元化投资不宜盲目，要谨防多元化投资的陷阱。当前，很多企业在高科技的相关领域中，根本不具备资源优势，却盲目跟进，这其中不乏一些汽车类的上市公司。它们利用在证券市场上的融资功能，将在资本市场中融来的资金投进自己并不熟悉的产业，认为这样会给企业带来一个新的利润增长点。其实，这种做法从某种程度上讲是汽车企业不成熟的表现，也是一种浮躁的体现。反观世界上知名的汽车企业，如通用、福特、丰田等，一直都在走以汽车为主的专业化道路，成为汽车业的巨无霸。

3. 将资本运作视为“圈钱”运动。资本运作作为企业的一种外部交易战略，不仅具有扩大企业规模，增强市场竞争力，实现规模效应的作用，而且还具有调整产业结构和企业结构，盘活存量资产的效能。然而，在资本运作的实际操作中，许多企业把资本运作等同于股票上市或股票炒作的“圈钱”运动。实事求是地讲，“圈钱”没有什么不对，关键是如何圈，如果公司的出价不合理，或市场上在一个阶段中认为这不合理，就应该圈不到。这句话也可以这么理解，质量较差的公司，只要符合上市标准，只要定价能为投资者所接受，就能“圈”到钱。如果出价不合理，要么调低价格，要么拒绝上市。所以国外的 IPO（新股发行）失败或推迟是常有的事[2]。但是，我国一些经营状况不佳、本身不够上市条件的企业，却通过“母体裂变”，将企业中效益好的部分组成股份公司上市，然后“母体”通过与上市公司进行不公平的关联交易，达到“圈钱”之目的[3]。另外一些小型企业为达到上市目的，通过各种方法寻求

---

[1] http://www.sou.thcn.com/lady/right/news/200403111161.htm，2002 年 3 月 12 日。

[2] 张志雄：《放量：中国股市事变亲历记》，海南出版社，2001 年 6 月第 1 版，第 27 页。

[3] 通过“母体裂变”，将企业效益好的部分组成股份公司上市是合理合法的；上市后用“母体”与新上市公司千丝万缕的关系进行不等价交易，则是卑劣的行径。

与其他企业进行资产重组。在取得上市资格后,企业内部又各自为政,经营分散,无法实现规模效应。资本运作必须具备的基本条件是企业的主营业务必须达到一定的规模,企业的净资产必须达到一定的规模。资本运作中的生产要素优化配置或产权流动实质上就是资本关系的重新界定,企业的并购、分拆都依赖于一定资本规模这一基础。没有一定规模的主营业务,没有一定规模的净资产,企业的融资和投资策略都会受到限制,因此,资本运作不是也不应该是任何企业随时都可进行的,不是也不可能是所有企业都能运用的灵丹妙药。

资本运作不等于单纯的资本扩张。资本运作一个典型的特点是可实现的低成本扩张,然而,目前许多企业的资本运作仅是为了资本扩张,至于扩张后,企业的整体效益和发展以及可能出现的各种风险就置之度外了。"重融资轻改制"不仅使资本运作的优势没有发挥,甚至可能使扩张后的企业四面楚歌、危机四伏。

4. 把资本运作异化为政府行政推动行为。在市场经济条件下,资本运作主体必须是具有独立法人资格的企业而不是政府。由于目前国有资产管理体制以及企业产权改革不到位,政府作为国有资产的所有者代表,对企业资本运作进行一定程度上的介入是必要的。这对于促使资源流向资产运作效率较高的行业或企业以及优化产业结构具有重要作用,但是,现在的问题是:一些地方政府不是从效率效益原则出发,而是从"政绩"(显然它们曲解了政绩的原本含义)出发,把资本运作当作包治百病的妙方。结果坏的企业没变好,好的企业被拖垮。政府一味地对一些经营不善的企业实施优惠政策,如减免债务、转移不良资产等,不仅不利于市场主体的培育,而且也使市场资源配置功能失灵。亚当·斯密主张让市场"看不见的手"起作用以增进社会福利,这在其著作《国民经济的性质与原因的研究》中,作了很精辟的论述。古典经济学家生活在资本主义早期,亚当·斯密的论述因此可能夸大了市场的作用，但是，对于并非关系到国家安全、国计民生的竞争性企业进行过多的政府干预，显然是一种政府越位的行为。

1997～2001 年，一方面，我国 A 股上市公司业绩呈下降走势（表 8-4），原因是复杂的。从理论上讲，成功的资本运作可以大大改善上市公司的经营业绩。1997～2001 年，我国资本市场的资本运作风起云涌，企业资本运作不断；另一方面，上市公司经营业绩大幅度下降，这说明我国的资本运作不太成功，因此，转变资本运作的有关观念十分重要。

表 8-4 我国 A 股上市公司业绩状况（1997～2001）

	1997 年	1998 年	1999 年	2000 年	2001 年
每股收益（元）	0.273	0.199	0.207	0.203	0.136
每股净资产（元）	2.479	2.502	2.489	2.654	2.461
净资产收益率（%）	11.00	7.97	8.31	7.14	5.53

资料来源：收集整理《中国证券报》公布的有关数据。

（二）资本运作的具体操作 ❶

随着市场经济的发展、产权制度的变革和资源配置方式的改变，以资本导向为中心的资本运作为企业改革和发展提供了新的契机和方式，而在资本运作的背后，又隐含着资本权力和利益的较量和重新分配。风险与机遇并存，只有真正把握资本运作方式，才能有效实施资本运作，获得企业资本价值的最大化。

1. 前期准备。在资本运作之前，运营主体应做好一切前期准备工作，对以下课题进行研究尤为重要：（1）宏观经济波动。宏观经济波动不仅决定企业资本运作上外部环境的稳定与否，对资本

❶ 该部分介绍、阐释我国资本市场上较为典型的资本运作过程，许多具体做法笔者不能赞同，甚至极力反对（比如利润“包装”、建仓中的一些欺诈行为、非法操纵股价行为等），但是，这些现象在我国市场实实在在地存在。

运作企业的经营亦可能产生重大影响。事实上,在相对动荡的宏观经济条件下,资本运作可能根本无法正常进行。(2)行业景气。资本运作企业和“壳”公司行业景气的变化,对资本运作有显著的影响。一般说来,资本运作企业的主导行业景气度下降,资本运作的难度将增加,甚至中途搁浅。“壳”公司行业景气度的提升,也无疑会加大重组的难度和成本;相反,如果“壳”公司行业景气下降,则重组方在谈判中会掌握更多的主动权,重组过程也会变得相对容易。(3)二级市场行情。二级市场行情是影响资本运作时机选择的一个关键因素。通常市场行情持续低迷时,介入资本市场的成本较低;二级市场行情高涨时,成本则相对较高。因而,资本运作企业往往在“熊市”入市吸筹,而在“牛市”考虑出货变现,结束一个资本运作周期。在行情高涨时资本变现,不仅是为了获得接近最大化的收益,更重要的是防范风险。如果对股市行情走势发生误判,在大盘即将调头的时候,仍然实行比较激进的操作策略,不仅二级市场会遭受损失,整个资本运作计划也可能遭受重创。(4)宏观经济政策。宏观经济政策的松紧直接影响到融资的规模和融资的成本,主要包括财政政策和货币政策。政策变化趋势的评估应纳入资本运作计划的总体考虑之中。(5)证券监管。从便于资本运作的角度考虑,资本市场的透明度高,表面上看来,对资本运作企业并不是一件好事——显而易见,增加了资本运作的难度,特别是二级市场运作。在中科创业、亿安科技事件后,监管力度加大,一些常见的庄家手法,已为监管部门和普通投资者所熟悉。此外,中国证监会对股权变动、上市公司并购、资产重组、关联交易等信息披露的监管不断加强,相继出台了一批具有针对性的监管法规,对资本运作产生了深刻而广泛的影响。一个基本的判断是:资本运营的难度在最近几年中会有所加大,二级市场的操作策略亦会相应有所改变。从长远来看,监管力度增大,有利于资本运作企业规范化运作,从而规避一些风险。

2. 策划。资本运作涉及到资本市场、货币市场。资本运作各个环节之间,具有紧密的内在关联;其中任何一个环节的差错、纰漏,都会影响资本运作的效果。因此,资本运作必须经过精密的设计和整体的规划。策划者的主要责任是制定战略性资本运作规划,该计划规定资本运作的主要实施步骤和各个具体方案:企业内部资源整合方案、股权结构调整方案、融资方案、二级市场操作计划、资产重组(项目包装)方案、上市公司再融资方案等。此外,该规划对资本运营的成本和预期收益也要作出谨慎的估算。

一般来讲,资本运作不是由主动方企业来策划,而是主动方企业提出要求或别人向它提出建议的情况下,产生这种需求。一般都委托投资顾问公司完成,由投资顾问公司按照企业的要求来进行策划。策划的内容一般包括:资本运作中涉及到相关主体、相关政策的调研,提出具体的可操作的方案,如运作目标、途径、阶段、有利因素、不利因素、可能出现的问题及对策、寻求什么样的合作伙伴等。

策划过程一般是由资本运作的主动方提出目标性的想法,希望以什么样的方式收什么样的“壳”。这种策划不是一拍脑袋就能想出来的,要进行细致的调研,做到有理有据。有经验的投资顾问公司一般都有案例可供借鉴,通过调研了解具体情况,量体裁衣,再与合作伙伴进行讨论,对收集的情报信息进行整理分析、反馈,提出各方初步认可的方案。

3. 融资。任何一项资本运作都需要启动资金。资本运作中的资金需求主要包括:(1)产业项目投资;(2)二级市场启动资金;资本运作要通过一、二级市场组合进行,要有启动资金,建仓时要有资金,比如福建升汇收购丹东化纤,化纤的股权除了上市的一部分外,大量集中在丹东市企业法人手中,这时可以在丹东注册1个公司,这个公司要脱离福建升汇,在二级市场上选择价格低,濒临破产的企业收购丹东的法人股。达到一定规模就可以实现收购的目的。(3)一级半市场“壳”公司股权收购;(4)处理“壳”公司的债务和潜亏;(5)资产重组的利润“包装”;(6)各类公关费用。即使操作小盘股,且不考虑二级市场控盘,以上费用至少在1亿元甚至数亿元,故融资的压力是很大的。此时,许多企业往往会考虑对外融资。

在现代市场经济条件下,融资的渠道是很多的:直接融资、间接融资、国内融资、国外融资等。对于大多数拟进行资本运作的企业来讲,它们一般认为目前融资渠道首推银行,这种渠道比较安全,资金使用成本也不是最高的。其次,它们可能找信托公司。信托基金是建立在信用基础上资金的托管使用。如果信托基金不愿意直接同目标企业接触,一般会委托信托公司帮助搞项目。信托公司是资金富余和资金紧缺企业间的桥梁,以其为媒介,进行资金的流动。再次,它们可以发行企业债券。随着市场经济的发展,民间资金在不断扩大,通过私募的方式募集民间资金也是可行的融资方式。最后,一些企业可能考虑到国际游资。随着国际政治经济形势的变化,人民币引起了国际金融界的广泛关注。以美国、日本为首的国家强烈要求人民币升值,在人民币升值的压力下,国际游资正流向我国,所以现在是引入国际资本的最佳时期。

4. 建仓。建仓一般在买“壳”之前即开始操作,实力强的核心企业有时可以独自完成建仓,但多数情况下需与机构合作完成。开始建仓的往往并不是收购方的主动方,因为主动方隐蔽得越深,越有利于收购的顺利进行。一般都会找一些不相关的企业对目标公司进行产权方面的购并。关键问题之一是对建仓时机的选择,企业必须知道有没有人已经对目标公司下手,要有专业内行的人进行指导。建仓的时间长度一般是不确定的,取决于资本运作企业的资金实力、市场行情、预计持仓量等。企业在低价位“吃进”,没“吃够”则往往采取反方向操作,比如要建仓,但是可以选择先卖出。建仓通常是一个比较漫长的过程,不能太急于求成。当然,从速的方法也有，选择一个它们认为比较好的时机，采用拔高建仓或“落井下石”等方法。

以下是现实中资本运作企业(庄家)常用的建仓方法：

方法一，拔高建仓。这种方法被用在中小盘的新股、次新股中较多。由于新股的持有者成本都很低，一旦价位合适就会纷纷抛售。这样庄家很容易就能吃到筹码。特别是调整市道中，新股一般定位不是太高，拔高建仓是可行的。如 2000 年 8 月 7 日上市的麦科特(0150)，庄家就是用拔高统吃的方法吃到大量筹码，对后来上市的新中基(0972)、国际实业(0159)庄家用的也都是这种方法。

方法二，逆势建仓。一般来说，投资股市都要顺势而为，但有些庄家却反向操作，认为逆势建仓容易快速拿到筹码，同时，逆势炒作更容易引起整个市场的关注，参与者也就会比较多。(1)逆大市法。当大盘受“利空”影响或其他原因而出现跌势时，庄家却选好个股，逆势建仓。1999 年 9～12 月，深沪股市一直处于调整的市道中，但凯迪电力(0939)自 9 月 23 日上市后，庄家即介入其中，然后逆市拉升，“吃”到大量筹码。待 2000 年大市转好时，股价从 16 元多拉升到了 60 多元。(2)乘个股有“利空”，出现大幅跳水时，庄家逆势建仓。2000 年 3 月 29 日，ST 郑百文被中国信达资产管理公司申请破产还债，股价于是放量大跌，而庄家却逆势建仓，收集到大量筹码。

方法三，“落井下石”。是指庄家在底部进行了较长时间的平台式建仓后，仍然没有收集到足够筹码，于是庄家便不惜成本，进行疯狂打压，击穿底部平台并一再创出新低，引发市场恐惧性的抛盘，而庄家则乘机吸纳，然后又一单拉高，造成一个反弹的假象，又骗出大量筹码。1999 年 12 月下半月，沪市连拉 7 根阴线，打穿 1400 点平台，造成破底的形态，这时股评纷纷认为大盘已彻底走坏，可能要下探 1000 点。于是散户纷纷斩仓。然而到了 2000 年 1 月 4 日，大市又再次反弹，收回到 1400 点以上，其后就走出了

2000年持续8个月的大牛市行情。

方法四,打压建仓 。一般而言,一支股票从前的庄家出货以后都会有几波大的下跌,而这时就具备了主力再次建仓的条件。不论是老主力出货后的第二次建仓,还是新主力入场,都会打个提前量,即在见大底以前开始收集筹码。首先用手中的筹码打低股价,待股价不断创出新低,人心涣散时,再配合以利空传闻,使得散户们忍不住纷纷割肉,然后,慢慢地收集,底部历时越长,庄家收集到的筹码就越多。选择这种手法建仓的庄家一般有较雄厚的资金,保密工作也做得好,否则打压时被别人接盘而前功尽弃,个股还要有潜在的题材,然后选择大市不断下跌的调整市道或个股有重大“利空”消息时介入,这样应更可以事半功倍。

方法五,反弹建仓。这是庄家为了节省建仓时间经常采用的一种建仓手法。即利用人们“高抛低吸”、“见反弹出货”、“见反弹减码”心理,而大口“吃进”筹码。当股价跌到低位以后,庄家已吃到一定的筹码,但离自己的目标还远远不够,为了引发更多抛盘,每过一段时间就制造一次反弹,然后又将股价打回原形,经过几次反复以后,使散户们慢慢形成了“股价到了什么价位就可以抛掉,然后在底部又拣回”的心理定势。待最后一次反弹时,大家纷纷抛售而股价却再也不回落了,而是直线拉升,抛掉的人只有后悔,或者到更高位追回来。采用这方法建仓,庄家一般会在K线图上留下双重底、头肩底等形态。

方法六,推进建仓。这种建仓方式反映到K线图上,就是1根(或数根)阴线后,出现1根(或数根)阳线,然后继续这种小阴小阳的走势。走势阴阳交错,但股价慢慢推高,由于这种建仓手法比较隐蔽,股价又往往不是处在历史低位,人们一般很难看出庄家究竟是建仓还是在拉高出货,而庄家就在这不知不觉中收集到了很多筹码。典型的案例如2000年7～9月济南百货(600807),股价从13元阴阳交错地逐步推进到16元附近,然后完成建仓,2000

年国庆节后，股价迅速拔高，在市场对该股出现“狂热”时，达到高位出货的目的。

方法七，涨停建仓。这是庄家针对冷门个股常用的方法。它不经过底部耐心收集的过程，而是连续几天拉高，不断利用涨停板的打开与关闭，快速地完成建仓。长期冷门的股票大盘涨时它不上涨，大盘跌时却跟着跌，股民信心丧失殆尽，因此，一遇上涨便会纷纷抛售。这样，主力就轻而易举地收集到大量的筹码。例如，1999 年 6 月 7 日，深石化(0013)突然涨停，随后两天也放量涨停，许多散户都逢高出货，庄家却全部接下。到 6 月 28 日，短短 15 个交易日，股价翻了 1 倍以上，让提早抛售者后悔莫及。

《三国演义》中有这样一段脍炙人口的描述，以展示诸葛亮“知兵非好战”的风范：孔明归到寨中，升帐而坐，谓众将曰：“吾今此计，不得已而用之，大损阴德。我料敌人必算吾于林中多处埋伏，吾却空设旌旗，实无兵马，疑其心也。吾令魏文长连输十五阵者，坚其心也。吾见盘蛇谷只一条路，两壁厢皆是光石，并无树木，下面都是沙土，因令马岱将黑油柜安排于谷中，车中油柜内，皆是预先造下的火炮，名曰‘地雷’，一炮中藏九炮，三十步埋之，中用竹竿通节，以引药线；才一发动，山损石裂。吾令赵子龙预备草车，安排于谷口。又于山上准备大木乱石。却令魏延赚兀突古骨并藤甲军入谷，放出魏延，即断其路，随后焚之。吾闻：‘利于水者必不利于火。’藤甲虽刀箭不能入，乃油浸之物，见火必着。蛮兵如此顽皮，非火攻安能取胜？——使乌戈国之人不留种类者，是吾之大罪也！”众将拜伏曰“丞相天机，鬼神莫测也！”[1]孙子曰：“兵者，诡道也。”为了在战争中取胜，敌我双方可以运用各种各样的计策与谋略。在资本运作中，企业为了实现其既定目标，同样可以采用多种多样的建仓方法，但有一个基本前提：不能违反《中华人民共和国

---

[1] 罗贯中：《三国演义》第 90 回。

证券法》等相关法律、法规。只有以遵守市场经济“游戏规则”为前提，方可进行所谓的“斗智斗勇”。期盼证券市场上所有的“知兵者”都是“非好战”的梦想，只能成为“天方夜谭”，但是，希望更多的“知兵者”守法而战，不要成为“愚蠢的智者”，则是完全可以实现的。

5. 买“壳”。如果时机已经成熟，主动方企业认为能够以资本为依托，实现控制目标公司的目标后，通过董事会、特别股东会等，要求对“壳”公司进行改组；否则不能轻易动手。另外在决策时，还要考虑保持目标企业的稳定问题。

对目标公司的国有股、法人股一般采用协议转让形式完成。付款方式可采用现金，也可采取定向增发、换股等方式。买“壳”的最终完成时间，在不同的购并方案中不尽相同，可能在重组之前，也可能在重组之后。买“壳”不仅具有较高的操作难度，同时也要经过烦琐的法律审批程序。

6. 重组。“壳”公司的重组是资本运作十分重要的环节，涉及到市场、生产、技术、管理、文化、机构、人员、资产、债务、股权等企业经营的各个方面。1998 年至今，国内证券市场在重组方面已有多种具体操作方式，如资产股权收购、资产债务剥离、股权置换、资产股权托管、债券股权置换等。选择何种重组方式要视“壳”公司资产质量、规模、重组方向、项目储备、资金实力的不同情况而定。

以上是资本运作具体操作的一般过程，虽然我国证券市场尚待进一步规范，资本运作过程也存在较多问题，但总体趋势是逐步走向完善和成熟。随着市场规范运作程度的不断提高，相信资本运作会给我国企业带来越来越多的益处。

下篇　金融创新与金融安全

“混业经营福利增进数量模型”为我国实行金融混业经营提供了经济福利增进的有力佐证。混业经营将使我国实现福利增进 $\beta=\int_{x_1}^{x_2}[f(x)-g(x)]\mathrm{d}x$（货币单位），如果把货币难以计量的因素也纳入分析，则福利增进要略大于 β，记为 $\beta+\xi$。

——池启水

第九章　金融创新

电影《神鞭》中，男主人公的先辈们曾修得功底十分扎实的“铁头功”，清军入关后，他们被迫蓄长发，于是又创造出“辫子功”。男主人公将祖传的“辫子功”发扬光大，他的辫子成为远近闻名、“洋鬼子”闻之丧胆的“神鞭”。然而，随着满清政府的倒台，历史的剪子也无情地裁掉了“神鞭”赖以存在的长辫。男主人公绝处逢生，于绝望之中寻找希望，又练就了弹无虚发、百发百中的“神枪”。男主人公说，时代变了，我就跟着变，祖宗的东西再好，该舍弃的就大胆舍弃，大胆适应变化，而且这一变，又是一个“绝活”。与世间万物一样，金融工具、金融体制等方面也应与时俱进、变出“绝活”，才能在竞争中立于不败之地。创新是金融主体的生命之源。金融创新是针对现有或传统的金融体系、运作方式、管理办法及业务活动等方面存在的问题而展开的创新性运动。

一、金融创新动因分析

（一）原动力：金融管制和金融压抑

许多人认为管制放松是金融创新的主要动力之一。例如，“管制放松、技术进步、竞争激化及汇率波动一向被认为是金融创新的主要动力。”[1]笔者认为，金融管制和金融压抑是一国金融系统进行金融创新的最根本的原因。每个人看问题的角度有所不同，正

---

[1] Philip Molyneux, Nidal Shamroukh, *Financial Innovation*（《金融创新》），冯健等译，北京，中国人民大学出版社，2003 年 7 月第 1 版，第 13 页。

如一部分人认为解决士兵后顾之忧将能鼓舞其战斗士气，而也有人认为背水一战方为上策。

1. 金融管制。金融业是一个高风险的行业，具有极大的社会影响力。金融机构则是受到一国金融管理当局最严密监管的社会部门之一。在市场经济条件下，金融管制是对金融企业的一种成本附加或隐含的税收，金融企业的经营利润和竞争机会因此而受损。在竞争压力和利润动机的驱使下，金融机构想方设法地通过金融工具和管理方式的改革来规避金融监管当局的管制。利用金融电子化所带来的便利，利用金融理论研究所取得的成果，积极推出各种新的金融工具和新的业务形式，以绕开陈旧落后的法规。在不违法的前提下，进行金融改革，满足客户的需求。

西尔柏(Silber)的约束诱导理论认为，金融机构之所以发明种种新的金融工具、交易方式、服务种类和管理方法，其目的在于摆脱或规避其面临的种种内部和外部制约。内部制约指的是金融机构内部传统的增长率、流动资产比率、资本率等管理指标；外部制约指的是政府和金融监管当局的种种管制和约束，以及金融市场上的一些法律法规约束。当经济形势的变化使这些内外制约严重阻碍了金融机构实现其利润最大化的终极目标时，势必迫使他们探索新的金融工具、服务品种和管理方法寻求最大程度的金融创新。

西尔柏从金融机构的金融业务和工具创新方面来分析金融创新的成因，有其深远的理论意义，他从微观金融企业的角度探讨金融创新也有一定的创见性。西尔柏的约束诱导理论十分强调逆境创新，即强调金融企业主要是为了寻求利润最大化而要求摆脱限制和约束，在此过程中产生创新，这种强调逆境创新的理论道出了金融创新的原动力之一。

1975 年，西尔柏列出了 1850～1974 年间金融业推出的 25 种创新(见表 9-1)，从表中“创新原因”一栏可以看出，金融管制是金融创新的动力之源。

表 9-1　1850～1974 年间的金融创新

创新(按出现时间顺序排列)	创 新 原 因
1. 商业银行	
进入投资银行业(1908)	业务组合管制
信托子公司(1913)	业务组合管制
消费信贷(1928)	贷款需求弱
定期贷款(1933)	贷款需求弱
“电子银行业务”(20 世纪 50 年代)	可利用的技术
大额可转让定期存单(1961)	利率管制、贷款需求
附属公司债(1963)	利率管制
短期本票(1965)	利率管制
欧洲美元(1966)	利率管制
联邦基金市场的形成(20 世纪 60 年代)	
信用卡(20 世纪 60 年代)	技术
与银行相关的商业票据(1969)	利率管制
不动产贷款(1969)	利率管制
流动资金承兑(1969)	利率管制
浮动基本利率(1971)	竞争变化
浮动利率票据(1974)	利率管制
2. 储蓄银行	
储蓄银行人寿保险(1907)	管制变化
圣诞储蓄(1911)	
3. 储蓄贷款协会	
分期付款计划(1850)	期限过于呆板
永久性计划(1880)	期限过于呆板
储蓄账户的手续费(1950)	收益率上升

续表

创新(按出现时间顺序排列)	创 新 原 因
抵押贷款参与(1957)	收益率上升
4. 人寿保险公司	
唐提(1968)	降低剩余
工业保险(1875)	增长减慢
集体保险(1911)	增长减慢

资料来源:菲利普·莫利纽克斯、尼达尔·沙姆洛克《金融创新》,北京,中国人民大学出版社,2003年7月第1版,第15、16页。

制度学派的诺斯(D. North)、戴维斯(L. E. Davies)、塞拉(R. Scylla)等认为,全方位的金融创新活动只能在受管制的市场经济中出现,当政府的干预和管理阻碍了金融活动时,市场上就会出现各种相应的回避或摆脱管制的金融创新。当这些金融创新对货币政策目标构成威胁时,政府又会采取新的管制和干预措施(制度创新),于是又引发出一些有针对性的金融创新,这种自由市场势力和官方干预势力的较量和对抗,形成管制、创新、再管制、再创新的螺旋式发展过程。该学派将政府行为也视为金融创新的成因,实际上将金融创新的内涵扩大到包括金融业务创新与制度创新两方面。

2. 金融压抑。西方的一些发展经济学家认为,欠发达国家和地区有着某些共同的特点,如生活水平低,劳动生产率低,人口增长率高和抚养负担重,高度的失业和不充分就业水平,对农产品和初级产品出口的依赖,在国际关系中所处的劣势地位、依附性和脆弱性,等等。此外还有一条,即较普遍的金融压抑。金融压抑是指市场机制的作用没有得到充分发挥的发展中国家中存在的过多金融管制、利率限制、信贷配额、金融资产单调等现象。

过多的金融管制主要表现为政府对金融行业的过多干预:利

率限制主要是指政府规定银行存贷款利率，这种利率并不反映货币资金供求关系的变化；信贷配额是指国家运用行政的数量管理方法分配信贷；金融资产单调是指由于金融市场不发达，金融工具种类极少，例如只有存款和国债券等，因此居民缺少金融资产选择机会。

在许多经济落后的发展中国家，金融体系不健全，银行不发达，为企业直接融资服务的证券市场，有的处于刚刚发育阶段，有的国家甚至没有出现。这些状况的存在，有经济发展水平方面的原因。一般地说，一国的经济发展水平决定了它的金融业发展水平，但同时也还有政策或经济体制方面的原因。

在计划经济体制下，一国金融业不发达主要是由体制的因素决定的。

金融资产丰富、金融体系完善、金融市场发达，这是与一个国家运用市场机制作为资源配置的重要手段相联系的，如果不存在各种相互配合的生产要素市场，以引导经济资源为目的，货币资金流动既无必要，也不会发生。

所以金融业发达也是经济体系主要利用市场机制配置资源的一个标志。在计划体制的国家，普遍存在的情况是金融资产单调，银行业完全由国家垄断，同时基本上不存在规范意义上的金融市场。之所以出现这种状况，并不是这类国家的经济发展水平低，低到几乎不需要金融调节的程度，而是由于体制的选择决定的。这种选择的实质就是依靠市场还是依靠计划机制来配置资源。两种体制必然会产生两种不同的发展结果。

金融压制对经济发展和经济成长主要有三个负效应：(1)负储蓄效应。在许多发展中国家，市场分割和经济货币化程度很低是一种普遍现象。金融工具的品种单调，数量很少，在许多地区甚至还保留着物物交换这种传统的交易方式。由于通货膨胀率既不稳定也无法预测，官定的低利率又不能考虑用变动名义利率的方式来抵补价格上涨给储蓄者造成的损失，因此，人们就常常用购买物质财富、增加消费支出和向国外转移资金的方式来规避风险。这样，自然要使储蓄率的提高大受影响。(2)负投资效应。在严格的金融压制下，许多发展中国家传统部门的投资受到了限制，这首先阻碍了农业的正常发展，增加了对粮食和原材料进口的需求。这种需求在一定程度上不得不靠外援来满足。本币的高估和对小规模生产的本土行业的限制，又严重影响了出口的增长，这使得经济对外援的依赖进一步增强。在国民经济的领头部门中，某些投资带来了较高的资本——劳动比率。不熟练的生产技术和经常性的过剩生产能力，降低了投资的边际生产力。同时，由于工业大都集中于城市地区，从而对城市基础设施建设增加了极大的压力，需要耗费大量的资金。(3)负就业效应。金融压制对传统部门的抑制，迫使劳动力向城市迁移。在城市，资本密集型产业的增长，只能把这些劳动力中的一小部分吸纳到具有相对较高工资水平的行业和企业中去。而未被吸纳的劳动力，或是滞留于相对较低工资水平的行业、企业之中，或是处于失业状态，在他们的集中地区建起了贫民窟，形成处于不充分就业状态的城市无产者阶层。

所以，发展中国家对金融创新的需求十分强烈。

(二) 催化剂：风险转移与降低成本

20 世纪 70 年代布雷顿森林体系正式宣告崩溃，世界性的经济“滞胀”和石油危机等因素使世界宏观经济出现持续的波动，取代了持续的经济增长。利率、汇率、国际市场商品价格等随之出现了剧烈震荡。所有这些事实直接引起了金融业经营环境的变化。金融业收益的不确定性凸显，市场风险急剧上升。尤其是利率和汇率的波动，使得一项跨国的长期的经营活动的结果变得难以预测。银行等金融机构迫切需要某种新型金融工具以保证收益，减少风险。为了规避汇率和利率波动可能带来的风险，一些新的金融工具(如浮动利率的贷款、金融期货与期权交易、利率换期方式等)应运而生。在完善的交易规则和稳定的清算体系下,套期保值者只要以很小的代价就可以锁定自己的收益,而将价格波动的风险转嫁给市场投机者。

弗里德曼(Milton Friedman)认为,20 世纪 60 年代美国通货膨胀的加剧,导致了 20 世纪 70 年代布雷顿森林体系的崩溃,割断了美元与黄金的联系,使世界上所有货币都直接或间接地建立在不兑换信用货币的基础上,拆除了政府实施通货膨胀的障碍,这反过来又加剧了 20 世纪 70 年代的通货膨胀在世界各地的传播和频繁的利率变化,引起世界经济的不稳定,促使人们进行金融创新。因此,金融创新主要是由于货币方面因素的变化促成的。例如,1970 年出现的可转让支付命令账户(NOW 账户),1972 年出现的外汇期货,1974 年出现的浮动利息票据和浮动利息债券等对通货膨胀率、利率和汇率具有高度敏感性的金融创新工具的产生,便是为了抵御通货膨胀、利率和汇率波动造成的冲击,使人们在不安定因素干扰的环境下,获得相对稳定收益的金融创新的产物。弗里德曼的理论可以解释 20 世纪 70 年代布雷顿森林体系崩溃后出现的多种转嫁汇率、利率、通胀风险的创新工具和业务,但是,这一理论对 20 世纪 70 年代以前规避管制的金融创新及 20 世纪 80 年代创造信用和股权的金融创新却无法解释。

金融创新的支配因素是降低交易成本,即交易成本的变化,主要是交易成本的降低,是金融创新的催化剂之一。其理由是:交易成本是作用于货币需求的重要因素,降低交易成本是金融创新的重要动机。交易成本的高低决定了金融业务和金融工具的创新是否具有实际价值,金融创新实质上是对科技进步导致交易成本降低的反应,因此,不断地降低交易成本就会刺激金融创新。

(三) 外动力:技术进步与财富增长

首先,计算机和现代通信技术在金融业的应用,大大降低了金融机构的交易成本;其次,计算机和现代通信技术在金融业的应用,创造了全球性金融市场,促进了金融机构的创新活动;最后,计算机和现代通信技术的运用为技术要求相对复杂的金融创新工具提供了保证。

技术推进理论的代表人物是经济学家韩农(J. H. Hannon)和麦道威(J. M. McDowell)。他们认为,新技术革命的兴起,特别是电脑、电子通信技术和设备在金融业的广泛应用,是促成金融创新的主要原因。高科技在金融业的广泛应用,出现了金融业务的电子计算机化和通讯设备现代化,为金融创新提供了物质和技术上的保证。例如,信息处理和通讯技术的新成果应用于金融业后,大大缩短了时空距离,加快了资金调拨的速度,降低了资金调拨的成本,使全球金融市场一体化,24 小时的全球性金融交易成为现实。又如,自动提款机和终端机极大地方便了客户,拓展了金融服务的时空范围,这种把新技术,特别是电脑和通讯设备日新月异的新发明应用于金融业作为促成金融创新的重大因素的理论,得到了大多数学者的赞同。笔者虽然不能赞同韩农和麦道威将技术进步作为金融创新的主要原因的说法,但是,技术进步的确是金融创新的重要动力,是金融创新产生的客观条件和外部动力。

韩农和麦道威通过实证研究,发现 20 世纪 70 年代美国银行业新技术的采用和扩散与市场结构的变化密切相关,从而认为新技术的采用是导致金融创新的主要因素。但他们的研究对象过于集中,仅限于自动提款机,对电脑与通讯设备方面的技术革新与金融业创新的相关性研究未能取得充分证据,因而他们对金融创新的研究是局部性的、非系统的。此外,促进金融创新的因素是多方面的,技术推进理论无法解释许多因竞争和政府放宽管制而出现的金融创新。

财富增长理论。这一理论认为,经济的高速发展所带来的财富的迅速增长,是金融创新的主要原因。其理由是,财富的增长加大了人们对金融资产和金融交易的需求,促发了金融创新,以满足日益增长的金融需求财富增长。该理论强调财富效应对金融创新的影响,而忽视了替代效应,即高利率和汇率变动对金融创新的影响。因此,这种理论对20世纪70年代以后的转嫁利率、汇率和通货膨胀各种风险的金融创新则无法解释了。笔者认为,金融资产的增长,使金融创新的需求增加成为可能,然而,财富增长与金融创新从根本上并无必然关系。换而言之,即每一次金融资产的增长并不必然带来金融创新,但它却可能推动金融创新。因此,财富增长只是金融创新的外部动力。

二、西方发达国家金融创新实践

20世纪70年代以来,由金融创新导致的金融衍生工具持续增长。总体上,发达国家金融创新表现为全方位的变革,包括金融业务创新、金融工具创新、金融组织创新、金融经营模式创新等。

(一) 金融业务的创新

金融业务创新包括资产业务、负债业务和中间业务的创新。

20世纪60年代以来,西方发达国家金融业具有代表性的负债业务创新主要包括大额可转让定期存单、可转让支付命令账户、自动转账服务、货币市场互助基金账户、协定账户等。1961年,美国花旗银行首先推出了一种定期存款创新:大额可转让定期存单(Negotiable Certificate of Deposits, CDs)。CDs与普通定期存款的区别是:(1)CDs不记名,可流通转让,而传统的定期存款记名,不可转让;(2)CDs有存款起点的限制,其票面金额为10万美元,而普通定期存款没有金额起点和限制;(3)CDs不能提前支取,而普通定期存款可提前支取;(4)CDs损失部分利息最后可以采用固定利率或者浮动利率计息,而普通定期存款以固定利率计息。近年来,CDs又创新出两种新的形式:一种是转期存单(Rollover CDs),即银行按照协议发行一种期限较长的存单,在这较长的期限内,认购者可自动换期,利率固定;另一种形式是小额存单,面额较小,期限为6～8个月不等,利率与同期国库券相联系,通常高于同期储蓄存款。1972年,美国马萨诸塞州的储蓄银行推出一种新型存款账户:可转让支付命令账户(Negotiable Order of Withdrawal Account, NOW)。这种账户的存款人可以开出可转让支付命令用于对第三者进行支付,实质上等于活期存款账户开出的支票,但其存款人可以取得利息收入,因而具有储蓄存款的性质。1933年美国《银行法》[1]禁止对活期存款支付利息,而储蓄存款有利息,但不能使用支票。1980年美国新《银行法》允许全美金融业都可以开办这种业务。1982年,美国金融机构又推出了使用更加灵活,并且收益率更高的超级可转让支付命令(Super NOW)。NOW的问世是对美国商业银行长期垄断支票账户业务的挑战,也是对1933年《银行法》实施以来活期存款不支付利息的银行制度的重大革命。自动转账服务(Automatic Transfer Service, TS)由电话转账服务发展而来,从1975年起,美国允许联邦储备银行会员银行的存户使用电话将本人存在储蓄账户的款项随时转到无息的活期存款账户上。1978年,电话转账服务又进一步转变为自动转账服务。客户可同时在银行开立两个账户:一是有息的储蓄存款账户,另一个是无息的活期存款账户。客户存款平时放在储蓄账户计息,当银行收到客户开出的支票需要支付时,根据客户事先对银行的授权,自动将需要支付的款项从储蓄账户转移到活期存款账户,及时兑付支票。客户既可利用储蓄账户获取利息收入,又可享受支票支付的便利。在负债业务创新方面,在此就不一一枚举了。从以上可以看出,西方国家负债业务创新不断,给客户带来了便利,增强了金融机构的竞争力。

西方发达国家在资产业务创新方面,总体上不如负债业务活跃,但是,这一领域的创新也在一定程度上起到了方便客户、规避

---

[1] 即《格拉斯——斯蒂格尔法》。

管制、规避风险的作用。例如,20 世纪 60 年代初期出现的平行贷款(Parallel Loan)。平行贷款的原理是:不同国家的两家公司经过协商以贷款形式向各自驻对方国家的子公司提供对等的本国货币,贷款期满时,再由两家子公司分别向对方的母公司归还所借货币。平行贷款最初由英国的银行和跨国公司创设(为了逃避英格兰银行的资本管制),客观上也起到了防范汇率风险的作用。

信贷资产证券化是近 30 多年来国际金融市场最重要的金融创新之一。信贷资产证券化是以缺乏流动性的信贷资产所产生的现金流为支持,在金融市场上发行证券进行融资,从而对资产的收益和风险进行分离、重组的过程和技术。按照被证券化资产种类的不同,信贷资产证券化可以分为住房抵押贷款支撑的证券化(Mortgage - Backed Securitization, MBS)和资产支撑的证券化(Asset - Backed Secirotozation, ABS)。在典型的资产证券化流程中,通常由发起人将预期可获取稳定现金收入的资产组成一个规模可观的"蓄水池",然后将这一"蓄水池"销售给专业操作资产证券化的特殊目的载体(SPV),由 SPV 以预期现金收入为保证,经过担保机构的担保和评级机构的信用评级,向投资者发行证券,筹集资金,并将日后收到的现金流偿付投资者,从而实现发起人筹到资金、投资人取得回报的目的。资产证券化自从 20 世纪 70 年代在美国出现之后,已成为当今全球金融发展的主要潮流之一。有人认为,"证券化"(也许是 20 世纪 80 年代和 90 年代早期国际金融市场最重要的趋势)持续改变着银行的业务,并且对管制造成重要影响❶。

（二）金融市场的创新

金融市场的创新,一是相对于传统国际金融市场而言的欧洲

---

❶ Philip Molyneux, Nidal Shamroukh, "Financial Innovation"(《金融创新》),冯健等译,中国人民大学出版社,2003 年 7 月第 1 版,第 5 页。

货币市场[1]及其金融工具的创新;二是相对于基础市场而言的衍生市场工具创新。

第二次世界大战后,金融借贷关系国际化需求与各国金融管制之间的矛盾日趋激化,为规避金融管制,金融机构将一部分资金调往国外使用,从而形成了境外货币市场。因此,欧洲货币市场的出现属于逆境创新的范畴。20 世纪 60 年代以后,欧洲货币市场在欧洲美元市场基础上迅速发展。从货币种类看,有欧洲美元、欧洲马克、欧洲法郎、欧洲日元等;从区域来看,该市场早已突破了欧洲区域的限制,如新加坡的亚洲美元市场、拉美的巴哈马离岸金融中心等都是广义的欧洲货币市场的构成部分。与传统的国际金融市场相比,欧洲货币市场具有以下特点:(1)摆脱了货币发行国法规及税制的管制约束,并且受惠于市场所在国(地区)为吸引欧洲货币资金的优惠政策;(2)突破了国际贸易与国际金融汇集地的限制,只要某国(地区)管制较松、税收优惠或地理位置优越,能够吸引投资者和筹资者,即可成为一个离岸的金融中心;(3)欧洲货币市场主要是银行间的批发市场,大多数短期资金的借贷都在银行间进行,并且每笔交易的成交金额巨大;(4)具有独特的利率体系,其存款利率略高于国内金融市场,贷款利率略低于国内金融市场,对资金供给者和需求者都具有吸引力;(5)欧洲货币市场的借贷关系完全是外国投资者和外国筹资者的关系,即非居民之间的借贷关系。

欧洲货币市场的金融工具创新。由于欧洲货币市场独有的特点,其金融工具创新十分活跃。其贷款工具创新主要有以下几种:(1)多种货币贷款。欧洲货币市场上的欧洲银行同借款人签订协议,允许借款人选择多种货币进行贷款,但借款人必须用相同种类的货币还本付息。它有利于利用汇率和利率变动的差别减少风

---

[1] 欧洲货币市场泛指在货币发行国境外进行的该国货币存储与贷放的市场。

险。(2)“背对背贷款”。不同国家的两家跨国公司相互提供不同种类货币的贷款,再各自将资金转贷给驻对方国家的子公司,供子公司使用。由于跨国公司的母公司在本国筹资,且债务债权可以相抵,故成本相对较低、风险较小。(3)浮动利率债券。1970 年首次发行的浮动利率债券是一种发行者无担保债务且可以流通转让的欧洲债券,其债券息票按借款者的信用程度,每 6 个月加上一定息差调整一次。为保障投资人的利息,有最低收益率的规定,且持有者有权在期满以前要求发行者于特定日期以平价购回。(4)票据发行便利。它是 20 世纪 80 年代出现的一种金融创新,是指银行与借款人之间签订的在未来一段时间内由银行以承购连续性短期票据的形式向借款人提供信贷资金的协议,协议具有法律约束力。(5)远期利率协议。它是一种合约,在合约中双方协定某种利率,在合约的清算日按特定的期限支付某一名义存款的利息。它主要用于银行机构间防范利率风险,可以保证合同的买方在未来的时期内以固定的利率借取资金或发放贷款。

金融衍生市场(Derivatives)是相对于基础市场(Underlying Market)而言的。基础市场包括商品市场、资金市场、证券市场等。金融衍生市场主要开展期货、期权、远期和互换及这些业务的组合。金融衍生工具是一种双边合约,其合约价值取决于派生于基础市场的商品或资产的价格及其变化。它按合约买方是否有选择权可分为远期类和期权类两种。远期类衍生工具指合约的持有人有义务执行合约;期权类衍生工具指合约持有人有权利执行合约,即可以根据市场情况的变化决定执行或放弃合约。

远期类合约涉及的商品或金融资产的交割在将来日期进行,签订时价值为零。主要有三类:远期合约、期货合约和互换交易合约。远期合约(Forward Contract)指交易双方约定在将来某个特定时间买卖一定数量的某种商品或金融资产。远期合约为非标准化合约,价格由双方协定且不再变化,到期一次结算和实物交割。

远期合约的特征在于:虽然实物交割在将来进行,但交割价格在成交签约时既已确定。此外,在合约签订时合约的价值对双方来说都为零。所以,远期合约交易双方都是免费进入的。期货合约(Future Contract)是指买卖双方就未来时间以某种价格交易某种商品或金融资产而签订的协议。期货合约是一种标准化合约,价格采用公开竞价方式确定,且随供求关系变化而变动。它实行每日结算制度且主要采取"对冲"平仓方式交割。按照基础资产的种类,期货合约可分为货币期货、利率期货和股票指数期货等。互换合约(Swap Contract)是指交易双方通过远期合约的形式约定在未来一段时期交换一系列的货币流量。被交换货币流量可以是固定的,也可以是按基础资产价格的波动调整的。互换合约大多是非标准化的,可以通过双方协商而定,也可通过银行或其他金融中介机构进行。按照基础资产的种类,互换交易可分为利率互换、货币互换、商品互换、期权互换等。

期权类合约是指在履行上买方具有选择权,且签订初期即具有价值。主要有期权合约、利率上限和下限及互换期权。期权合约(Option Contract)是指赋予其持有者在合约有效期内,按合约规定的协定价格买卖一定数量的某种商品或金融资产的权利。对其持有者而言,它赋予其权利而非义务,其支出为付出一定的期权费;对其出售者而言,其收入为一定的期权费,但负有配合买方履行或放弃合约的义务。期权合约按合约权利不同,可分为看涨期权和看跌期权。看涨(跌)期权指期权买(卖)方有权在合约有效期内按协定价格买进(卖出)或不买进(不卖出)一定数量的某种商品和金融资产。

(三) 金融制度的创新

一国金融制度包括构筑金融体系的金融组织制度和规范金融秩序的金融监管制度。在金融创新的历史进程中,两者既相互矛盾,又相互促进。

金融监管制度的创新始于20世纪70年代末80年代初，这种主观层次金融创新相当程度上归功于20世纪70年代微观层次的金融机构业务和工具的创新，而金融监管制度的创新反过来又进一步促进了金融机构业务和工具的创新。金融监管制度的创新主要表现在金融管制的放松和金融监管的加强。1929～1933年资本主义国家普遍爆发的经济危机，促使西方国家进入全面的金融管制阶段。金融管制体现在银行开业登记的限制、银行资本充足度管制、流动性管制、汇率管制、对银行业务活动的限制、对银行资产负债表结构的限制、利率的管制等。这些管制在一定程度上稳定了金融秩序，促进了经济的发展，但是，随着经济形势的发展和金融环境的变化，金融管制面临多方面的挑战。高通货膨胀与利率上限的矛盾导致资金从银行流向金融市场，致使20世纪60年代末西方各国出现信用危机。20世纪70年代后，金融交易日益多样化，金融市场日益国际化，非银行金融机构迅猛兴起。金融业出现的这些变化使得商业银行竞争压力加大，在竞争中处于不利地位。金融领域现代科技的迅猛发展和推广使商业银行具备了与投资银行业务交叉连贯的技术条件等。因而，西方国家开始了放松管制为基础的金融改革，主要表现在如下三个方面：(1)20世纪70年代末80年代初，西方各国相继取消利率限制，实行利率自由化；(2)20世纪80年代，美、加、日等国相继颁布法律，确认不同金融机构业务交叉的合法性，专业化分工被打破，形成了金融机构混业经营的局面；(3)20世纪80年代，西方各国相继开放了境外金融市场，并放松了对非居民在本国从事资金交易的限制，使资本流动自由化、国际化。

20世纪80年代末开始，国际银行业以控制风险为主要内容的金融监管不断加强。国际金融界在放松对金融机构的直接管制的同时，加强以促进银行谨慎经营为目的的风险管理，以保证银行业的经营效率和对金融运行的控制。其典型标志是以资本管理为核心的《巴塞尔协议》的产生。它说明各国金融监管力度不断加大，标准趋于统一。各国采用综合性的国际性监管策略，监管政策覆盖国内银行、海外分支机构、国内的外国银行，监管内容适应银行跨国经营的特点，监管手段与国际标准接轨，从而与全球发展趋势相一致。各国还加强了对金融创新业务，特别是衍生业务的监管。金融衍生工具的迅猛发展，引发了一些巨额亏损案件，为了把衍生业务的风险控制在最小限度内，各国货币当局都着手从不同角度加强对衍生业务的监管。同时，由于金融衍生交易为全球性交易，仅靠一国的监管显然不够，故国际金融界着手进行金融衍生交易的国际性监管。如1995年，国际证券管理组织制定了有关程序和规则，建立起对金融衍生交易活动的国际监管体系。

金融组织制度的创新主要表现在非银行金融机构的大量涌现，银行经营的国际化和金融机构业务的综合化、趋同化。20世纪50年代以后，非银行金融机构无论是机构种类还是业务品种，其发展速度都远远超过银行。从非银行金融机构的发展看，保险公司、养老基金、住宅金融机构、信用合作社、投资基金等是非银行金融机构的主要形式。具体而言，保险公司的承保险种扩大，如推出了卫星保险、核责任保险等。开设新的部门来识别控制风险或从事保费收入的投资和运用，与银行业务相互渗透。养老基金在战后迅猛发展，其受益人范围越来越广，成为西方国家社会保障制度的重要构成部分。住宅金融机构扩大了住宅信贷业务经营范围，并开展批发性金融业务，从而控制了住宅融资市场，成为商业银行强有力的竞争对手。各国的邮政储蓄和邮政汇兑机构逐渐合并成统一的邮政储蓄机构，利用邮政部门遍布城乡的分支网点、先进完备的邮电计算机网络系统和自成体系的清算系统，业务迅速发展。投资基金在金融管制不断放松的条件下迅速发展壮大，与商业银行在许多业务方面展开了激烈的竞争。

第二次世界大战后，由于生产和资本国际化的迅速发展，跨国公司的大量涌现,对全球性金融服务的需求增加。同时,持续不断的金融创新浪潮对跨国银行这种金融机构的创新和发展起了很大作用。跨国银行创新主要体现在两个方面:(1)战后特别是20世纪60年代以来,跨国银行在国际金融中心设立分支机构,并通过松散型与紧密型相结合的联合组织形式,实行其全球经营的战略扩张;(2)跨国银行的业务出现了电子化、全能化和专业化的趋势,使得跨国银行的经营效率大大提高,经营活动更加快捷、安全和准确。在金融机构业务和组织创新的基础上,银行与保险、信托、证券等非银行金融机构间的职能分工界限逐渐打破,传统的分业经营走向现代的混业经营,传统的银行与非银行金融机构的业务分工的界限日益模糊,各类金融机构业务趋同化。

三、我国金融创新研究

(一) 我国的金融创新取得的成就

新中国成立后,在传统计划经济体制下,我国曾经实行与计划经济相适应的"大一统"金融制度。全国只存在一家国家银行,它既是政府的金融监管机构,又同时经营具体银行业务,其主要作用在于为计划经济提供金融保障。另外,当时的银行只是国家财政的附属,缺乏独立性,因而,必定缺乏金融创新的微观动力。十一届三中全会以来,随着我国经济体制改革的全面发展,"大一统"的金融体制已不再适应经济发展的需要。我国的金融体制也发生了重大变化,金融创新也逐步深化,取得了可喜的成绩。

1. 制度与组织创新。我国在改革开放过程中,逐步引入变动存款准备金、再贴现率和公开市场业务等货币政策手段进行金融调节,这种创新与我国经济体制的整体改革相协调,金融创新具有本国特色。创新的过程也是一种渐进式改革。在开放经济的背景下,20世纪80、90年代世界金融创新的浪潮达到高峰,并且席卷了包括发展中国家在内的整个世界。因此,我国的金融创新也体现了世界金融创新的总趋势，创新的进程也具有一定的紧迫性。

首先，我国在对微观金融企业的业务管制逐步放松。20世纪80年代中后期，对四大国有专业银行业务分工的放开主要体现在两个方面：(1)各专业银行都可以开办城乡人民币、外汇等多种业务，各商业银行间公平竞争；(2)企业和银行可以双向自由选择，打破资金供给制。其次，对金融机构信贷管理方式发生了重大变化。在计划经济体制下，银行的资金管理实行存款总额统一上缴、贷款指标统一下拨的"统存统贷"方式，形成了一种对资金无偿使用的供给方式。随着中央银行制度的建立，这种对银行资产直接分配的管理方式严重妨碍了我国银行的商业化改革，从而成为我国市场经济体系进一步建立和完善的制度性障碍。我国于1981年正式制定并实施了以"差额包干"为基本特点的银行信贷管理办法。其原则是"统一计划、分级管理、存贷挂钩、差额包干"，1985年修订为"统一计划、划分资金、实贷实存、相互融通"。1998年，我国取消了对国有商业银行的规模控制，实行全面的资产负债比例管理。由此可以看出，中央银行对金融机构的信贷资金管理逐步走向间接管理，管理手段也趋向科学化和市场化。

金融组织的创新，主要体现在20世纪80年代以来金融机构多元化方面的进展。分设了各专业银行，建立了多种非银行金融机构，引进并设立了一批外资银行。同时，这些金融机构之间的竞争格局逐步形成，从而奠定了我国金融业和金融创新的微观基础。

在中国人民银行以外，重建或新组建了一些作为我国金融业主体的专业银行。1978年，国务院决定恢复中国农业银行，以增加农业信贷资金，支援农业建设；1979年，中国银行从中国人民银行中分设出来，并成立了国家外汇管理总局；1983年，中国银行作为国家的外汇专业银行独立行使职权，开展业务活动，实行企业管理和独立核算；1983年，中国人民建设银行从财政部分设出来，成为国务院直属局级经济单位；同年，中国人民银行开始专门行使中央银行职能。

设立了一批商业银行作为我国金融业的重要补充。1986 年，交通银行得到恢复后，我国成立了中信实业银行，华夏银行等 11 家全国性股份制商业银行，其中，深圳发展银行等五家银行已经上市。1994 年，我国成立了三家政策性银行，使银行的政策性业务从国有商业银行中分离出来。自 1995 年我国第一家城市商业银行成立以来，我国已有 110 多家城市商业银行成立。

设立了一批非银行金融机构。随着中央银行体系的建立，非银行金融机构也迅速发展起来。在 20 世纪 80 年代，我国恢复了农村信用合作社，同时，在城市也组织了城市信用合作社。1980 年，中国人民保险公司恢复了保险业务，为国家建设积累了资金。同年，中国人民银行正式办理信托业务，以后各专业银行也都开办信托业务，并进而成立银行附属信托投资公司。各地方政府部门也组建了信托投资公司。此外，20 世纪 80 年代以来，还成立了证券公司、融资租赁公司、财务公司、金融租赁公司等金融机构。

引进了一批外资银行。随着我国对外经济的发展，大量外国金融机构纷纷申请到中国设立分支机构与代表处，或组建中外合资金融机构。

我国金融业微观主体多元化格局的形成，既是金融创新的重要内容，同时也进一步地引致金融业务、金融工具、金融市场和金融技术等多方面的创新。多元化的经营主体有利于形成金融业相互竞争的局面。

2. 金融业务和金融工具创新。各个专业银行在企业化改革过程中，逐步具有了独立从事金融活动的能力，业务创新活动不断涌现。同时，20 世纪 80 年代的“利改税”、企业资金“拨改贷”、折旧资金管理等改革，也促进了专业银行业务领域的扩大，进而促进了金融业务的创新。

从资产业务看，扩大了贷款对象的范围，出现了抵押贷款、质押贷款、按揭贷款等品种。在此基础上,专业银行开始进行了各种类型的设备贷款、基建贷款、商业网点贷款、房地产开发贷款、流动资金贷款、外汇贷款、票据贴现贷款、票据抵押贷款、个人抵押贷款等新型贷款业务。从负债业务看,对企业和城乡居民的存款业务进行了深入的创新。先后出现了大额支票账户、存款通存通兑、存款保值储蓄、购房储蓄、工资代发代收存款、信用卡存款、通知存款等新业务品种。从中间业务看,拓宽了各种类型的汇兑和结算业务,新开发了诸如异地托收承付、代收代付、代客保管、个人信汇、电汇信用卡等业务。各个专业银行还成立了信托、证券、租赁、房地产、信用卡等业务部门,开展了票据贴现、票据回购、资金拆借、货币互换等业务,在更广阔的金融市场业务领域内进行创新。从国际业务看,许多专业银行在境外设立分支机构,不断开拓国际业务。

我国金融工具的创新包括货币市场上的国库券、商业票据、短期融资债券、回购协议、大额可转让定期存单等。在资本市场上包括中长期政府债券、企业债券、金融债权、股票、收益债券、股权证、基金证券等。

我国银行系统充分利用现代通讯技术和电子计算机技术进行银行管理。信贷结算等方面的创新进展较快。在信贷业务方面,绝大多数金融机构营业部门的储蓄、贷款业务已实现计算机操作代替手工操作。计算机网络技术和通讯技术提高了银行在信贷业务领域的工作效率和工作质量,也为信贷业务的进一步开拓创造了条件。通过计算机联网技术,各专业银行在全国各大城市开展了通存通兑、电话查询、转账等业务。在结算业务方面,形成了电子联行清算系统。电子联行在票据清算和资金汇划上大大提高了清算速度,扩大了清算范围。在 1991 年,中国人民银行全国电子清算系统开通运行,并已延伸到中国人民银行所有的分行及部分支行,是目前全国最大的金融卫星网。在信用卡业务方面,我国已有多家银行发行了各自的信用卡。如中国工商银行发行的“牡丹卡”、中国银行的“长城卡”、农业银行的“金穗卡”、建设银行的“龙卡”。并且都加入了“万事达”和“维萨”两个世界最大的信用卡组织。此外,银行还发行了多种形式的储蓄卡。这些新型的电子货币能灵活地用于消费支付和转账结算,既安全又便捷,其功能开发也颇具潜力。在银行业务管理上出现了一些具有一定通用性的计算机软件。如会计核算和财务管理软件、储蓄业务和信贷业务管理软件、电话银行资金汇划系统软件等。这些软件具有指标分析、内部监督等多种功能。

3. 金融市场创新。我国在 20 世纪 80 年代以前几乎没有金融市场,企业资金融通完全依靠银行间接融资的渠道。改革开放以来,我国金融市场建设和市场创新同步进行。20 多年来,我国已建立并形成了多层次、多类别、初具规模的金融市场体系。

1984 年,各专业银行正式办理对企业票据的承兑贴现,中国人民银行也相应地对各专业银行办理票据和再贴现业务;拆借市场真正起步于 1986 年,同业拆借对资金横向流动、横向经济联合和充分利用资金时空差都起着重要的作用;20 世纪 90 年代初,上海和深圳的证券交易所先后成立;外汇市场初步建立起来,到 1995 年,官方外汇市场和外汇调剂市场并轨为统一的外汇市场,实现了外汇在经常项目下的有条件的自由兑换;基金市场在证券市场的建立和发展中也逐渐形成,1991 年中国人民银行批准成立了我国第一家基金——淄博基金,2001 年,推出了首批开放式证券投资基金;国债市场建设方面,1981 年我国恢复国债发行,国债发行市场自 1991 年开始逐步形成和发展,目前,场内交易主要集中在以下四个场所:上海证券交易所、深圳证券交易所、武汉国债交易中心[1]、全国证券交易自动报价中心。

---

[1] 武汉国债交易中心于 1992 年设立,专营国债转让。

(二) 继续推进我国的金融创新

如前所述,近20多年以来,由于国外金融创新的影响,也由于我国金融发展的客观需求,我国金融机构的金融创新取得了很好的成绩。但是,由于多方面因素的制约,目前我国的金融创新与西方发达国家相比仍然存在较大的差距。主要表现在:金融创新工具稀缺;金融工具结构不合理;金融市场风险难以转移;技术装备水平欠缺。

目前,我国金融市场上金融工具较少,投资者可以选择的具有较强风险转移功能的金融创新工具则更为稀缺。投资者手中大量的资金难以找到理想的投资品种,似乎不投资股票就只能去存款或购买国库券。许多金融衍生品具有很强的规避风险的功能。比如期货合约,它作为买卖双方的一种权利义务契约,规定在未来某时期内交易双方以一定的价格交割一定数量的某种商品。它可以减少交易双方因未来价格波动导致的风险,锁定一定的利润。2001年底,全球已有60多个交易所可以进行金融衍生产品的交易,基本的金融衍生品已达20000多个[1]。从金融衍生产品交易的区域分布来看,亚太地区的金融衍生品交易远比欧美市场落后。而在亚太地区,韩国金融衍生品市场发展较快,日本在这方面发展相对迟缓,我国更加滞后。虽然我国在20世纪80年代末、90年代初也陆续进行了外汇期货、国债期货等金融衍生品的试点,但由于当时市场投机气氛太浓,发生了"国债327风波"等重大恶性事件,给金融体系带来了极大的风险而被关闭。我国利率市场化进程缓慢,利率衍生品难以发展。由于人民币不能完全自由兑换,在固定利率条件下,难以产生货币衍生品的需求,使得以人民币为基础的货币衍生品不可能推出。我国金融市场容量小,容易被人操纵。以期货市场为例,虽然2001年我国期货市场有一个良好的发

---

[1] 盛明泉:"面对全球化的金融工具创新",《财贸经济》,2003年第2期。

展，但期货市场也仅有 12 个商品期货交易品种，现有的三家期货交易所真正交易活跃的品种各维持 1 个[1]，过小的市场规模远远不能满足当前生产经营者套期保值规避风险的需要。

金融工具的稀缺与金融工具结构不合理同时存在，导致了严重的投融资障碍和金融市场运作失灵、投机盛行、效率低下、风险增大，并且由于稳定性高的货币市场和一级市场发展落后，降低了整个金融市场的稳定性[2]。与资本市场相比，货币市场工具相对短缺，其中特别是商业票据和短期债券的发行量很小。首先，从商业票据来看，尽管 1996 年以来政府对商业票据市场采取了一些较为有力的鼓励性措施，商业票据量也有所增加。2001 底，未到期票据额为 5110.9 亿元，但与日益增长的融资总量相比，仍然只占全部融资总量的 4.05%左右。商业票据的严格的出票资格限制了企业签发票据的数量，特别是大多数中小企业由于信用度不高，难以利用商业票据市场进行短期资金融通。票据发行市场现存的主要问题：一是票据发行数量小，难以满足企业日常的短期融资需求；二是品种小，目前只有交易性票据，没有融资性票据，而交易性票据中又以银行承兑汇票为主，商业承兑汇票不到 5%，在票据市场中处于被排斥的地位；三是二级市场交易量小，2001 年票据市场交易额 11739 亿元，占货币市场总交易量的比重为 18.99%。商业融资票据的空白使得企业的短期、连续性融资相当困难，更多的金融机构及企业把票据仅仅当作一种结算工具，而不是把票据当作有效、低风险、高流动性的短期投融资手段，票据市场的流通功能远未发挥。从短期债券来看，国库券应该是货币市场中的重要交易品种，也是中央银行公开市场操作的主要工具，但我国自

---

[1] 现有的三家期货交易所是：上海期货交易所、大连期货交易所、郑州期货交易所。

[2] 李健：“中国金融结构：理论与实证分析”，《中国金融理论前沿Ⅲ》，社科文献出版社，2003 年 12 月第 1 版，第 110 页。

1981 年恢复发行国债至今，除 1994 年、1995 年、1996 年曾发行过少量国库券外，其他全为中长期国债；而企业短期融资券和大额可转让存单这两种工具在我国货币市场发展过程中曾经出现过，后来由于存在种种问题，企业短期融资券从 1998 年后停发，大额可转让存单自 2000 年消失，这两种工具的缺位使企业难以利用货币市场进行短期融资和流动资金的管理[1]。

金融市场竞争的核心是金融产品竞争。新的金融品种的推出，既能够拓宽投资者的选择范围，又能够坚定投资者的信心。例如，股票指数期货与股票指数本质上是联动的，因此，适时推出我国的股票指数期货，必然会激活股票指数，进而激活股票交易，最终达到激活整个市场的目的。我国金融业应积极有效地实施新金融创新工具的开发、推广和应用：(1)在个人金融业务方面。通过建立个人金融服务中心，加快个人金融业务品牌化发展和载体升级、深化过程，推进个人理财业务发展，重点发展多元化的个人投资服务系列，包括个人证券投资买卖业务、外汇投资业务、代理保险业务；发展多样化的个人结算业务，包括账户查询、资金转账、实时查询付费业务、支票结算开户、委托转账付款等；发展个人贷款类业务，如存款质押贷款、国债质押贷款、股票质押贷款等低风险品种；积极开办自然人贷款、个人消费贷款、汽车贷款、教育贷款、旅游贷款、住房公积金和个人商业住房组合贷款等。个人金融服务的发展空间较大，关键在于如何开发和包装合适的产品类型，形成品牌效应。(2)在公司金融业务方面。要逐步实现表内、表外业务并举，突出集成化、高附加值的业务创新，以中间业务为突破口，增加效益收入。进一步拓展集团性客户的内部资金清算、代理保险、代签汇票等中间业务，开办项目融资、企业财务顾问、基金托管

[1] 李健："中国金融结构：理论与实证分析"，《中国金融理论前沿Ⅲ》，北京，社科文献出版社，2003 年 12 月第 1 版，第 110 页。

和资产管理等商人银行业务，研究衍生产品买卖业务、远期结售汇和外汇担保、外汇保函、保理等新兴业务品种。

我国可以大力发展金融互换业务。对金融互换的研究可以理解为是对金融远期和期货合约研究的继续，它是全部金融产品交易的重要要素，被金融界誉为“金融业务链条中的集成电路”。因此，研究金融互换的有关技术和发展前景，对于我国的银行业和企业投融资的改革与发展无疑具有重要的理论和现实意义。

金融互换实际上可以看作是一系列金融远期合约的组合，互换交易双方通过签订互换协议，体现双方的权利，约束双方的义务。金融互换与金融期货、金融期权都是基本的金融衍生工具，比较起来，它们存在一些共性：其一，同为表外业务，不需动用交易者的资产，也不会增加其负债。其二，都是“零和”交易，即交易者或亏或盈，从总量上讲，盈亏之和为零，外汇、期货、期权、互换市场皆如此，但“零和”并不等于“零收益”，“零和”交易都是在强大的社会需求下产生的。其三，它们产生的背景相同，都是在布雷顿森林体系崩溃后的世界金融动荡的大背景下，出于避险或投机的需要而产生的。其四，主要交易“商品”相同，都以利率、汇率和指数为主要交易“商品”。

金融互换之所以备受西方广大企业投资者的欢迎，主要由于金融互换在交易的灵活性、交易的功能等诸多方面，具有现存的其他衍生金融品所不可比拟的优越性。(1)功能较多。金融互换业务追求融资渠道的多元化，具有期货和期权不具备的帮助筹集低成本资金、选择币种融资和改善企业资产负债结构等多种功能。(2)风险较小。金融互换一般不涉及本金，信用风险仅限于息差，而且涵盖数个计息期间，能够规避中长期利率和汇率的风险，从目前状况看，尚无因互换损失导致企业破产的先例。(3)灵活性较大。金融互换不通过交易所交易，能满足交易者对非标准化交易的要求，具体的条件可以商定，变通性大。(4)投机套利较难。因为期间比较多，期限比较长，因此，投机的因素比起期货、期权要小得多。

金融互换向人们展示了套期保值和风险规避的全新概念，它具有很强的杠杆作用，如果运用得当，可以为银行业和企业带来许多好处，起到传统避险工具所无法起到的保值作用。

金融互换交易的基本机理是：比较优势和分享利益。如果某一家公司在甲货币借贷市场上具有比较优势，而在乙货币借贷市场上却具有比较劣势；另一家公司在乙货币借贷市场上具有比较优势，但在甲货币借贷市场上却具有比较劣势，双方就可以商定，各自在自己具有比较优势的市场筹措资金，然后相互交换，合理分享利益。1981 年 8 月，美国的国际商用机器公司（IBM）发行了一笔联邦德国马克和瑞士法郎债券，但作为美国公司，它需要的是美元。恰好当时世界银行需要联邦德国马克和瑞士法郎，而它又能借到廉价的美元资金。双方便签订了协议，商定互换各自借到的外币头寸，这样双方均获得了理想的货币资金，又降低了融资成本。

相比之下，互换协议是一种更低廉、更快捷的调整资产负债表的方式，它不仅无须承担清偿发行在外债券的交易费用，而且也免去了发行新债券所必需的漫长的注册过程。此外，如果公司清楚自己是在固定利率市场还是在浮动利率市场有价格优势，那么互换市场使得它可以先在更便宜的那个市场发行债券，然后再把它互换成最适合自己商业需要的融资形式。

当前，在我国发展金融互换业务是非常必要的：(1)有利于企业规避利率和汇率风险。通过金融互换，投资者可以将难以管理或者不愿意承担的风险转移给愿意承担风险并以此获取高额利润者，这对于企业和机构投资者尤为重要。我国的许多企业尤其需要运用金融互换防范风险，特别是金额大、期限长的大型装备成套设备如飞机、地铁、船舶、水利工程等的进出口，有的需要跨越几年甚至10多年时间，其间汇率和利率都可能会有很大的变化，金融互换则可为这些企业提供对冲或套期保值以规避风险。企业采用互换技术，对于政府法令的修改、市场汇率和利率的变化将具有较强的应变能力，利用互换锁定资产负债的利率和汇率，降低风险。到目前为止，国内已有40多家企业在香港、美国和新加坡上市，筹集资金已达100多亿美元，还有一些企业通过合资合作、在海外发行债券、出口创汇等方式拥有一定数量的外币资产，通过金融互换可以将弱势货币或低利率资产换成强势货币或高利率资产。(2)有利于我国商业银行企业化改革的推进。随着银行业的自主经营、自负盈亏，银行利用金融互换来规避利率和汇率风险的需求会日益迫切。银行业竞争加剧，尤其是外资银行的参与竞争，利差将不断缩小，传统业务已无法创造足够的利润，必须寻求新的盈利点。如果还以我国的银行业"体质弱"、怕"交学费"为由禁止金融互换业务(包括期货、期权等其他衍生工具)的开展，将来势必要付出更大的代价。到国门洞开、市场共享之时，我国银行业将无法与熟悉金融衍生工具操作的国外金融机构抗衡而败阵。因此，有步骤地发展金融互换等衍生工具，是我国商业银行企业化发展的必然要求。美国《幸福》杂志公布的1997年收益额前500家美国商业银行，前10名中的花旗、大通、美洲、JP摩根、第一银行、信安银行、第一芝加哥银行等在全球衍生金融市场上都非常活跃。(3)有利于企业拓宽筹资渠道。有了金融互换，筹资者可以各自在熟悉的市场上筹资，互换之后各自都可以达到目的，而无须到自己不熟悉的市场上寻求筹资机会。另外，金融互换业务还可以冲破特定市场对信用等级差别的限制。(4)有利于企业增加业务收入。金融互换可以直接为中介人带来盈利如咨询费、利差费等。能够安排金融互换的金融机构，更容易获得证券发行代理、承销等业务的机会，从而增加其收入。

另外，我国金融业技术装备水平欠缺，构成了对金融工具创新的“瓶颈”制约。亟待充实完善。金融衍生品的交易清算、资金给付、行情报告、实时监控，均需要强大的技术装备平台的支持，采用功能强大的先进的计算机技术。惟有如此，方能大大提高“造市商”的信息处理能力，使其能够准确、及时地跟踪瞬息万变的市场轨迹，对那些结构比较复杂的新工具能够持续地进行设计和定价。也只有这样，“造市商”才可以不断地进行新工具的交易，跟踪资产组合的风险暴露情况，设计出弥补风险暴露的复杂战略，并及时予以实施。也只有这样，才能增强金融衍生品交易的安全、高效和便利性。

第十章　金融混业经营

当今世界，金融混业经营已是大势所趋。1986 年 10 月，在国际金融改革与创新浪潮的推动下，为挽救日益衰退的本国金融业，英国实行了金融“大爆炸”(Big Bang)改革，全面摧垮了其本土及英联邦国家金融分业经营模式，给金融业带来更大的自由化，实现了金融混业经营；20 世纪 90 年代，日本进行“日本版”金融“大爆炸”改革，至 1998 年底，金融业完成了从分业经营向混业经营的过渡；至于欧洲大陆国家，长期以来，一直实行混业经营；在英、日、加、韩、澳等国金融混业经营潮流和国内崭新金融环境的共同作用下，1999 年 11 月 12 日，美国总统签署了《金融服务现代化法》，结束了实行近 70 年之久的《格拉斯-斯蒂格尔法》，使美国成为最后一个放弃分业经营、实行混业经营的发达国家。

2001 年 12 月，我国正式成为 WTO 成员国，金融自由化和金融国际化给我国带来的压力与日俱增。

我国的银行业普遍存在着资本充足率低、不良资产困扰、管理水平低下等问题。而证券、保险、信托等机构虽然效益相对较好、不良资产较少，但规模偏小且发展受到“资金瓶颈”的制约。在目前分业经营模式下，从总体上看，我国银行、证券、保险、信托等金融业不能交叉经营(目前我国存在的金融混业经营是局部的、十分有限的)，这使得我国金融机构无法适应已经发生重大变化了的国内外经营环境，无法发挥混业经营的比较优势。因此，加强金融混业经营研究，探索出一条适合我国的金融混业经营之路，是时代的迫切需要。

一、金融业经营模式

（一）分业经营与混业经营

金融业经营模式可划分为分业经营和混业经营两种模式。不同国家对金融分业经营与混业经营的解释、划分有所区别。例如，在实行全能银行制的欧洲大陆国家，分业和混业不仅指金融业内部自身，还包括金融业与工商业的融合问题，即金融机构与工商企业间是否可以相互渗透和融合，形成“产融结合”全能实体。在我国，一般指银行、证券、保险、信托等金融业务在同一机构内融合或分离的关系。但是，无论怎样解释金融分业经营与混业经营，其核心思想都在于是否对各金融机构业务范围作出严格限定，是否明确其业务分工，是否禁止彼此业务交叉。

所以，金融混业经营是指银行、证券、信托、保险等不同性质的金融业务相互结合、相互渗透，同一金融主体可以同时经营银行、证券、信托、保险等金融业务的一种金融经营模式。这类可兼营多种不同性质金融业务的金融主体，被称为金融综合企业。巴塞尔银行监管委员会将金融综合企业定义为提供广泛金融服务，一般至少包含银行、证券和保险等业务种类中两类以上的公司集团。

和混业经营相对应，分业经营是指银行业等不同性质的金融业务彼此不能交叉、相对独立的一种金融经营模式。同一金融机构不能同时从事银行、证券、保险等业务。商业银行只能从事商业银行业务，而证券、保险等金融业务只能分别由证券公司、保险公司等不同金融主体分别“对口”经营。

分业经营和混业经营是一个相对的概念，不能将其绝对化。在现实金融业领域，分业和混业相互渗透。例如，20 世纪 90 年代初，韩国的存款银行混业经营，但是，不能从事共同基金业务；同样，1987 年以前，加拿大实行严格的分业经营模式，但混业经营依然存在，如证券公司通过向贷方余额支付利息争夺银行存款业务。

判断一国实行的是分业经营模式还是混业经营模式，要看矛盾的主要方面，即一国在某一历史时期，分业、混业经营模式何者占据主导地位。

分业和混业是一个“程度”的概念，同样实行金融混业经营的国家或地区，其混业的“程度”可能不同。例如，台湾的混业模式，几乎无所不包。如《台湾地区金融控股公司法》第 3 章第 36 条规定：“……金融控股公司投资之事业如下：(1)银行业；(2)票券金融业；(3)信用卡业；(4)信托业；(5)保险业；(6)证券业；(7)期货业；(8)创业投资事业；(9)经主管机关核准投资之外国金融机构；(10)其他经主管机关认定与金融业务相关之事业……”。瑞士也实行金融混业经营，但银行业和保险业是分开的，保险公司不能从事与保险无关的业务。

金融混业经营主要有两种模式：全能银行和金融控股公司模式。

全能银行(Universal Bank)可依法从事银行、证券、信托等各种金融业务。目前，全能银行在德国占主导地位，在全国 3600 家银行中，全能银行占 93%。它们几乎可以经营任何金融业务，其范围主要包括存贷款、支付、证券、外汇、房地产经纪、养老金计划、咨询和投资银行等业务。如图 10－1 所示，该模式是通过在同一金融主体内部设立不同金融业务部门，从而实现金融混业经营。

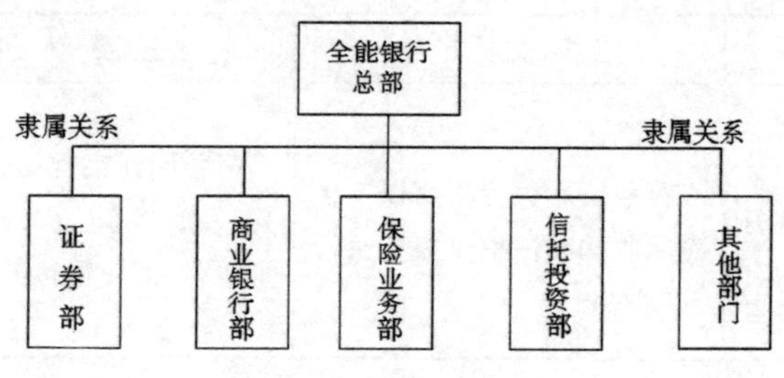

图 10－1 全能银行模式

金融控股公司模式，即在同一机构框架内通过相互独立的子公司形式从事各种金融业务。通过持有商业银行、证券公司、保险公司、信托机构的股份，金融控股公司集团实现了金融混业经营(如图 10－2)。

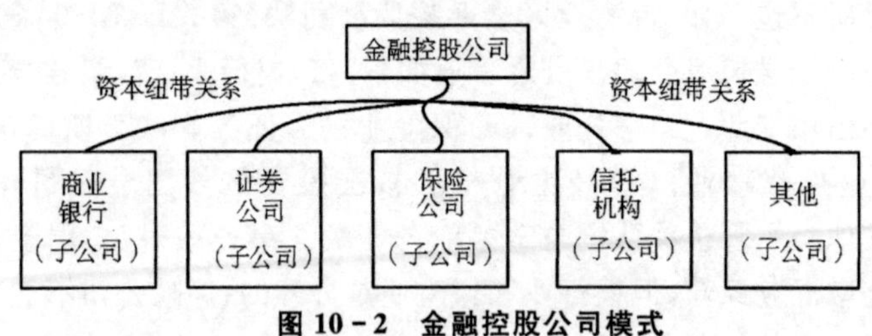

图 10－2　金融控股公司模式

从动态看，混业经营的过程相当大程度上就是金融机构之间并购的过程。

不同金融机构之间可以通过直接合并、借“壳”上市、公开收购、股权置换实现金融混业经营。这是国外金融机构并购现象风起云涌的重要原因。金融机构之间也可以通过协议等实现具有混业经营性质的金融业务合作。与严格的混业经营不同，不同金融之间的合作较为松散，稳定性较弱。

表 10－1　国外部分金融机构并购表

日　期	合作、交易方式	主 要 动 机
1997 年 8 月	荷兰国际银行集团以 5 亿美元收购美国福曼投资银行	荷兰国际银行集团通过收购，发展其在美国的业务；投资银行、商业银行混业经营

续表

日　期	合作、交易方式	主要动机
2000年8月	瑞士信贷第一波士顿(Credit Suisse First Boston)宣布以约115亿美元现金及股票，收购美国投资银行帝杰	增强波士顿第一银行的竞争力，成为全球著名投资银行
2000年9月	美国大通银行收购怡富	使并购双方的客户均能得到多元化的金融服务，包括资产管理、证券、商业银行服务
2000年9月	美国花旗集团斥资311亿元收购第一联合资产公司(美国最大的上市财务公司)	花旗集团收购财务公司，为传统体制下难以取得银行信贷的消费者提供贷款，扩大了盈利基础
2000年9月	美国大通银行以总值332亿美元的股票收购主营商业银行和投资银行业业务的J. P. 摩根	美国大通银行增强自身的证券业务

资料来源：邱华炳、马金良“金融跨业合作的中外比较及中国控股公司模式的选择”，《江西财经大学学报》，2002年3月。

（二）金融经营模式的选择

1. 经营模式选择的基本依据。金融经营模式选择的基本依据在于比较优势。分业经营和混业经营互有利弊，两种经营模式均有大量成功与失败的先例，二者均不可能拥有绝对优势。在任何时期，金融当局都应根据一国（或地区）金融业的实际状况，选择具有相对优势的经营模式。

具体而言,经营模式选择的依据,在于对两种经营模式带来的“风险”和“效率”的权衡上。20 世纪 90 年代,我国金融混业经营带来的风险,甚至超过了分业风险或混业效率,因此,1995 年我国选择了分业经营;将来,当混业的效率超过了分业的效率(或混业风险小于分业风险),混业经营就应取代我国目前的分业经营。不同国家(或不同时期)模式选择的结果可能截然不同,但选择的基本依据不变:经营模式的比较优势。

2. 分业和混业交替出现、呈螺旋式上升。各国在不同历史时期,都试图选择出具有比较优势的经营模式。随着时间的推移,一国金融业内外部经营条件会不断变化,最优经营模式随之不断交替,呈螺旋式上升。目前,混业经营已是大势所趋,然而,并不意味着未来世界金融业就是混业经营的“天下”。在未来的某些时期,在特定条件下(比如出现严重的监管混乱、社会对“政府干预”的要求超过“自由经济”的需要等),混业经营还会失去比较优势,混业、分业仍将交替出现(如图 10-3)。

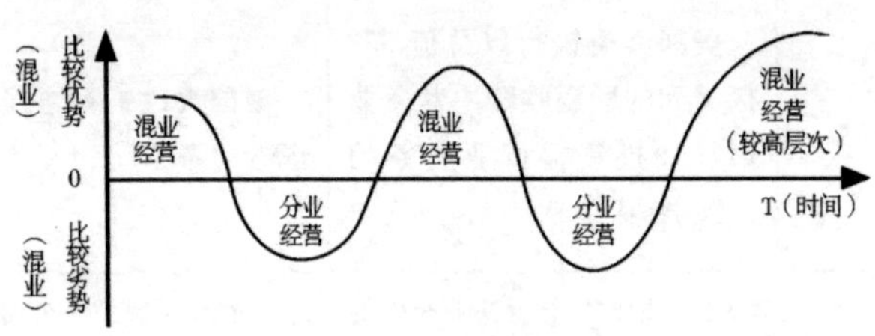

图 10-3　经营模式交替规律

上图横轴代表时间,纵轴代表比较优势(比较劣势)。图中曲线显示了混业、分业仍将交错出现的客观经济规律。需要强调的是,分业、混业不是简单的交替出现,新的分业和混业都是在总结过去基础上的提高,呈螺旋式上升。

3. 当前,混业经营趋势的动因分析。全球出现混业经营趋势的原因在于：一方面，在金融发展现阶段，金融业本身对混业经营存在需求；另一方面，外部条件使选择混业模式成为可能。具体而言：(1)激烈的金融市场竞争与单一经营体制存在现实冲突，各金融机构有拓宽经营领域的强烈动机。(2)客户对同一家金融机构存在多样化需求偏好，对金融产品与服务的需求趋向全面化。(3)金融创新促进了混业经营。例如，国际清算银行归纳的四类金融创新之一——增加流动性创新中，有许多是规避分业监管的创新，如CMA(现金管理账户，集交易与投资于一身的一种金融产品)；表外业务、共同基金、资产证券化，使银行业和证券业相互渗透；金融创新还包括是否允许混业经营，即制度创新。(4)金融监管水平的提高，为混业经营提供了监管保障，否则，混业只会导致"混乱"。(5)金融体系的完善，如建立存款保险制度，一定程度上化解混业可能带来的风险。(6)通讯、电子、网络等的发展为混业经营提供了物质基础。

(三)"混业经营福利增进数量模型"[1]

1. 模型的基本假设。某国客观上具备了实施金融混业经营的基本条件，但仍然在实践着分业经营。具体而言，某国(在某一时点)具备了以下基本条件：

① 发达的资本市场，银行、证券、保险、信托等金融业具备一定规模；

② 公司治理结构完善，独立董事制度、股东代表大会等制度健全有效；会计制度、审计制度健全有效；

③ 持续的金融创新；

④ 先进的信息管理；

⑤ 具备先进的风险控制技术和风险管理水平；

---

[1] 池启水："关于混业经营比较优势的思考"，《高教研究》(北京石油化工学院)，2003年第2期。

⑥ 金融市场存在对多元化金融服务的旺盛需求；

⑦ 其他有利于实施混业经营的条件；

⑧ 该国金融业分业经营。

2. 模型结论。该国分业经营的损失是巨大的，采用混业经营可使该国福利得到增进，并且模式切换后带来的巨额福利增进，可以用货币单位表示并计算出来，作为金融当局经营模式决策的重要依据。

3. 模型分析。如图 10－4 所示，横轴表示该国金融产品或服务的数量 X，纵轴表示金融产品或服务的价格 Y。D 曲线倾斜向下（并非直线，但总趋势一定是倾斜向下的），D 曲线即该国居民（包括法人居民和自然人居民）对金融产品或服务的需求，其函数为：$y = f(x)$。S 曲线倾斜向上（并非直线，但总趋势一定是倾斜向上的），S 曲线即该国金融机构对金融产品或服务的供给，其函数为：$y = g(x)$。

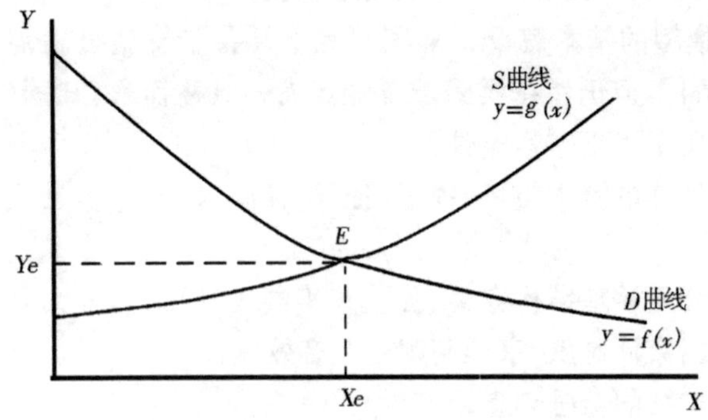

图 10－4 完全竞争金融市场均衡

若该国金融当局对金融市场不存在干预，即该国金融市场是完全竞争市场，那么，金融产品或服务的供给和需求就会在市场力量的作用下，自动达到均衡，均衡点为 E。此时该国金融产品或服务的供给和需求数量均为 Xe，均衡价格为 Ye。

和完全竞争金融市场相比，分业经营带来的净福利变化。从模型的基本假设我们得知，该国金融业分业经营，分业经营意味着金融当局对金融市场存在干预，意味着银行只能经营银行业务、证券公司只能经营证券业务、保险公司只能经营保险业务，等等。因此，该国金融机构所能提供的金融产品或服务的总量 X_1 就大为减少，即 $X_1 < Xe$。

由于 S 曲线总趋势倾斜向上，y 是 x 的增函数，由 $X_1 < Xe$ 可推出 $Y_1 < Ye$，即此时生产者（即各金融机构）的生产成本 Y_1 低于完全竞争市场下的生产成本 Ye；同时，由于此时该国只能提供 X_1 的金融产品或服务，金融产品或服务的消费者需要支付更高的价格 Y_2。

所以，生产者剩余变化为：

$SY_2Y_1AB - SYeY_3E = a - c$；

消费者剩余变化为：

$SY_4Y_2B - SY_4YeE = -a - b$；

暂不考虑金融监管当局的成本，令政府剩余变化为：0

所以，金融分业经营后，该国的净福利变化为：

$(a - c) + (-a - b) + 0 = -b - c$

以上分析如图 10-5 所示。

和完全竞争金融市场相比，混业经营带来的净福利变化。混业经营也会引起该国净福利的变化。

同理，可以得出金融混业经营后，该国净福利变化为：

$$(h - j) + (-h - i) + 0 = -j - i$$

以上分析如图 10-6 所示。

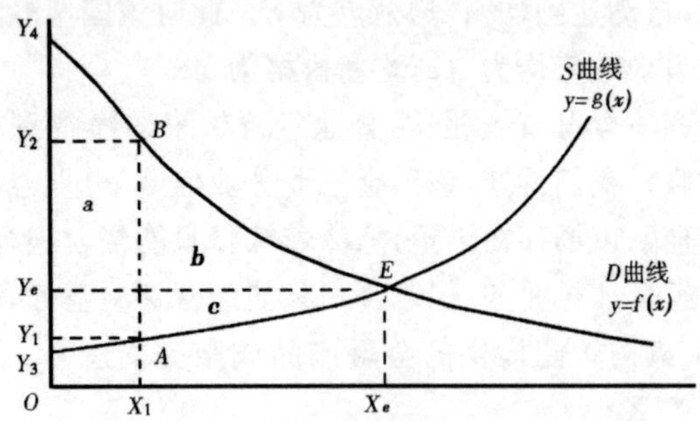

图 10-5 金融分业带来的净福利变化

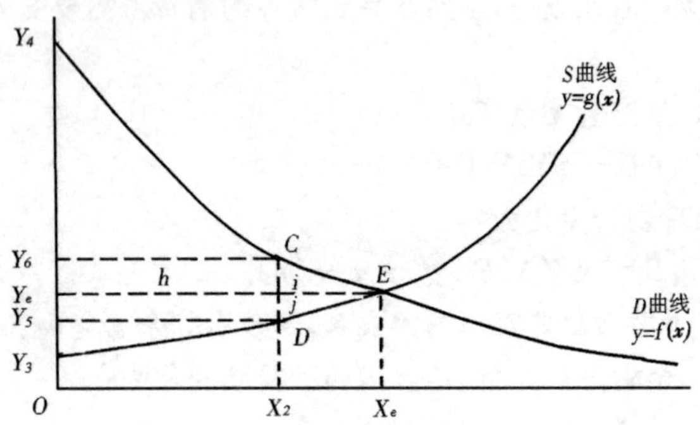

图 10-6 金融混业经营福利变化

相对于分业经营，混业经营带来的福利增进。无论金融当局采用分业经营还是混业经营模式，都是对完全竞争市场的一种干预。适当的“干预”是必要的，但是，政府任何干预行为都会给资源的配置造成“扭曲”，即产生效率的损失。前面分析了分业经营、混业经营带来的净福利损失，下面，进一步分析比较两种金融经营模式净福利损失的大小，即$(b+c)$和$(i+j)$孰大孰小。

如前所述，分业经营意味着金融业务彼此不能交叉，同一金融机构不能同时从事银行、证券、保险等业务；而混业经营意味着银行业、证券业、信托业、保险业等金融业务可以相互结合、相互渗透，同一金融主体可以同时经营银行、证券、信托、保险等金融业务。因此，分业经营模式中，政府“干预”的成分显然要多一些；混业经营模式中，经济“自由”的成分要多一些。所以，混业经营要比分业经营更“贴近”完全竞争市场。混业经营模式的生产点 D 比分业经营模式的生产点 A 更加接近于完全竞争市场的均衡点 E。同理，消费点 C 比消费点 B 更接近于均衡点 E。

既然 S 曲线向右上方倾斜，D 曲线向右下方倾斜，也就意味着 $(i+j)$ 比 $(b+c)$ 小，i 包含于 b 中，j 包含于 c 中，如图 10－7 所示。

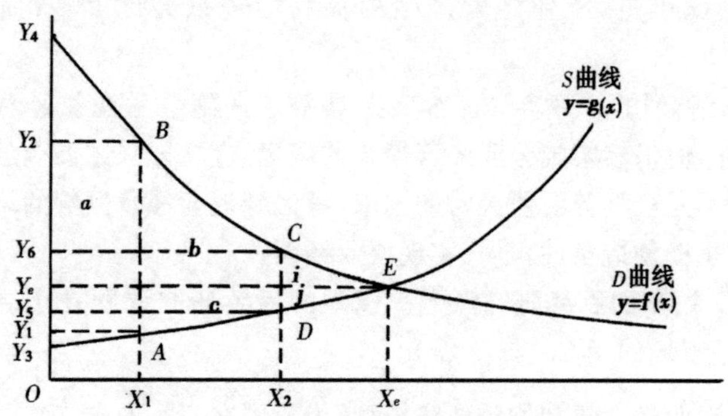

图 10－7　金融混业经营净福利增进

所以，相对于分业经营，混业经营带来的福利增进为：

$$\beta=\int_{x_1}^{x_2}[f(x)-g(x)]\mathrm{d}x \text{（货币单位）}$$

这样，实现由分业到混业的模式切换后，其得到的福利增进就可以以货币为单位计算出来。

以上假定政府（金融当局）的监管成本不变，如果考虑政府因素，其结果同样和这一结果极其相似。原因有二：其一，分业、混业给政府部门带来的管理成本可以相互抵消；其二，即使仍有一小部分成本未能抵消，其占政府金融管理成本的比重也很小，占β的比重就更不值得一提。

货币难以计量的因素。与分业经营模式相伴而生的是非法交易的产生。例如，商业银行在分业条件下，只要收益率超过逃避管制所付出的成本或代价，银行资金就可能以各种方式流入证券市场，增加银行储户的风险。储户的收益并不会因为银行非法从事证券业务获利而提高（利息收入是既定的），而银行非法从事证券业务出现破产等后果，储户却要承担风险。

由此可见，混业经营产生的福利增进只会比β多，而不会比β少。

4. 模型的政策含义。客观上具备了实施金融混业经营的基本条件，但仍然实施分业经营模式的国家，应立即采用混业经营模式；尚不完全具备混业经营的国家，考虑到混业经营巨额的增进福利，应积极创造条件，早日实现混业经营。

5. 模型的后续研究课题。模型的后续研究课题在于寻找我国金融市场的$f(x)$与$g(x)$。

“混业经营福利增进数量模型”为我国在不远的未来实行金融混业经营，提供了经济上福利增进的有力佐证。混业经营将使我国实现福利增进$\beta=\int_{x_1}^{x_2}[f(x)-g(x)]\mathrm{d}x$（货币单位），如果把货币难以计量的因素也纳入分析，则福利增进要略大于β，记为$\beta+\xi$。

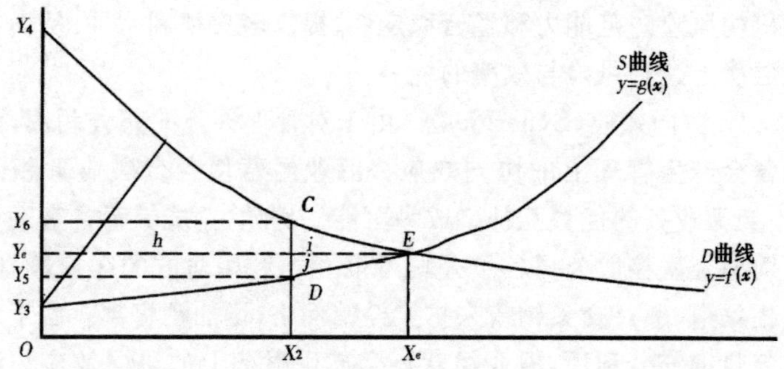

图 10-8　模型的后续研究——求出我国金融市场的 β 值

至此，该模型下一步的研究课题十分清晰，那就是要求出 $\beta + \xi$ 的具体数值，特别是 β 值，相信 β 值找到之日，"分业论"和"混业论"者都会为之震惊——混业经营福利增进如此之大。找到我国金融市场的需求函数 $y = f(x)$ 和供给函数 $y = g(x)$ 是求出 β 值的关键。

所以，该模型的后续研究课题清晰而繁重——寻找我国金融市场的 $f(x)$ 与 $g(x)$。

（四）混业经营比较优势的定性分析

分业经营模式下，金融主体的业务集中于某一特定金融领域的产品或服务，专门从事银行、证券、保险、信托或其他金融业务，专门为一定类型的客户提供某些产品与服务。其比较优势在于：金融主体资源集中，易创品牌；与客户关系较简单，金融当局易于监管；在特定时期，对金融风险的防范，起到重要作用。

然而，分业经营同时存在诸多劣势，而这些方面却是混业经营的优势所在。

一般而言，金融混业经营具有以下比较优势：协同效应、范围经济、规模经济、风险分散等。在条件具备的情况下，如金融机构自律的增强等，混业经营的比较优势就可以充分发挥出来，增强金融机构风险防范能力和经营稳定性、提高客户福利水平，从而在更高层次上达到风险与效率的统一。

1. 协同效应(Synergies)。由于对管理资源的充分利用，混业经营会产生管理上的协同效应。混业经营使各金融业务相互渗透，交叉业务的优势互补就成为可能。例如，全能银行各金融业务部门或金融控股公司各子公司可以互相利用对方的客户群基础、经销渠道，通过交叉销售来扩大经销网络，增加销售额。由于对现金流量的充分利用，混业经营还会产生财务上的协同效应。混业经营产生的协同效应是明显的，据所罗门兄弟公司对美国50家大银行的调查，1992～1997年，合并后银行的平均资产回报率从1%提高到1.29%，股东收益率从13.6%提高到15.9%[1]。

2. 范围经济和规模经济。由于经营规模和经营范围的扩大，使金融机构经营成本相对降低(在一个时期内产生的动态效应，若在一个静态时点，则情况有所不同)。2000年，日本第一劝业银行、富士银行、日本兴业银行组成瑞穗金融集团，它是世界资产规模最大的金融集团，混业经营对其产生的规模经济不言而喻；混业经营前，第一劝业银行主要经营个人银行业务，富士银行主营资本市场业务，兴业银行主营投资银行业务。三家银行业务范围都比较狭窄，收益有限。混业经营后，瑞穗金融集团的银行业务主要划分为个人银行业务部门和公司银行业务部门，此外，还有证券、信托子公司，经营范围得到扩展，实现了混业经营的范围经济效应。

3. 风险分散功能。混业经营符合“不要把所有鸡蛋放在同一个篮子里”的稳健经营原则。德国金融体系稳定性很高。由于全能银行多元化经营，注重长远利益，使用可靠的融资方式，不断优化资本结构，从而使资产质量得到保障。这与美国专业化金融机

[1] 夏斌等:《金融控股公司研究》，北京，中国金融出版社，2001年9月第1版，第11页。

构只关注企业的短期行为、资产负债不良、盈利率下降、倒闭率较高的情况形成了鲜明对比。自 20 世纪 80 年代以来，美国分业经营的商业银行饱受不良贷款之苦，靠传统的业务难以生存，大约已有 1000 多家分业经营的银行破产倒闭。而混业经营使金融机构的经营风险分散化，某一类型金融市场的疲软，在混业经营模式下，并不必然导致相应金融机构效益大幅下降，甚至破产。

4. 资本融合功能。混业经营（包含金融业与工商业的结合，即广义的混业经营）有利于金融资本与产业资本的全方位融合。证券市场的发展，使金融资本与产业资本的结合出现新的动向，即部分传统的借贷演化为参股、持股、控股。这种新的融合方式是现代企业制度产生的一个经济基础。若银行不能为企业提供全面的金融服务与投资，则不利于密切银企关系，从而不利于整体经济发展与国际竞争力的提高。而金融混业经营模式下银行对企业提供包括投资在内的全方位金融服务，既有利于企业的发展，又有利于建立起密切协调的银企关系，增强银企综合的竞争能力，使银行在经济发展中发挥更大作用，事实上，现在国内许多银行的客户经理部，就是为了适应这种形势而新设立的。

混业经营除上述优势外，还涉及到为客户提供消费或服务便利等诸多方面。

二、国外金融混业经营状况及其对我国的借鉴

（一）国外金融混业经营的现状

从全球看，目前，混业经营是主流。例如，东欧转型国家中的绝大部分在经济转轨伊始就实行混业经营，只有捷克在 1998 年又转而实行分业经营。发达国家全部实行混业经营。美国是分业经营的始作俑者，也是最后一个放弃分业经营的发达国家。伦敦、法兰克福、苏黎世、东京、纽约等是国际金融中心，全球绝大多数资金集中在这里，绝大多数金融业务也发生在这里，而这些金融中心所

在的国家或地区，现在都已实行金融业的混业经营(我国的香港作为世界金融中心之一，也是实行混业经营)。

德国、瑞典等欧洲大陆国家实行“全能银行式”混业经营；美国、日本、英国、加拿大等国采取金融控股公司混业模式。

下面分别是欧洲联盟和十国集团国家允许银行经营证券、保险业务情况表和欧盟银行业务表。国外金融混业情况，由此可见一斑。

表 10－2 欧洲联盟和十国集团国家允许银行经营证券、保险业务情况表

国　家	证券业	保险业
奥地利	不限制	允许
瑞士	不限制	允许
英国	不限制	允许
法国	不限制	允许
荷兰	不限制	允许
丹麦	不限制	允许
芬兰	不限制	限制
德国	不限制	限制
爱尔兰	不限制	禁止
卢森堡	不限制	允许
葡萄牙	不限制	允许
西班牙	不限制	允许
美国(1999 年 11 月以后)	不限制	不限制
意大利	不限制	允许
瑞典	不限制	允许

续表

国　　家	证券业	保险业
比利时	允许	允许
加拿大	允许	允许
希腊	允许	限制
日本(1998 年 12 月以前)	限制	禁止
美国(1999 年 11 月以前)	限制	限制

资料来源:叶辅靖《全能银行比较研究》,北京,中国金融出版社,2001 年 8 月第 1 版,第 8 页。

不限制:银行可以直接从事给定种类的所有业务;允许:可以从事所有业务,但全部或部分业务必须在附属机构中进行;限制:银行或附属机构可以从事部分业务;禁止:银行和附属机构均不得从事这类业务。

表 10-3　欧洲联盟银行业务一览表

序号	银　行　业　务
1	接受公众存款和其他可偿还资金
2	贷款(各种贷款,向消费者贷款、抵押贷款、对商业交易性融资等都包括在内)
3	融资租赁
4	货币转递服务
5	发行和管理支付工具(如信用卡、旅行支票和银行汇票)
6	担保和承付
7	为客户或银行自身做下列交易:货币市场工具(支票、汇票、存款凭证);外汇;金融期货和期权;汇率和利率工具可转让证券

续表

序号	银行业务
8	参与股票发行以及有关这种发行服务的备付
9	提供有关资本结构、产业战略及相关问题的咨询，提供有关企业兼并、收购的咨询服务
10	货币经纪业务
11	投资组合管理和咨询
12	证券保管与管理
13	各种保险业务
14	房地产业务
15	资信调查服务、保管服务等

资料来源：转引自 IMF《国际资本市场——发展、前景和主要政策问题》，余江岩等译，中国金融出版社。

（二）国外金融经营模式变迁

1. 混业经营在美国的发展。美国金融经营模式的变迁经历了五个阶段。(1)分业经营为主(1927 年《麦克法登法》实施之前)。1864 年的《国民银行法》禁止国民银行从事证券承销、交易和持股业务，国民银行也不能直接从事信托业务。(2)混业经营(1927～1933)。1927 年《麦克法登法》授权国民银行承销和自营"投资性证券"，国民银行和州银行几乎不受限制地经营所有证券业务。(3)分业经营(1933～1973)。混业经营在 30 年代经济危机中遭到社会舆论的猛烈攻击。1933 年，美国出台了《银行法》(即《格拉斯-斯蒂格尔法》)，标志着银行、证券、保险分业经营的开始(美国银行一直是可以经营信托业务的)。(4)孕育混业模式(1973～1999)。这一时期美国金融内外部经营条件发生了如下变化：①20 世纪70 年代布雷顿森林体系瓦解以后，美元的霸主地位受到了日元及欧元的挑战，美国金融业承受着其他一些国家混业经营带来的竞争压力;②到了70年代,美国证券市场已十分繁荣;③80年代后,随着经济和金融全球化的发展,银行业在金融业中占有的份额不断下降。为适应新的经营环境,早在70年代,美国许多商业银行就以其附属公司的方式,通过离岸金融业务,参与到欧洲债券市场。商业银行逐渐打破"防火墙",绕过法律限制,从事包括投资银行业务在内的金融业务。进入80年代,美国银行业更是设法规避法律,采取兼并和金融创新手段向证券业渗透。政府也开始放宽管制。《1989年银行公平竞争法案》明确允许商业银行有条件地涉足证券投资等非传统银行业务。1989年美联储批准花旗、大通、曼哈顿等三大商业银行直接承销企业债券。《1998年金融服务法》,使包括花旗银行与旅行者集团、美国国民银行与美洲银行、西北银行公司与富国银行公司的合并合法化。(5)混业经营阶段(1999年以来)。通过近70年来的发展,非银行金融业在美国获得了巨大的发展,其所控制的金融资产在全美金融体系中的比重已由30年代的不足40%上升到1999年的75%以上。金融服务一体化使得银行和证券公司通过创新金融工具来规避法律的限制,拓展对方的业务领域。金融自由化及计算机通讯技术的发展,使全球资本流动更加频繁。英国、英联邦国家、日本等国纷纷放弃分业经营,给实行分业经营的美国金融业造成严峻的国际竞争压力。在此背景下,美国国会于1999年11月4日通过了《金融服务现代化法》,11月12日,由美国总统克林顿正式签署实施。新法案允许银行、证券、保险相互跨行业经营及竞争。

2. 日本金融经营模式的变迁。第二次世界大战以前,日本实行混业经营。在明治、大正直至昭和年代初期,都是实行"自由"的金融经营模式,银行和证券相互渗透。明治30年代直至昭和初期,银行、证券、保险和信托全部介入债券发行市场。1947年,日本颁布《证券交易法》,实现银行与证券业较为彻底的分业经营。《证券交易法》是美国占领军为日本制定的,它是美国《格拉斯—斯蒂格法》在日本的翻版。《证券交易法》第 65 条禁止银行办理证券业务,证券业务由证券公司经营,严禁证券公司从事证券以外的业务。此后很长时期内,日本金融体系不同业务(即长期信贷与短期信贷业务、信托银行业务与普通银行业务、银行与证券及保险业务)之间有着明确的界线,严禁业务交叉。

20 世纪 70 年代中期以后,经济增长速度下降并转入"滞胀",使企业对银行信贷资金的需求减弱,企业更偏好于资本市场上筹资,传统银行业受到证券及投资银行业的挑战。与此同时,国内储蓄大幅增长,银行剩余资金急需出路。从国外引进的许多金融创新产品特别是金融衍生工具,兼备银行、证券等业务之特征,无法规定由哪类金融机构经营。欧洲货币市场的发展以及国际竞争的加剧,给业务单一的日本金融企业带来了更为严峻的挑战。以上状况使得分业经营无法维持。

1985 年,日本大藏省公布《金融自由化与日元国际化》报告,日本金融自由化正式启动。1992 年日本修改《证券交易法》和《商业银行法》,规定:(1)银行、信托和证券业金融机构可出资 50%以上收购或成立相互之间的子公司,进行业务交叉经营;(2)放松金融机构合并与转换的限制;(3)扩大有价证券的业务范围,除股票、公债、公司债券外,证券投资信托、贷款信托的收益券、商业票据、住宅债券信托、海外大额存单、信用卡债权的证券化商品等都可以在证券市场上交易。

1997~1998 年,桥本政府开始实施"金融体系一揽子法案"改革,对《证券法》、《银行法》、《保险法》、《金融期货法》、《禁止垄断法》、《投资信托法》等进行修改,并制定了一系列新的相关法律,如《金融服务法》、《投资者信用保护法》等。废除了银行不能经营证券、保险的禁令,允许金融机构跨行业经营各种金融业务。1998 年 12 月,日本彻底放弃分业经营,实现了金融混业经营。

3. 德国的金融混业经营。德国银行体系由德意志联邦银行

(中央银行)、全能银行和专业银行组成，其中，全能银行在银行体系中占重要地位。德国的商业银行都是全能银行；中央银行——德意志联邦银行也是一家以全能银行为主导的银行集团；专业银行中的储蓄银行也是全能银行。

19 世纪末，一些承销政府债券的私人银行把吸收存款、承销证券的业务混合在一起，形成了德国全能银行的雏形。

1957 年，德国《联邦银行标准合同条件》规定，联邦银行的业务范围除保险代理外，涉及货币发行、外汇、传统银行业务、中间业务、信托和证券业务等几乎全部金融业务领域。1967 年通过的《银行法》，在银行业务的范畴里，明确包含了证券、信托、投资基金、金融租赁等非银行业务。

由于社会资金的需求和供给都是围绕全能银行展开的，因此，全能银行在德国金融体系中起主导作用。全能银行可全面经营存贷款、证券等业务。事实上，德国的证券市场完全由全能银行组织和控制。

银行与企业之间关系密切是全能银行存在和发展的客观基础。在欧洲大陆国家，银行与企业之间历来关系密切。在德国，20 世纪 70 年代后，随着垄断集团兼并与收购的发展，银行的地位与作用不断上升。银行不仅控制着巨额货币资金，而且直接掌握了生产资金。工商企业也通过资本参与渗透到银行业中，形成了以大银行为中心的垄断财团，如德意志银行财团、德累斯顿银行、德国商业银行等。

（三）国外金融混业经营对我国的借鉴与启示[1]

1. 重新审视“混业导致危机论”。“混业导致危机论”者认为：证券市场风险较大，银行不可涉足高风险的证券市场，否则将陷入经济危机。

---

[1] 池启水：“国外金融混业经营及其对我国的借鉴”，《工会论坛》，2003 年第 6 期。

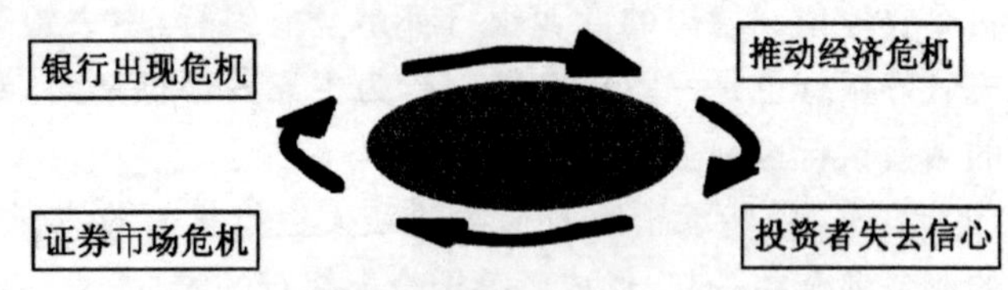

图 10-9 早期的"混业导致危机论"示意图

若银行不参与证券业，则以上恶性循环的"链条"就可打断，证券市场危机就不一定危及银行乃至整个国民经济的安全。这种理论在大危机后广为流行，也为美国《格拉斯-斯蒂格尔法》的出台作了铺垫。因此，有必要对 30 年代美、日经济危机做深入研究。

1929 年纽约股市崩溃是此前形成的证券市场泡沫破灭的必然结果。美国经济在第一次世界大战后进入繁荣发展时期，证券市场逐渐"过热"。导致大萧条加剧、延长的另一原因是"市场退出"。由于对金融体系信心的丧失，投资者抛售股票、挤兑存款。加之危机期间银行被迫停业 1 周，更助长了挤兑风潮。不仅直接导致股市下跌、银行清偿力不足而破产，还导致经济运行中通货紧缩的出现。1929～1933 年，美国流通货币占银行存款的比重由 9%上升到 23%。货币的流失不仅威胁支付体系的运转，也使企业得不到资金支持而出现破产，这反过来又加剧了银行危机和投资者信心恐慌，形成恶性循环。1933 年佩科拉听证会对美国选择分业经营起重要推动作用，它提供了证券市场崩溃的所谓"秘史"。尽管混业经营客观上并没有产生很大危害，但是，在当时的环境下，佩科拉听证会使人相信：混业经营会给银行安全带来严重威胁。

在既定的经营模式下，当所有市场参与者都感到自己面对着无法回避的风险、权益得不到保护时，他们一致的要求就是改变金融经营模式，而不管这种经营模式本身是否合理。1929～1933 年间，美国股票总市值缩水 88%，与此同时，国民收入由 878 亿美元下降到 402 亿美元，下降 54.2%，失业率最高达 25%。这又使市场参与者改变经营模式的愿望变得十分强烈。实际上，人们并不确信分业经营定会带来市场复苏，但人们所需要的只是一次改变和新的开始。对于金融监管当局，首要任务是恢复投资者的信心，顺应投资者的要求才可能恢复投资者信心。所以，分业经营的确立就成为一种历史必然。

美国学者本森(Bensen，1990)认为，银行体系结构本身对导致金融危机的影响力很小，银行业经营范围拓宽，并不会危及自身的安全与稳健经营。相反，由于混业经营的业务领域广阔，可以把各种资产、负债、担保业务、抵押业务进行广泛的风险组合，因而倒闭的风险较小。单一结构的金融机构因其资产、负债、担保业务组合的选择余地较小而更易倒闭。1986 年"怀特研究报告"的发表，从理论上动摇了《1933 年银行法》立法依据的合理性。美国经济学家怀特认为，20 世纪 30 年代美国银行倒闭的原因不在于"综合经营"(即混业经营)，而在于监管部门和政府的调控决策失误。怀特判断的证据是：1930～1934 年宣告破产的美国银行占当时银行总数的 26.3%，其中 207 家从事证券业务的银行中仅有 15 家破产，所占比重仅为 7.2%，抗击风险能力远比"单一经营"(分业经营)的银行强；这 15 家银行之所以倒闭，也并不是把资金投放到证券上造成的，因为这 15 家银行投资于证券的资产只占其总资产的 10%不到[1]。更何况，在 30 年代控制美国金融资产近 60%的银行，目前占美国金融资产还不足 25%，将银行安全与整个金融安全划等号已显得不合时宜。

---

[1] 姚秦、叶勋、王勇："分业与混业：几个理论问题的探析与反思"，《广西大学学报》，2002 年 4 月。

从实践中看，以德国为代表的欧洲大陆国家一直实行全能银行经营模式，而这些国家的金融体系与实行分业经营的国家相比，并没有显现出效率更差、稳定性更低的问题。1992年、1997年日本发生严重的经济危机，但是，日本继续进行金融经营模式改革。既然日本股市泡沫发生在证券业务开放之前，那么股市泡沫显然不是银行、保险公司经营证券业务引起的，日本股市泡沫背后有其他原因，如信息披露不充分、宏观政策的失误、金融自由化的不彻底等。混业经营不是导致危机的原因，相反，日本推进金融自由化、由分业向混业转换是正确的抉择，因为日本的问题很大程度上在于行政保护和限制竞争，而混业经营可提高市场竞争程度，实现自由经营，提高金融机构风险抵御能力，最终使整个国家的金融风险减小。

"混业经营导致危机论"具有较强的迷惑性，至今仍有许多支持者，加强国外金融经营模式研究，重新审视"混业导致危机论"，对我国今后金融经营模式的选择，具有重要的现实意义。

2. 混业经营并不必然造成"利益冲突"。所谓"利益冲突"(Conflicts of Interest)，是指同一金融机构从事银行、证券、保险、信托等不同类型的金融业务时，该金融机构会滥用市场权力或过度冒险。例如，商业银行同时经营银行和证券业务时，可能造成"利益冲突"。银行为了促销其承销的证券而向客户提出不公正的建议；也可能利用其信贷配给地位迫使企业客户购买某种证券，即"搭售"(Tie-in Deal)；银行还可能利用其证券分支机构，为自己有问题的债务人承销证券以收回贷款，从而将风险转移给证券的购买者。这些都会直接损害公众利益并威胁整个金融系统的安全和稳定。"利益冲突论"也是1933年《格拉斯-斯蒂格尔法》在美国国会通过的主要依据之一。

事实上，在1933年美国议会对大危机的调查和听证中，议会用来证明商业银行过度冒险、违规操作的案例总共不足五个，远非人们想像的那样严重。同一金融机构从事多种金融业务，造成"利益冲突”，这只是一种可能性，并非必然结果，即混业经营仅存在“潜在利益冲突”，而且这种“潜在利益冲突”并非混业经营模式所特有，分业经营模式下同样存在。例如，券商同时从事自营证券业务和为客户代理证券投资业务的过程中，也可能为了自身的利益而损害客户利益，还有代理人“道德风险”(Moral Hazard)的问题。

“潜在利益冲突”的存在是客观的和必然的，但不能因为它的客观存在而片面夸大了它的作用。“潜在利益冲突”能否演化为“现实利益冲突”，取决于金融机构是否有动机和机会使这一演化过程得以实现。相关研究显示，没有证据表明金融机构有足够的动机对“潜在利益冲突”加以利用，原因是多方面的，包括可能给金融机构造成的严重信誉损害。

即使金融机构有将“潜在利益冲突”演化为“现实利益冲突”的动机，也不能确定金融机构一定有机会实现这一演化过程。一般来说，只有存在垄断力量或合约各方信息不对称时，金融机构才可能对“潜在利益冲突”加以利用，而且这种利用还会受到法律监管、市场压力(如其他金融机构的竞争)及经理人职业道德等方面的有力约束。

20世纪90年代以来，国外许多学者对“利益冲突”进行了实证分析，其中，美国金融学家克罗兹勒(Kroszner)和雷简(Rajan)在1994年的研究最具有代表性。他们运用了“配平证券方法”(Matched Security Method)，把从1921年到1940年美国商业银行和投资银行承销的121类行业债券给予“配平”，对它们之间的绩效进行对比研究。结果揭示，商业银行承销的债券的违约率比投资银行要低得多。如经济危机前的1925～1930年，商业银行承销债券的平均违约率为0.6%，而投资银行则高达1.5%[1]。这说明商业银行承销的债券比投资银行质量更好，混业经营并不必然

[1] 陆静：“金融混业的动因及模式研究”，《财经理论与实践》，2002年7月。

造成“利益冲突”。

因此，“利益冲突论”不应该成为我国未来选择混业经营的理论障碍。

3. 混业经营是金融业应对国际竞争的需要。20 世纪国外金融业发展的基本轨迹是“混业—分业—混业”，之所以出现这一全球性发展趋势，其中最重要的原因是出于应对金融业国际竞争的需要。因为随着金融市场的发展，国际金融业的竞争更加激烈，而混业经营能够为客户提供全方位的金融服务，降低信息搜集成本，增强盈利能力。英、日、美等国相继放弃分业经营，选择混业经营，正是为了提高本国金融机构的效率，降低风险，以应对国际金融业竞争的迫切需要。以美国为例，进入 20 世纪 90 年代以后，日本等国的商业银行已经突破传统的分业界限，业务范围向投资、保险等非银行金融领域扩展，混业经营趋势日益明显；欧盟前身——欧共体曾于 1992 年颁布第二号银行指令，决定在欧共体范围内全面推广全能银行制；日本 1997 年开始了“大爆炸”的金融改革计划，计划在 2001 年前全面实现银行、证券、保险业务相互交叉经营(1998 年底提前实现)；以德国为代表的一些欧洲国家一直实行混业经营。德、英、日等国的混业经营使美国银行业经营压力增加。

尽管美国金融服务业的竞争力在全球名列前茅，但是，《格拉斯-斯蒂格尔法》严格限制商业银行、证券公司和保险公司混业经营的规定，使美国国内银行、证券和保险等金融业务交叉经营受到限制，抑制了美国金融业全球竞争能力的提高。以美国银行业为例，长期以来限制存款利率支付的 Q 条例，以及严格的分业经营和美国特有的不许跨州设立分行的规定等，都曾使美国银行业在国际竞争中处于不利地位。尤其是在 20 世纪 80 年代中后期，美国已没有一家银行能够进入世界 10 大银行排行榜，占世界前 50 名大银行的百分比也从 1956 年的 50%下降到 1988 年的 4%(见表 10 - 4)。迫于国际金融竞争的压力，美国于世纪之交选择了混业经营。

表 10－4　按储蓄存款规模划分的世界大银行的国别分布

国别＼年份	前 10 名银行家数					前 50 名银行家数				
	1956	1960	1970	1979	1988	1956	1960	1970	1979	1988
美国	5	6	4	2	0	25	19	13	6	2
英国	3	3	2	2	0	7	5	4	4	4
加拿大	2	1	1	0	0	6	5	5	4	1
法国	0	0	1	4	0	3	3	3	4	4
德国	0	0	1	2	0	0	3	4	7	7
意大利	0	0	1	0	0	3	5	4	2	1
日本					10	3	8	11	16	25
澳大利亚						1	1	1	0	0
新西兰						0	0	1	3	2
瑞士						0	0	3	3	3
比利时						0	0	0	1	0
其他						2	1	1	0	1

资料来源：蔡浩仪《抉择：金融混业经营与监管》，云南人民出版社，2002 年 1 月第 1 版。

从上表也可以看出，这一时期同样实行金融分业经营的英国、加拿大，其银行的国际竞争力呈明显下降的趋势；相反，实行混业经营的德国，银行业国际竞争力明显得以提升。

随着金融经营国际化程度的日益加深，我国的分业经营也受到来自国外的挑战，混业经营的选择课题，应被提到议事日程上来。

三、混业经营——我国金融业的必然选择

（一）我国金融业经营模式的演变及成效

1. 我国 1995 年以前混业经营模式的形成。从 1949 年到 80 年代中期，我国还没有真正的投资银行业。银行业在我国金融体

系中，长期占据主导地位。非银行金融业务在国家的金融体系中几乎是空白。

1980 年国务院指出，“银行要试办各种信托业务”，在同年中国人民银行下达了《关于积极开办信托业务的通知》后，各家银行陆续以全资或参股形式开办了大量金融信托机构。20 世纪 80 年代重新组建了一批混业经营的金融机构，如交通银行。80 年代末，我国有了证券一级和二级市场，部分银行先后设立了证券部。之后不久，各家银行和信托投资公司都成立了证券兼营机构，后来又出现了独立于银行的专营证券商，参与企业证券的发行、代理买卖和自营业务。

1995 年以前，我国混业经营的主要特征是：(1)银行、信托、证券金融机构业务相互渗透；(2)金融机构与非金融机构业务相互交叉；(3)金融监管水平较低。以上属性决定了我国 1995 年以前混业经营模式的抗风险能力较低。

2. 我国分业经营模式的建立。目前，我国实行银行、证券、保险、信托等金融业分业经营的模式。这一模式在 20 世纪 90 年代初提出，90 年代中期建立，并于 90 年代中后期得到进一步完善。

1992 年开始，社会上出现“房地产热”和“证券投资热”。银行大量信贷资金同业拆借进入证券市场，存在大量违规操作现象，金融秩序比较混乱。当时，金融机构缺乏内部风险控制机制，而金融监管机构的监管经验又严重不足，因此，混业经营不但增加银行经营风险，助长投机行为和泡沫经济，企业发展资金得不到保证，而且增加了金融监管和宏观调控的难度。

1993 年，我国开始大力整顿金融秩序。“分业经营、分业管理”的规定最早见于 1993 年 11 月十四届三中全会通过的《中共中央关于建立社会主义市场经济体制若干问题的决定》。同年 12 月《国务院关于金融体制改革的决定》对分业经营作出了进一步规定，但是，规定限制的只是商业银行对保险业、信托业和证券业的投资比例，以及限期银行、保险、信托、证券在人、财、物等方面的分离。

1995 年 5 月通过《中华人民共和国商业银行法》，该法第 43 条明确规定："商业银行在中华人民共和国境内不得从事信托投资和股票业务，不得投资于非自用不动产。商业银行在中华人民共和国境内不得向非银行金融机构投资。"同年 6 月通过的《中华人民共和国保险法》第 5 条规定：经营商业保险业务，必须是依照本法设立的保险公司，其他单位和个人不得经营商业保险业务；第 104 条规定：保险公司的资金不得用于设立证券经营机构和向企业投资。1995 年 6 月国务院转发了中国人民银行《关于中国工商银行等四家银行与所属信托投资公司脱钩的意见》，要求四大国有商业银行在机构、资金、财务、业务、人事等方面与所属信托投资公司以及信托部、证券部脱钩，不再保持隶属关系或"挂靠"关系，银行不再经营信托投资业务，除承销国债和代理发行债券外，不再办理证券业务。

1998 年通过的《中华人民共和国证券法》(1999 年 7 月 1 日颁布实施)第 6 条规定："证券业和银行业、信托业、保险业分业经营、分业管理。证券公司与银行、信托、保险业务机构分别设立。"《中华人民共和国证券法》进一步明确中国金融实行银行、证券、信托、保险分业经营的基本原则。《中华人民共和国商业银行法》、《中华人民共和国保险法》、《中华人民共和国证券法》等的颁布与实施，构筑了我国金融分业经营的法律基础。

3. 对我国分业经营模式的评价。我国在现阶段实行分业经营仍具有一定的合理性，因为分业经营在防范我国的金融风险方面仍具有不可替代的作用。

目前，我国金融业的风险和收益是不对称的。银行从事证券业务，如果经营获利，利润主要归银行自身拥有，而如果经营失败，要由储户、存款保险人、政府等承担主要后果。风险与收益的非对称性导致银行大量资金流入证券市场，商业银行资金的安全性、流动性得不到保障，并且可能使急需资金的产业部门得不到贷款。分业经营人为地切断了银行与证券之间的“资金通道”，有效地减少了风险收益不对称可能带来的问题。因此，我国现阶段的分业经营是有效的。

在产权主体缺位的情形下，我国现有的金融机构存在“内部人控制”问题。可能会不顾及市场风险从事较高风险的市场投资。即使产权改革完成，在旧体制、旧观念等的影响下，无论传统的银行业务，还是证券、保险业务都会受到不正当权力运作的干扰，实行混业经营将会为不正当权力操纵金融提供更多、范围更广的合法活动空间，金融体制的风险将会成倍放大。虽然体制风险从本质上说，是不可能用分业经营的办法来克服的，分业经营约束不了以公有制为工具、以内部控制权为依托的违规行为，但是，分业经营却能减少不正当权力操纵金融的渠道。

分业经营在现阶段仍具有可行性。我国金融业仍处于市场经济的初级阶段，分业经营至少在目前不会对我国金融业发展构成重大妨碍。我国金融是弱势金融，弱势金融的特征之一就是：金融业各个领域都有巨大潜力可挖。例如，在我国银行业中，西方许多传统的银行业务，我们还刚刚起步，甚至还没有开展。各金融机构还没有发展到不向对方的经营领域渗透就不能盈利、不能提高竞争力的程度。由于目前金融业不发达，各个金融领域均有不少“亮点”，各自的发展潜力都很大。另外，提高客户服务意识，即可增加各金融机构的获利能力。因此，分业经营对各金融机构的生存和发展的影响是有限的，分业经营仍具有可行性。

4. 我国分业经营模式的成效。分业经营对治理 20 世纪 90 年代初期、中期的通货膨胀起到不可低估的效用。20 世纪 90 年代初，我国经济运行“过热”，货币供应量急剧增长。在混业经营和房地产、证券“过热”的共同作用下，大量银行信贷资金发生转移成为可能。1992 年下半年和 1993 年上半年，社会集资资金和银行拆出资金接近2000亿元。大量银行资金通过非银行金融机构流向房地产市场和证券市场。非银行金融机构特别是信托投资公司资产快速增长，股票价格和房地产价格猛涨，“泡沫经济”出现。物价水平居高不下。例如，1993年我国通货膨胀率为13.2%，1994年高达21.7%[1]。在这一历史背景下，我国金融业实行严格的分业经营，禁止银行资金进入证券市场，切断了信贷资金在银行业和非银行业之间的转移渠道，切实治理了通货膨胀。

实行分业经营，有助于整顿金融秩序。由于我国金融市场还是一个新兴市场，有关法律法规有待健全，金融监管也有待进一步完善。在混业经营模式下，一旦证券市场“牛市”来临，大量资金将从商业银行或信托、保险公司涌入证券市场，引起股市暴涨，而当“熊市”来临时，又迅速撤资，造成股市暴跌，严重影响证券市场的稳步发展，也将危及金融体系安全。从当时情形看，实行分业经营，能从制度上规范金融经营行为，形成良好的金融秩序。

实行分业经营，有助于防范金融风险。20世纪90年代初，大量银行资金流向股市和房地产市场，当“泡沫”破灭后，大量银行资金成为不良资产，成为潜在的金融风险。据估计，目前我国国有银行不良资产中(包括已剥离到资产管理公司的13000亿元不良资产)，约1/3源于这一时期。实行分业经营，有助于在银行、证券、保险、信托各业之间建立“防火墙”，有助于防范金融风险。

（二）混业经营——我国金融业的必然选择[2]

1. 分业经营模式比较劣势逐渐显现。分业经营在现阶段发挥重要作用的同时，其比较劣势也逐渐显露出来。在目前和不久的未来，我国金融业处于Ta～Tb的时期(如图10-10所示)，这

---

[1] 华而诚：《中国经济的“软着陆”》，上海远东出版社，1997年版，第134页。

[2] 池启水：“论我国金融经营模式的选择”，《中国创新与发展研究文库》，北京，中央文献出版社，2004年5月第1版，第242页。

是一个分业经营比较优势逐渐丧失的时期。

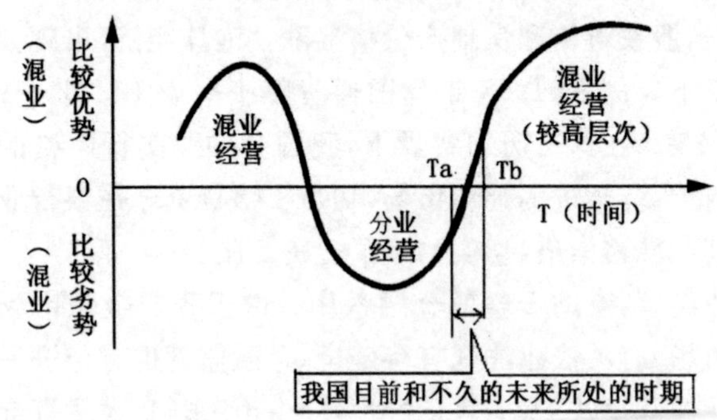

图 10－10　分业比较劣势日益凸现时期

我国目前的分业经营模式面临越来越大的国际、国内压力。

国际压力主要来自以下三个方面：

(1)金融全球化带来的压力。20 世纪 90 年代以来，全球金融市场日趋一体化。发达国家基本全部取消国际资本流动限制，国内金融市场逐步开放，国内金融市场和国际金融市场日益融合，金融机构遍布全世界。在金融全球化趋势下，一国金融不可能隔离于世界金融体系而独立存在。我国在正式加入 WTO 之前，金融业就已经面对来自国际的较大挑战。据统计，2001 年 9 月底，外资银行在华共有营业机构 190 家，总资产 440 亿美元。我国已批准 31 家外资银行从事人民币业务试点❶。

我国入世两年后，取消对外资银行经营人民币业务的法人客户限制，5 年后实现金融业的全面开放。入世以来，我国逐步放宽对外资金融机构在我国设立机构的地域限制和客户限制。外资金

❶ 余海丰："银证融合：我国金融控股公司组建模式的创新"，《金融与保险》，2003 年第 3 期，第 74 页。

融机构享有中资金融机构的国民待遇是大势所趋。中外金融机构在分割国内市场上正展开激烈竞争。外资金融机构进入我国后，尽管受我国法律限制也必须分业经营，但多数外资银行的母行实行的是混业经营(如美国花旗银行与旅行者集团公司合并后形成了集商业银行、投资银行、保险于一身的大银行)，与实行分业经营的中资银行相比具有相对优势，并且外资金融机构在"硬件"服务和"软件"服务上具有先行优势。

(2)世界金融格局变化产生的压力。当今世界金融格局发生了深刻变化，以银行为主的间接融资比重越来越小，而以证券为主的直接融资业务比重越来越大；银行业中，传统的存贷款业务越来越小，而表外业务和中间业务成为银行收入的主要来源，混业经营证券、信托及衍生金融业务已是银行发展的方向。我国仍以间接融资为主，银行利润的 90％来自存贷款利差，中间业务量较小。我国鼓励在分业模式下的金融创新，但由于金融创新与分业经营之间存在许多冲突，因此，创新进程较为缓慢。

(3)信息技术发展带来的压力。随着计算机与互联网为特征的信息技术的广泛采用，世界金融国际化程度进一步加深，网络银行和网上服务已是各国银行提高国际竞争力的重要手段。美洲银行的网络银行零售客户已达 190 万。网络银行为"金融百货公司"的形成提供了有力的技术保证，而融合商业银行和投资银行业务的混业银行，通过业务交叉和创新，实现金融效率增进，从而比分业模式下的专业银行更具竞争力。

国内压力主要包括以下两个方面：

(1)我国四大国有商业银行竞争力较弱。银行业在我国金融业中占据主导地位，而四大国有商业银行又是我国银行业的主体。能否有效提高四大国有商业银行的竞争力，直接关系到我国金融业发展的成败。

表 10－5 四大国有商业银行的金融主体地位

总资产指标:亿元

银行机构	2000 年末总资产	非银行机构	2000 年末总资产
中国工商银行	39737	中国国际信托投资公司	3586
中国农业银行	21848	中煤信托投资有限公司	53
中国银行	28933	上海国际信托投资公司	145
中国建设银行	25316	华夏证券有限公司	320
交通银行	6281	中国南方证券有限公司	368
中信实业银行	2346	中国人寿保险公司	1598
中国光大银行	2074	中国再保险公司	151
华夏银行	951	中国太平洋保险公司	315
中国民生银行	681	中国平安保险公司	652
广东发展银行	1489	天安保险	8
深圳发展银行	672	新疆兵团保险	9
招商银行	2165	泰康人寿保险	46
福建兴业银行	856	华泰财产保险	49
上海浦东发展银行	1307	华安财产保险公司	500
烟台住房储蓄银行	128	永安财产保险	483

资料来源:程卫红“资源共享:混业经营的基础”,《金融研究》,2002 年第 7 期,总第 265 期。

然而,我国四大国有商业银行的获利能力较弱。例如,1998 年,我国银行业资本利润率为 2.18%,资产利润率为 0.12%,而同期美国银行业的这两项指标分别为20.48%和1.72%❶。

从纵向看,我国银行业总资产利润率在20世纪90年代大幅度下滑,目前,已处于"低谷"水平(如图10-11所示)。

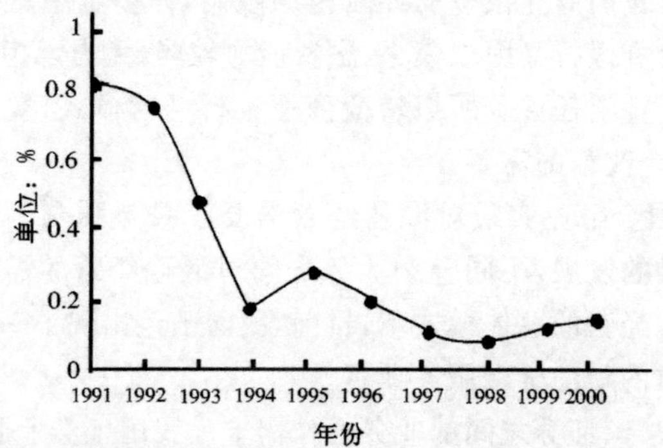

图10-11 历年来五大银行(含四大国有商业银行)的总资产利润率变化曲线

资料来源:吴培新"组建金融控股公司是我国金融业发展的方向",《上海金融》,2002年第5期。

我国四大国有商业银行竞争力不强的原因是复杂的,既有体制、政策上的原因,也有经营理念、管理等方面的原因,但是,分业经营模式是其中重要因素之一。

(2) 国有企业改革呼唤混业经营。国企改革对于建立和完善社会主义市场经济体制意义重大,但目前我国国企存在许多问题,如资本金严重不足,资产负债率居高不下,资本存量难以流动,投资主体缺位等。所以国企改革的关键可归结为三点,即如何补充国企资本金、盘活资本存量、明晰企业产权,而这些都需要金融经营模式的转变和银行经营业务的拓展。

一是扩大企业直接融资比例,降低企业资产负债率,发展资本市

❶ 蔡浩仪:《抉择:金融混业经营与监管》,云南人民出版社,2002年1月第1版,第190页。

场补充国企资本金。二是改变目前银行对国企单一提供信贷资金的服务方式,通过多种渠道提供多元化金融服务,促进国企战略改组,盘活资本存量。三是发展资本市场,为国企产权交易创造空间。

而目前我国商业银行受经营范围限制,许多金融服务无法展开。现有投资银行又因规模小、融资能力较弱,无力承担巨额的国有企业资产重组任务。所以转变商业银行经营模式,实现混业经营,也是国企改革的需要。

2. 我国金融业实践对混业经营的要求日益强烈。随着我国经济和金融的发展,不同金融业务之间对混业经营的需求日益强烈。在分业经营的总体模式下,目前,我国已经出现了一些具有混业经营性质的新的金融服务项目。

(1) 银行、证券之间的业务合作需求。我国证券业起步晚,证券业的进一步发展在一定程度上受到资金"瓶颈"的制约,新兴的证券业希望得到外源资金的扶持;银行业资金相对充足,并且在分业经营模式下,信贷资金主要投向国有企业,银行业有开辟新的资金出路的内在要求。银行业的货币市场资金、信贷资金与证券业的资本市场资金,客观上需要融通。

为适应混业经营的需要,我国金融监管机构做了大量的有效工作。例如,2000 年 1 月,中国人民银行允许五家证券公司进入银行间同业拆借市场开展债券回购业务;2000 年 2 月,中国人民银行和中国证监会正式出台《证券公司股票质押贷款管理办法》,允许符合条件的证券公司以自营股票和证券作质押向商业银行借款;允许"银证通"的存在等。这些措施也取得了一定收效。例如,到目前为止,中国建设银行已经为湘财证券发放股票质押贷款 6000 多万元;"银证通"对券商而言,可利用银行网点和信用扩大了交易规模;对银行而言,吸引了更多的客户,增加了利润收入;对投资者而言,方便其投资活动。

然而,在分业的总体格局下,这些收效对整个金融业来说,是比较有限的。

(2) 证券、保险之间的业务合作需求。证券市场的发展,需要社会资金(包括银行资金、保险资金等)的支持。另一方面,我国的保险资金长期沉淀,没有很好地利用,虽然表面上看比较稳健,但实际上是对资源的一种浪费。证券业与保险业之间同样存在混业经营需求。

证券、保险之间的业务合作需求,促使国务院批准了保险公司通过证券投资基金有限制地、间接地进入证券市场。

2000 年 3 月,中国保监会批准平安、新华人寿和华泰财产等四家保险公司提高入市资比例,从上半年总资产 5%的比例提高到 10%。目前我国证券投资基金的规模为 650 亿元。在提高投资比例后,中国人寿和平安保险的可用资金都将近 1000 亿元,随着投资类保险市场的开拓和投资比例的提高,各保险公司可运用的资金额度还将迅速增长。而依据《保险公司投资证券投资基金管理暂行办法》规定,保险公司持有的基金单位总数不得超过该基金总数的 10%,保险公司投资于单一基金按成本价格计算,不得超过保险公司可投资于基金的资产的 20%。因此,在现有的政策约束下,证券投资基金市场对保险公司来说已经饱和。基金市场容量和保险公司可运用资金额度之间的矛盾非常突出。

(3) 银行、保险之间的业务合作需求。保险公司利用银行丰富的营业网点推销保险合约,具有低成本、高效率特点,目前这方面的业务已经得到较大开展;如前所述,银行业也有开辟新的利润来源、降低单一业务风险、拓展经营范围的内在要求。银行业和保险业之间存在混业经营需求。例如,建设银行与中国人寿保险公司之间签约合作。

3. 我国选择混业经营模式有一定基础。新的混业经营模式都是在旧的混业模式上的提高,我国未来的混业经营模式,在加强金融各业之间融合的同时,更强调金融风险的防范和化解。经过

20 多年的探索,我国已为未来选择混业经营模式奠定了一定的基础条件。

(1) 金融机构市场化程度已有较大提高。市场化程度的提高,有利于金融机构逐渐化解“内部人控制”等问题,按市场经济规律办事。以银行业为例,1994 年以来,我国商业银行围绕“自主经营、自担风险、自负盈亏、自我约束”的经营机制,实行了政策性金融和商业性金融分离的改革,向政策性银行划转了政策性业务后,重点推进了以下几方面的改革:①在内控制度建设方面,逐步建立严密的自我约束为目标的资产负债比例管理制度,并修改了考核指标,将考核指标分为监控性和监测性两类指标,把本外币、表内外业务统一纳入考核体系中,以全面反映银行资产的风险状况。②在完善统一法人制度方面,按照“强化集中管理,提高统一调度资金的能力,全行统一核算”,“总行对本行资产的流动性及支付能力全部负责”的要求,四大国有商业银行相继集中了资金调度权和信贷管理权。1998 年以来国有商业银行按照“经济、合理、精简、高效”的原则,改变原来按行政区域设立分支机构的状况。将省级分行与所在城市分行合并,地(市)分行适当精简,县(市)支行及其网点机构撤并和调整。1998 年,撤销了中国人民银行 31 个省级分行,成立 9 家跨省区分行和 2 家总行营业管理部。③初步建立现代企业制度。为使国有商业银行所有者实现人格化,真正有人对国有资产负责,避免所有权虚设、责权利不对称,重点进行了董事会和监事会制度的建设。④在财务方面,从利润留成过渡到利税分流制度,采用权责发生制进行核算。

(2) 初步形成行之有效的金融监管体系。1994 年以后,我国金融监管重心经历了四个方面的转变:从以一般行政性金融管理为主开始向依法监管转变;从市场准入监管开始向全过程系统化监管转变;从“合规性”监管开始向审慎性监管转变;从外部监管开始向强化金融机构内部控制转变。目前,金融风险管理已贯穿于金融机构的市场准入、业务运作和市场退出监管等各个环节。先后颁布了《中华人民共和国中国人民银行法》、《中华人民共和国商业银行法》、《中华人民共和国票据法》、《中华人民共和国保险法》、《中华人民共和国证券法》等法律。2003年，十届人大一次会议决定，成立中国银行业监督管理委员会（银监会），依法对银行、金融资产管理公司、信托公司以及其他存款类机构实施监督管理，我国的金融监管体系将更完善，形成银监会、证监会、保监会分工明确、互相协调的金融三大监管体制。

（三）我国实现混业经营的路径选择

在分业向混业的经营模式转换过程中，一些发达国家采取了"一步到位式"的改革，在极短时间内，较为彻底地结束实施长达几十年之久的分业经营模式，建立了混业经营模式。如日本和英国，分别通过各自的"金融大爆炸"，迅速实现金融经营模式的转换。采取"一步到位式"的金融经营模式改革，必须具备以下条件：法制建设比较完善（包括公民普遍具有较强的法制观念）；金融主体内控制度相对健全和完善；较高的金融监管能力和水平；建立并完善现代企业产权制度等。发达国家的市场经济经过了上百年的发展，在产权制度、法制建设、内控制度等方面，都已经达到相对理想的状态。在上述条件中，我国与发达国家还有较大的差距，金融业目前还不具备全面推行混业经营的条件，只能走"渐进式"改革之路。

1. 继续发展我国资本市场。新中国资本市场从无到有、从小到大，截至2002年6月底，A股发行总额为4904.1亿股，市价总值46577.1亿元人民币，流通市值14768亿元，占总市值的31.7%。但是，我国证券市场规模仍然较小，有待继续发展。2002年6月A股市价总值仅为1999年7月纽约证券交易所市值的5.26%；流通市值则更小，仅为纽约证券交易所市值的1.67%。目前，我国股票市场总值占GDP的比重为48.5%。表面上看，这一比率在发展中国家中并不低,例如,1998 年,泰国为 50.2%,墨西哥为 33.5%,但是,如果剔除不能流通的国有股、法人股,我国的国民经济证券化率只有 15%左右,处于较低的水平。在目前证券业规模太小,而银行存款相对庞大的情况下,若实行"一步到位式"的混业经营途径,可能导致巨额银行分流资金"恶炒"有限流通股票的后果,最终可能导致我国年轻的证券市场偏离了正确的发展方向。

发展我国的资本市场,不但要求现有市场规模的继续拓展,更需要在市场运作上进一步加以规范。单纯从为金融混业经营创造条件的角度出发,目前我国资本市场发展的核心问题是规范市场运作问题,而不是扩大市场规模的问题。以下两个论断并不矛盾。论断一:在德国等欧洲大陆国家,资本市场不发达,正是它们实行混业经营的重要原因之一;论断二:在目前,我国资本市场欠发达,却是阻碍混业经营顺利实施的重要原因。德国等欧洲大陆国家法制健全,银行内控制度完备,证券市场也不存在诸如国有股、法人股不能流通的问题,同股同权,证券市场历史悠久,投资者相对成熟等,因此可以说,德国等欧洲大陆国家资本市场的"不发达",更多的只是证券市场"规模的狭小",而不是市场机制、规范运作方面的"不发达"。而我国的所谓"市场不发达",不但是证券市场"规模的狭小",更是证券市场的"不成熟、不规范",内涵要深刻得多。表面上看起来相似的条件,本质上却是截然不同的。况且金融混业经营的路径选择,还应根据各国诸多的具体国情进行设计,抛开历史背景和客观现实,空洞地谈论金融混业路径,很容易产生误解。在其他某些负面因素共同作用下,"资本市场不发达",在我国只会导致另外一种结局。因此,继续规范和发展我国的资本市场,是混业经营的重要基础。

2. 在维持分业模式的基础上,加快金融改革和整顿的步伐。我国实施分业经营的初衷是在金融各业之间建立"防火墙",目前我国金融业历史遗留问题仍没有彻底解决，金融风险在一定程度和范围内存在。我国率先要解决的主要问题不是经营模式的转换问题，而是建立金融安全体系。通过整顿，解决历史遗留问题、化解金融风险，建立良好的金融秩序；通过改革，理顺金融机构内部经营机制，提高金融业的整体素质；加强金融法制建设，健全金融机构的内控制度，提高监管水平。这样，转变我国金融经营模式才有了制度上的安全保障。

3. 在现有法律框架下，鼓励金融创新。商业银行可以在境外发展混业经营业务。现阶段，我国实行的分业经营，仅限于商业银行的境内业务，而对我国商业银行在境外从事投资银行等非银行业务没有加以限制。商业银行还可以加大在法律允许范围内非商业银行业务的比重，如发行金融债券、兑付、承销政府债券、代理保险业务等。开拓不产生债务或或有债务的中间业务，如企业并购业务、代客理财业务、项目融资业务、资金结算于清算业务、基金资产管理业务等。

4. 适当允许金融集团通过金融控股公司模式进行混业经营，并逐步推广。金融控股公司具有“集团混业、子公司分业”的特征，既提供混业经营的空间，又较为有效地防止了金融各业风险的交叉感染。

在中信、光大集团等小范围内的金融控股公司混业经营模式探索中，积极总结经验。与国际金融市场发展形式相适应，我国银行、证券、保险、信托各业之间的业务界限最终会被打破，整个金融结构会重新组合。鉴于我国多层次金融机构体系将长期存在，我国混业经营模式将是大型的金融控股公司和具有特色的专业化金融机构并存的局面。在混业经营体制下，各金融机构的发展模式要区别对待。中小金融机构应主要考虑如何在最大程度上发挥自身在地域、服务对象、技术资源等方面的优势，实行特色化经营。

在监管、法律等其他条件基本成熟时，大面积地在国有商业银行等金融机构中推广金融控股公司模式。

（四）混业经营组织形式——金融控股公司

1. 纯粹型金融控股公司是我国混业经营组织形式的首选。我国金融经营模式最终要“渐进”地过渡到混业经营模式，因此，应根据现实国情，积极探索适合我国的金融混业经营子模式。

（1）全能银行模式。全能银行在资金、业务、人员、信息上实现资源共享，更有效地配置资源以提高竞争能力。

但是，其缺点也是明显的，全能银行模式缺乏“快速反应能力”，其投资银行部对环境变化的反应速度比其投资银行竞争对手要慢，不能很好地适应信息革命。德国、奥地利、荷兰、瑞士、卢森堡等国的实践都证明了这一点。信息革命要求金融机构具有快速反应能力，否则，金融机构即使规模再大，也不能在国际金融业竞争中取得优势。全能银行各事业部门没有独立的法人资格，存在风险传染等问题。在金融机构内控制度不完善的我国，若采用全能银行模式，最终会由于缺乏内部的风险隔离机制，而给我国金融业带来更大的混乱。所以，我国混业经营不宜选择全能银行这一子模式。

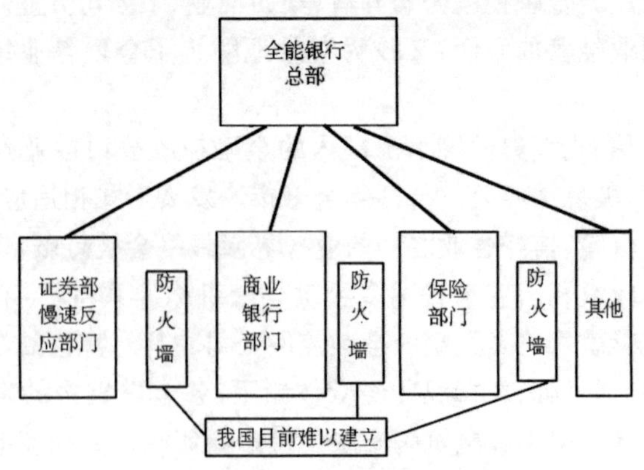

图 10－12　全能银行模式

(2) 经营型金融控股公司模式。金融控股公司分为经营型和纯粹型两种模式。

经营型控股公司也成为英国式母子公司。母公司拥有自己的事业领域,同时还通过持有其他事业领域的子公司的股份,来支配、管理子公司的活动,实现混业经营。

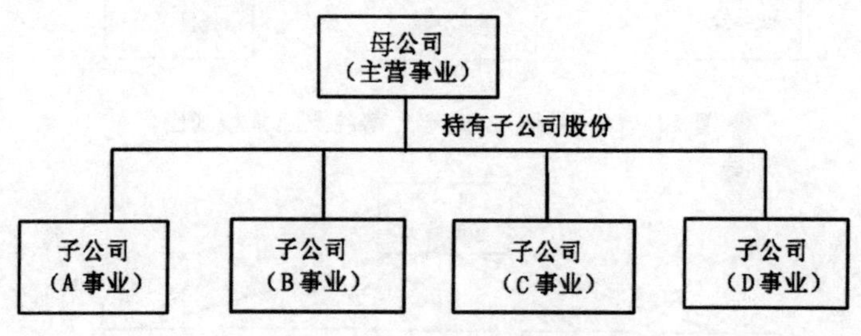

图 10－13　经营型金融控股公司

我国 1995 年之前混业经营所采取的模式与此类似。商业银行对保险公司和证券公司直接控股,直接以子公司的方式进行业务渗透和扩张。此模式由于资金调度的黑箱操作性,不仅会放大银行的经营风险,而且增大了金融监管的难度。在当时我国央行的风险管理能力及商业银行自我风险意识和风险承受能力都极为有限的情况下,此模式并非理性选择。美国的《金融服务现代化法案》也在相当程度上限制银行以此种模式进行多角扩张。历史的教训和横向的比较都表明经营型金融控股公司模式并非我国金融混业的方向。

(3) 纯粹型金融控股公司模式。纯粹型金融控股公司控股银行、证券、保险、信托机构中的两类以上子公司,子公司之间实行严格的分业经营,金融性资产占整个金融控股公司的绝对主体。和事业型控股公司不同,在纯粹型金融控股公司中,作为金融控股公司的母公司不直接从事任何事业性经营活动。

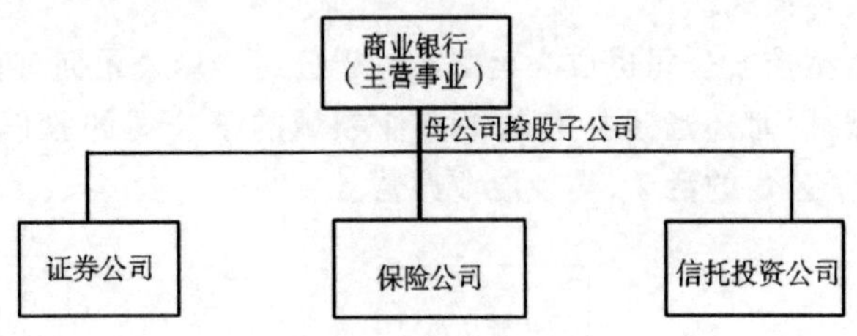

图 10－14　我国 1995 年之前混业经营模式图

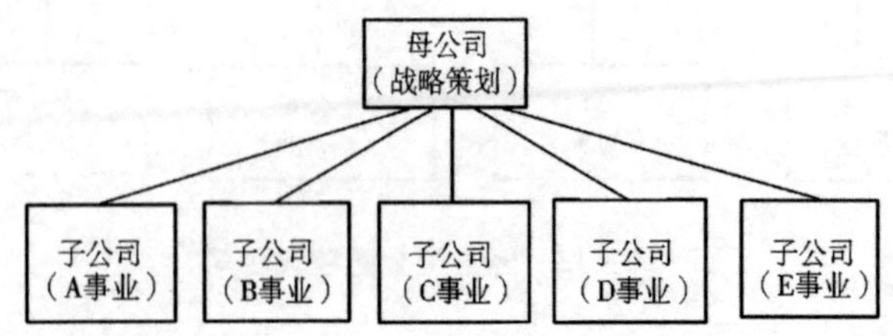

图 10－15　纯粹型金融控股公司

纯粹型金融控股公司的优势主要三点：①高效的资本运作。由于母公司没有本业，全部资金可用于对子公司的控股。控股资金投向旗下的子公司；如果该子公司又将控股资金投向孙公司作资本金，则最初的资金利用率得以大幅提高。因此，纯粹型金融控股公司资产迅速膨胀。以至可以超过自己资本金的数倍，甚至数十倍，这就是纯粹型金融控股公司最具魅力之所在。当然，发挥"资本扩音器"功能，需要同时注意防范风险。②战略管理与事业管理相分离。经营型金融控股公司有自己的本业，同时还管理着经营不同事业的下属子公司，母公司的管理部门既负责母公司的战略管理，同时又负责子公司的事业部管理；纯粹型金融控股公司由于母公司没有自己的本部事业，所以专司公司的战略管理，而把事业管理交给子公司。这种公司战略管理与事业部管理相分离的管理体制特别适合庞大的企业集团，尤其是那些跨国经营的大型跨国公司。这也就是美国纯粹型金融控股公司特别发达的原因之一。③有利于企业战略性调整。纯粹型金融控股公司可根据需要，随时作出战略性调整和企业内部整合。例如，母公司把部分低效的子公司，通过企业内部整合或企业外部的兼并重组等方式，转向高收益或朝阳领域。

综上所述，纯粹型金融控股公司是我国实现金融混业经营的最优模式选择。

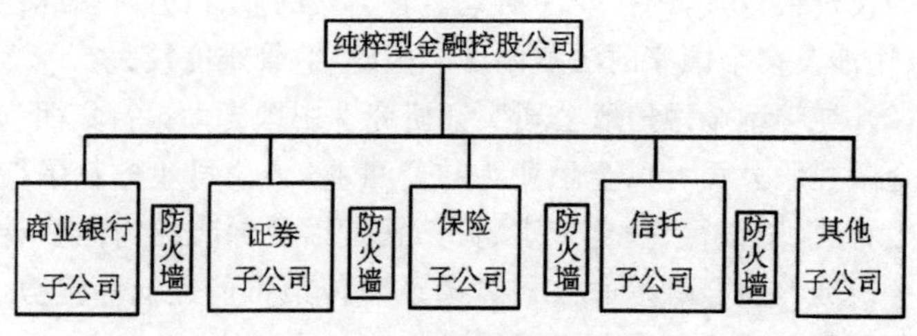

图 10－16　我国混业经营模式设计

2. 目前我国金融控股公司分析。我国经营型金融控股公司模式包括国有商业银行模式、平安模式、中信模式。山东电力模式从严格意义上讲，并不属于金融控股公司，为研究方便起见，将其视为经营型金融控股公司。

(1) 经营型金融控股公司实证研究。我国经营型金融控股公司存在一些优点。例如，国有商业银行因此可以涉足投资银行等业务，利用自身与企业长期以来形成的客户关系，推销投资银行服务；反过来，投资银行服务可以促进银行服务的销售。国有商业银行通过经营型控股公司，在一定程度上实现了混业经营；中信模式则基本实现了金融业混业经营。例如，中信的业务主要集中在金融、实业和其他服务业领域，在公司总资产中，金融资产约占公司81%，实业占 18.5%，其他服务业占 0.5%。中信金融业涉及银行、证券、保险、信托等。但是，我国经营型金融控股公司也存在许多弊端，主要表现为经营风险偏大和监管难度较大。

母公司主营事业为银行业，可能造成银行业、证券业等的风险相互渗透；信托投资公司在过去10多年，经历了五次大规模的整顿，说明信托公司经营银行、信托、证券等金融业务存在较大的缺陷；山东电力模式从事实业经营的企业参股、控股多家金融企业，却不受金融监管当局的监管，显然是不稳健的。

监管难度较大。国有商业银行受中国人民银行的监管；合资成立的投资银行等，则接受注册地监管当局的监管；若是国际性的集团，还涉及多个国家的法律制度。因此，监管难度较大。

(2) 纯粹型金融控股公司实证研究。中国光大银行集团为纯粹型金融控股公司。以金融业为核心事业，子公司业务范围覆盖商业银行、投资银行、基金管理、资产托管以及保险在内的多种金融服务。纯粹型金融控股公司具备风险传染可能性低等优势，是目前我国相对理想的混业经营模式。

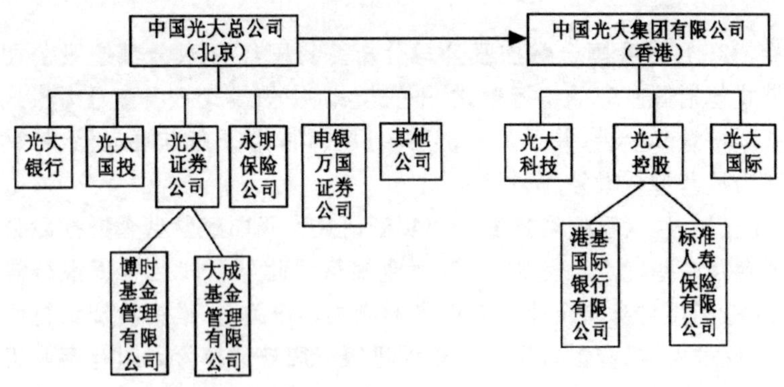

图 10-17 中国光大集团总公司组织结构图

资料来源：熊波、王志强、陈柳、田晓东《金融控股公司理论与实践》，经济管理出版社，2002年2月，第206页。

其他公司包括:中国光大对外贸易总公司、中国光大房地产公司、光大饭店物业管理公司、中国银证数据网络有限责任公司、中国中山公司、光大资产托管公司、中国光大石油天然气开发投资有限公司、光大木材有限公司、光大依波表(深圳)有限公司、中国光大(澳门)有限公司等。

3. 完善我国纯粹型金融控股公司。建立和完善纯粹型金融控股公司是我国金融业经营模式的发展方向。国有银行模式、中信模式、平安模式随着条件的逐步成熟,可在经营型金融控股公司基础上,通过建立专门从事股权运作的控股母公司,逐步向纯粹型金融控股公司过渡。而我国现有的纯粹型金融控股公司,仍需要进一步完善。

(1) 突出金融主业,培育核心竞争能力。光大模式的多元化经营有效地分散了经营风险,但同时,实行资金分散管理,相应降低了运作效率。因此,应进一步突出金融主业,避免资金的过分分散化。核心竞争能力是企业保持持久竞争优势的基石。20 世纪 90 年代,美国管理学家普拉哈拉德(C. K. Prahalad)在《哈佛商业评论》上发表的《公司核心能力》,阐述了企业核心竞争能力的重要性,以及通过企业培育核心产品获得核心竞争力。

截至 2000 年底,光大集团虽然金融资产所占比重在 90%以上,但从光大集团所拥有的子公司数目衡量,非金融类公司的数目仍然要远远超过金融类公司,这样至少使战略策划者的精力过分分散化,因此,仍需进一步突出主业。集团通过将一些非金融企业调整转让,逐步从非金融企业中收缩,转变到发展金融主业上来。

(2) 建立共享的信息库。光大模式虽然是混业经营的金融控股公司,但其集团组织内部不存在一个共有的信息库供金融分支机构使用,集团内部各控股金融机构之间的合作,主要是帮助或代理集团内其他金融机构开发的金融产品,这种合作即使不在同一个集团内部的金融机构也能进行,因此,目前,光大模式没有将金融机构混业经营的优势完全发挥出来,应建立共享的信息库。

信息资源的共享必须防止另一个极端,需要保护消费者的私人信息不受非法泄露。美国1999年《金融服务现代化法》就以大量篇幅,规定"防火墙"和保护消费者私人信息的要求。金融控股公司的附属子公司之间可以互相推荐客户,但必须向消费者明示,任何交易不得以是否和其关联公司达成交易为条件。

(3) 建立适合我国金融控股公司发展方向的监管模式。与我国的混业经营相适应,金融监管模式应从分业经营逐步过渡到"伞式"监管。

四、混业经营监管模式的选择

(一) 现行监管体制面临挑战

1. 我国的金融监管体制。1998年国务院决定成立保险监督管理委员会,我国形成了如下的分业监管体系。

表10-6 我国20世纪末形成的分业监管体系

监管人	主要被监管人	主要法律依据
中国保险监督管理委员会	保险公司	1995年《中华人民共和国保险法》等
中国证券监督管理委员会	证券公司	1999年《中华人民共和国证券法》等
中国人民银行	商业银行、信托投资公司	1995年《中华人民共和国商业银行法》等

2003年,十届人大一次会议决定成立中国银行业监督管理委员会(银监会)。依法对银行、金融资产管理公司、信托公司以及其他存款类机构实施监督管理,在中国银监会成立并正式工作后,我国形成如下分业监管体系。

表 10-7　我国银监会正式运作后的分业监管体系

监管人	主要被监管人	主要法律依据
中国保险监督管理委员会	保险公司	1995 年《中华人民共和国保险法》等
中国证券监督管理委员会	证券公司	1999 年《中华人民共和国证券法》等
中国银行业监督管理委员会	商业银行、信托投资公司、金融资产管理公司	修订相关法律

我国的分业监管是在金融分业经营下，各功能监管人(functional regulator)对不同类型的金融业"对口"监管。证券监督管理委员会负责监管证券业，保险监督管理委员会负责对保险业的监管，而银行监管委员会负责对商业银行、信托等的监管。

2. 我国现行监管体制面临挑战。混业经营趋势对我国的分业监管体制产生多方面的挑战。

(1) 对监管机构的挑战。各功能监管人"对口"管理会带来诸多问题：易出现监管真空(如不同金融机构共同参与的金融业务等)；会带来管理套利风险；监管机构要掌握风险在机构、市场甚至国家之间的分布是非常困难的，因为在分业管理监管模式下，金融控股公司风险的分类、交易是由金融子公司、孙公司分开进行的；不利于公平竞争，即从事相似的金融业务不能得到同样的监管待遇，例如，银行经营保险业务与独立的保险公司经营同样的业务得到的待遇是不公平的。资金跨行业融通不畅、不利于金融创新等问题。

(2) 对资本充足率要求的挑战。混业经营趋势使确定合适的资本充足率更加困难。资本充足率规定是以风险资产为基础的，计算资本充足率必须首先测定风险的大小。1988年的《巴塞尔协议》确定了商业银行最低的资本充足率要求。但是,《巴塞尔协议》过分注重传统的信用风险,而银行经营的风险还有市场风险、操作风险、结算风险、流动性风险等。银行、证券、保险、信托等金融机构遵循不同的审慎监管要求,很难确定整个金融集团的资本充足率。

(3) 来自表外业务的挑战。所谓表外业务是指所有不在银行资产负债表中反映但改变银行当期损益的业务。表外业务随时都可能因为风险成为现实而转为表内业务,造成银行的巨额亏损。许多表外业务投机性很强,例如金融衍生工具,操作稍有不慎就可能给银行带来重大损失,监管者、股东和债权人难以了解银行的整体经营水平,透明度较低。透明度低使得银行内部人员对表外业务的固有风险无法进行正确的认识和评估,而外部人员又无法对银行的经营活动进行有效的监督和控制。银行还可能借助表外业务掩盖其资本的缺乏,监管人很难做到防患于未然。

(二) 建立混业监管体制需解决的问题

新的挑战呼唤新的方法。根据我国分业经营、分业监管的实际,以及1999年巴塞尔银行监管委员会、国际证券监管委员会、国际保险监管协会三方联合论坛就混业监管中的几个问题作出的原则性规定,我国应主要解决以下两个问题,以建立混业监管体制。

1. 正确评估金融控股公司资本充足性问题。监管者应避免其所监管的实体的资本重复计算问题。同一资本同时被两个或两个以上法人实体作为风险缓冲器,只要一个实体持有同一集团内另一个实体提供的资本金,而又允许提供者将该资本计入它自己的资产负债表,就会出现双重计算问题。例如,平安保险公司通过出资1.5亿元控股平安信托投资公司,而平安信托投资公司又投资9150万元控股平安证券公司61%的股份。如果子公司又将双重计算的资金作为资本提供给孙公司,母公司的外生资本就会被三重计算。

重复计算带来的主要问题不在产权结构方面，而是这种结构对整个集团资本评估所造成的后果。在计算单一资本的基础上来计算整个集团的资本会高估集团的外部资本。虽然某些内生资本对单个公司有支持作用，但是监管者应该认识到只有外部投资者提供的资本才对整个集团有支撑作用。因此，在对整个集团的资本进行评估时，要排除内生资本。

一个集团内两个公司相互持股，相互持有的股份均非外生资本，解决的办法是：两个内部持股都要从集团资本评估中排除出去。

识别和解决母公司发行债券和将利润转化为股权的情况，这将造成放大效应。当母公司发债(或者其他不能作为下游公司资本的工具)或者将利润转成在子公司的股权或其他法定资本时，就会出现放大效应问题。在这种情况下，子公司的杠杆效应要比单独计算时大得多。尽管这种杠杆效应不一定就不稳健，但是杠杆效应过大将会给监管对象带来审慎性风险。特别是当一家不受监管控股公司处于金融集团顶端的时候，监管者对整个集团资本充足性的评估要排除这种资本结构对集团的影响。为此，监管者需要通过监管对象或公开披露的信息来了解该控股公司的情况，以便对其偿还外部债务的能力作出评估。

不受监管的中间控股公司在从事金融业务的子公司或联营机构中参股也会造成重复计算。计算整个集团资本充足性的方法应该能够有效排除该控股公司的影响，应该同没有这种公司或者被合并到相关部门时得出的结果相同。这种不受监管的中间性控股公司可能是纯粹型金融控股公司，它的惟一资产是在子公司或附属联营公司中的投资。

2. 监管信息分享框架的确定。信息分享对于监管者是必要的，有利于增进监管者对混业经营集团运作的了解，有利于监管者依据象限结构确定混业经营集团的特征。金融混业经营集团可能把自己描绘成满足象限 A、B、C 的条件，而实际上是 D。

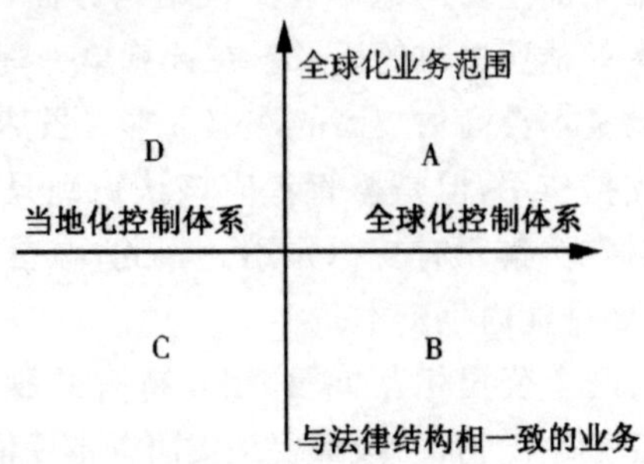

图 10－18　金融混业集团组织结构与业务活动示意图

掌握金融混业集团的组织结构和业务活动是监管者了解信息分享需求的前提条件。绘制象限图是一种有效的办法，它也是监管者进一步了解更复杂的金融混业集团的重要工具。特别是当监管者信息需求增加或金融混业集团管理层自身难以获得充分的信息时，它对识别下述情形特别有用，例如，一个集团在理论上是按照业务种类集中进行管理并有中央控制功能，但实际上集团的某些部分有相当程度的自主权。

监管者应该对有很大自主权的决策者、弱势中央控制功能以及分散的管理结构提高警惕。其他警示特征包括分散的审计安排和不同的会计年度。

无论公司和管理层的组织结构以及公司的控制功能如何，关键是各个监管者间的相互沟通，因为任何一个监管者都不可能单独获得所需的全部信息。监管者应该就它们各自的目的和方法加强沟通，熟悉彼此的监管技巧有助于相互理解、信任和信息分享❶。

---

❶　叶辅靖:《全能银行比较研究》，北京，中国金融出版社，2001 年 8 月第 1 版。

（三）“伞式”监管模式

1. 混业监管。混业监管通常是在混业经营情况下实行的一种金融监管模式（但有特例：如德国等），包括两个子模式：“伞式”监管和综合监管。

如果几个功能监管人在同一个机构内，即银行、证券、保险、信托等金融业的监管机构合并为一家（如英国和日本的 FSA），则是综合监管模式。1997 年 10 月成立的英国金融服务局（Financial Service Authority），根据 1998 年《英格兰银行法》、《金融服务和市场法案》，拥有直接监管银行、证券、保险、信托等金融机构及其业务的权力。

综合监管具有如下优势：监管当局职权统一；较低的监管费用，监管一家混业经营的金融机构只需要一个监管领导或一组监管人员；适应日益增多的“交叉性”金融业务，有利于各种金融业务的合作；统一的监管准则，增加透明度，保证监管的相对公平。

但是，综合监管要求监管人员具备较高的专业水平，并且由于所有业务都由一个人或一个小组监督，可能导致金融机构的道德风险，金融机构可能不再加强其管理的内部控制，而过度依赖金融监管当局。顾客有可能不再认真选择金融机构，而过度依赖金融监管。

如果各功能监管人相互独立，不同监管机构分别监管银行、证券、保险等，并且设有一个“伞式”监管人（umbrella regulator），由“伞式”监管人负责监管各功能监管人，则是“伞式”监管模式。美国在 1999 年后，实行的就是“伞式”监管。

“伞式”监管具有明显的优点：较低的专业要求；明确的监管任务；较易管理；更好地适应不同金融业务的风险和性质；监管人员更接近和熟悉业务；促进各机构之间的竞争；“伞式”监管人可有效协调各功能监管人和金融集团。

实行“伞式”监管模式，一般需要具备如下条件：(1)金融混业经营，并且采用的是纯粹型金融控股公司子模式；(2)纯粹型金融控股公司的子公司具备完善的公司治理结构和风险防范机制；(3)负责协调、管理各子公司业务的控股公司具备良好的风险控制机制。

2. 美、英金融混业监管模式比较。英国成立了金融服务局(FSA)，负责综合监管银行、证券机构和保险机构。英国财政部全面负责金融监管组织架构的制定；英格兰银行的职责是对整个金融体系的稳定负责，监控整个金融体系的稳定。FSA 的职责是监管各类金融机构，包括对金融机构市场准入的审批、对金融市场清算体系的监管及对违规事件的处理等。

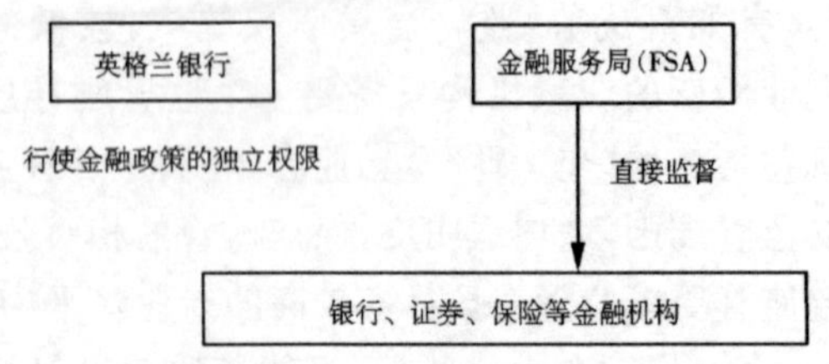

图 10－19 英国金融监管模式

资料来源：中野哲也、依田薰《图解大藏省金融企划局与金融监督厅》，日本银行研修社，1998 年。

另一类是美国模式，1999 年《格兰姆－里奇－布利雷法》确立了美国的“伞式”监管框架，它是指在功能监管人之上设立一个“伞式”监管人。这种监管模式分为如下两个层次：(1)功能管理层次：以服务功能分类的银行、证券和保险等子公司的监管仍由来自各自领域的监管机构执行，证券交易委员会(SEC)、货币监理署(OCC)和州保险监视机构在各自领域内拥有的监管优先权。(2)“伞式”监管层次：美联储作为“伞式”监管人，负责监管混业经营的金融控股公司，并协调各功能监管人的监管工作。其金融监管权力体现在：首先，评估金融控股公司面临的风险。作为“伞式”

监管人，美联储要协调好如下关系：既不能直接监管金融控股公司下的子公司，又要防止子公司的风险。其次，美联储依赖于由功能监管人提供的报告。如果功能监管人认为控股公司的子公司已经达到了资本标准要求，美联储无权要求金融控股公司增加资本。再次，在特殊条件下，美联储有权对控股公司的任何子公司进行检查。

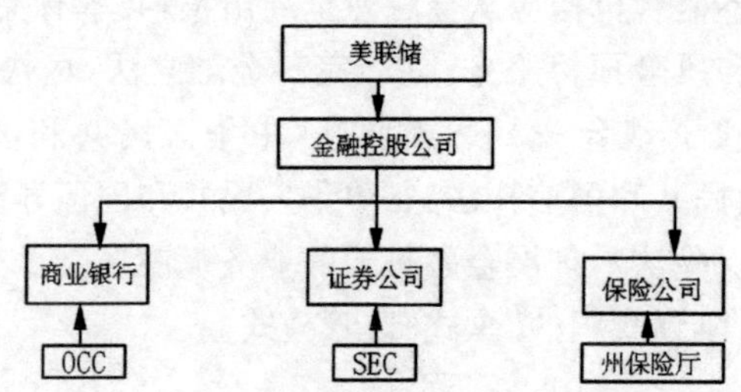

图 10－20 美国对金融控股公司的监管

美、英金融监管模式具有相同点：(1)都是针对本国混业经营金融机构而设计的混业监管模式；(2)都对功能监管人、混业经营的金融集团进行监管；(3)旨在监督金融机构，控制金融风险，保持金融稳定。

同时这两种监管模式也存在不同点：在英国，各功能监管人在同一机构(FSA)内。美国“伞式”监管模式，各功能监管人不在同一机构内，各功能监管人既相互独立，又统一于“伞式”监管人。所以，“伞式”监管优势明显，兼备混业与分业监管的优点，适合监管我国经营模式的转型期金融业。

3. 建立适合我国未来混业经营模式的“伞式”监管模式。在分业经营条件下，我国目前采用的是分业监管的金融监管模式，各功能监管人“对口”监管不同类型的金融业。

我国金融经营模式的战略转变，走的是“渐进式”的道路，那么，我国的金融监管模式改革，也应该与之相配套，循序渐进，逐渐过渡到混业监管模式。从现在开始,就应为混业监管模式的建立早做准备:(1)顺应混业经营的发展趋势,加强监管机构之间的协商,对业务交叉领域,实行联合监管。目前,三大监管机构已建立了高层定期会晤制度,就一些重大问题进行磋商。今后应进一步加强和完善这一制度。(2)建立金融监管机构之间的信息交流和共享机制。各监管机构应从金融业全局出发,共享有关监管信息,为监管决策和风险预警服务。(3)完善金融立法,尽快颁布《中华人民共和国投资基金法》,适当调整《中华人民共和国商业银行法》、《中华人民共和国信托法》、《中华人民共和国证券法》和《中华人民共和国保险法》,扩展金融机构的业务范围。

最后,过渡到我国的"伞式"监管模式。

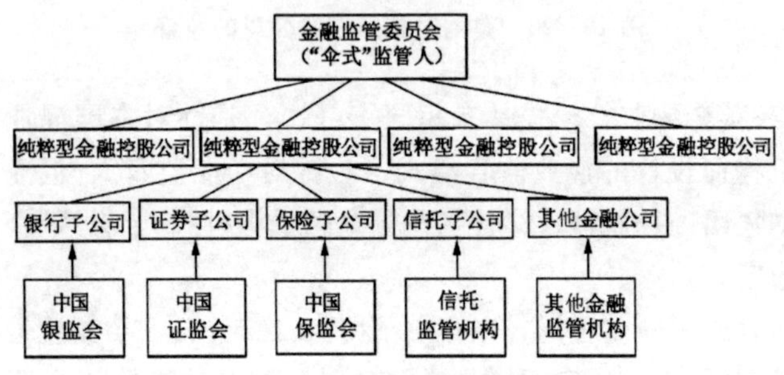

图 10-21 我国的"伞式"监管模式设计

将来,随着我国信托业的进一步发展,应成立信托业专门监管机构,从中国银监会的职能中分离出来,这样,就形成了中国银监会、证监会、保监会、信监会四大"功能"监管人,分别负责对银行子公司、证券子公司、保险子公司、信托子公司的监管。另外,为了加强协调,应设立我国金融业的"伞式"监管人,可成立隶属于国务院的金融监管委员会,负责监管各"功能"监管人,和进行宏观上的监管协调。

第十一章　我国的金融安全

近 20 多年来，国际经济形势风云变幻，金融危机此起彼伏。20 世纪 80 年代初，拉美爆发了 20 世纪 30 年代大萧条以来最严重的债务危机和经济危机，这一“双重危机”使该地区在 80 年代陷入了所谓“失去的 10 年”。1994 年 12 月，墨西哥遇到了史无前例的金融危机，这一危机被视为“新兴市场时代”的第一次金融危机；1997 年，始于泰国的金融危机席卷东南亚，波及全球众多国家和地区；1999 年初，巴西爆发了货币危机；2002 年初，阿根廷大规模的骚乱和激烈的政局动荡迫使政府放弃了比索盯住美元的汇率制度，国内外投资者对阿根廷的信心急剧下降；同年，由于受到阿根廷金融危机的“探戈效应”的影响，乌拉圭和巴西出现了金融动荡……

一国经济为金融危机付出的代价往往是惨重的。据保守估计，1994 年的墨西哥金融危机使这个国家损失了 450 亿美元（相当于 GDP 的 16%）[1]。1995 年，墨西哥的 GDP 下降了 6.9%，是 20 世纪初墨西哥革命爆发以来经济增长率下降幅度最大的一年。通货膨胀率超过 50%，而实际工资则降低了 20%。消费者无法偿还住房贷款和其他贷款，大量企业倒闭。与危机前相比，失业人口增加了 200 万[2]。仅在 1995 年 1 月和 2 月，倒闭的企业就达

---

[1] Riordan Roaett (ed.), *The Mexican Peso Crisis: International Perspectives*, L. Rienner, 1996, p. 27.

[2] *Hemisfile*, March—April, 1996, p. 5.

19300 家，占全国企业总数的 3%，25 万人因此而失业[1]。1997 年的东亚金融危机使该地区损失了约 5000 亿美元。在危机爆发后的 1 年时间内，泰国的失业率比危机前增长了 1 倍，韩国的失业率比危机前增长了 2 倍[2]。1999 年的巴西货币危机和 2002 年的阿根廷危机同样使这两个国家受害匪浅……

可见，一国的金融安全问题是何等的重要。世界上任何国家发生的任何一次金融危机，我们都可以（也都应当）将其当作一声声警钟，以增强我们的金融危机感。另外，我国的具体国情不同，不可能照搬其他国家防范金融危机的做法。因此，只能实事求是地寻找我国金融危机的风险源，即探索我国金融危机的生成机制，才能有针对性地防范或化解金融危机。

一、我国金融体系中的安全隐患

自 1996 年实现人民币经常项目可兑换以来，我国金融领域与国际金融体系的联系逐步密切，并且初步突破了传统计划经济体制下的金融模式，但是，我国当前的金融体制仍远不能适应经济持续健康发展的需要，金融隐患时刻威胁着我国的金融安全。这将成为我国金融体制深化改革的严重障碍。

（一）国有金融机构业绩不佳、竞争力低下

我国国有金融机构竞争力问题主要是指国有独资商业银行缺乏市场竞争力。从理论上说，在我国典型的垄断竞争金融市场结构中，处于垄断地位的国有独资商业银行具有由历史原因形成的基础资源优势，这是其他非国有商业银行所无法比拟的，其盈利能力应该处于较高水平，然而，自 20 世纪 90 年代以来，国有独资商业银行的竞争力与盈利水平却每况愈下。若与国外的金融机构相

---

[1] *Business Latin America*, April 7, 1995, p. 8.

[2] Vinad Thomas, etal, *The Quality of Growth*, World Bank, 2000, p. 121.

比，差距更大。如从资产规模看，中国工商银行、中国农业银行、中国银行、中国建设银行 1999 年分别为 4275、2443、3162 和 2658 亿美元，按照一级资本排序，都在全球 30 强之列，但是，1999 年中国工商银行、中国农业银行、中国银行、中国建设银行的资产收益率分别只有 0.12%、-0.05%、0.17%和 0.33%，在全球银行盈利能力排序中，位列 800 名之后。国外的花旗银行、美洲银行、汇丰银行资产收益率分别为 2.22%、1.93%和 1.4%，是中国银行的 10 倍左右。

最近几年中，我国四大国有独资商业银行进行了大刀阔斧的改革，在减员增效、完善激励机制、完善管理体制等方面进行了努力，也收到了明显的成效，经营业绩大幅度提高。例如，中国工商银行在 2000 年经营利润达到 100 亿元人民币左右，2001 年上升到 300 亿元以上，2002 年进一步上升到 400 多亿元，2003 年达到 600 多亿元人民币。中国农业银行、中国银行、中国建设银行的情况与中国工商银行相类似，所以，有人也许会认为，既然现在情况发生了如上所述的变化，前面 1999 年的数据就不能说明问题了。为此，笔者在此要特别提醒大家注意两点：(1)从 1999 年到 2003 年，我国四大国有商业银行的资产规模增长的速度也是很快的，在一定程度上“摊薄”了资产收益率，而盈利能力的高低主要考察的是资产收益率，而非收益绝对额；(2)笔者并不否认四大国有商业银行近年来业绩有所改善的事实，但是，近年四大国有商业银行的收入中，与中国人民银行的往来收入，主要是存款准备金利息和票据利息等，均占有相当大的比例。这是在特殊时期出现的有中国特色的现象，而从长期来看，这种收入是很难持续的。通俗地讲，目前四大国有商业银行的业绩是有“水分”的，随着市场经济体制改革的深化，这种特有的、非常时期形成的“水分”就会被蒸发掉。

综上所述，我国国有银行目前的经营业绩并不理想。

导致国有银行业绩不佳的主要原因有：(1)国有独资商业银行

迄今为止仍未建立起真正意义上的现代企业制度;(2)国有企业经营不善,给国有独资商业银行带来巨额的不良资产。为了扭转这种局面,政府采取了诸如控制国有独资银行的贷款规模、实行风险和资产负债比例管理、发行特别国债补充国有独资银行资本金、逐步推进机构撤销与合并等一系列措施。从目前情况来看,虽然国有独资商业银行盈利能力有所改善,但是,体制问题依旧未得到彻底解决,因此,全面提升国有独资商业银行盈利能力,依然任重而道远。

在非银行金融机构中,证券业的竞争力问题较为典型。这主要表现为证券业规模偏小,实力有限。众所周知,必要的规模和实力是证券业市场竞争和抗御风险能力的基本保证。我国的证券业金融机构与外国同行相去甚远。截至 2003 年 6 月底,全国共有 131 家证券公司,净资产 1228 亿元人民币,售后交易结算资金 2846 亿元,自营证券 664 亿元,受托管理资金总额 676 亿元。而美国较大的三家投资银行摩根斯坦利、美林和高盛净资产总额折合成人民币是 7000 亿元,收入总额是 6700 亿元,人均管理资产 5.4 亿元,人均创收 2700 万元❶。分别是我国国有证券公司资产总额的 24 倍,净资产总额的 6 倍,收入总额的 28 倍,人均管理资产的 108 倍,人均创收的 112 倍。其中,规模最大的摩根斯坦利公司的净资产总额折合人民币是 3551 亿元,收入总额是 2457 亿元,人均管理资产是 3.2 亿元,人均创收 1200 万元。分别是我国所有证券公司资产总额的 12 倍,净资产总额的 3 倍,收入总额的 10 倍,人均管理资产的 64 倍,人均创收的 50 倍❷。我国的证券公司和国际性投资银行相比,在公司治理、管理经验、客户网络、激励机

❶ 2002 年底数据。

❷ 颜剑英、刘卿:“浅议金融全球化背景下的中国金融安全”,《科学·经济·社会》,2004 年第 1 期。

制、品牌和人才等方面差距也非常大。在这种情况下，我国资本市场对外逐步开放后，国外大型证券公司将大举进军我国资本市场，国内现有证券经营机构目前的实力根本无法与其抗衡，所面临的压力可想而知。

(二) 银行不良资产问题

20世纪90年代以来，我国银行系统巨额不良资产一直是阻碍银行业健康发展的主要因素之一。从国际大银行的情况来看，2000年世界前20家大银行(不包括我国银行)平均不良资产率为3.27%，其中，美国花旗银行的不良资产比率只有1.85%[1]，美洲银行的不良资产率只有0.85%[2]，而我国四大国有商业银行的不良资产率高于20%[3]。2002年底，四大国有商业银行不良资产占总资产的加权平均比率为26.12%，到2003年3月底，这个数字为24.13%[4]。不可否认，近两年来在中央政府与银行机构的共同努力下，银行业的不良资产规模在下降。如2002年，中国工商银行、中国银行、中国建设银行、中国农业银行的不良资产率比2001年分别下降了4.26%、5.14%、3.99%、4.72%，不良贷款的余额比2001年下降了700多亿元；2003年3月，四大国有商业银行不良资产的加权平均比率又比2002年末下降了1.99%，不良贷款余额比上一年末下降了271亿元。不良资产规模的下降说明银行在控制和减少不良资产方面还是能够有所作为的。但是，国有银行的不良资产问题依然十分严重(见图11-1)。大量的不良资产构成了我国银行系统，乃至整个金融系统的巨大隐患。同时，近年来贷款迅速扩张对信贷质量要求的相对放松，也使得新增贷款部

---

[1] 何德旭："中国金融服务业：困难与前景"，《中国经济观察》，2004年卷第1辑，第62页。

[2] The Banker, July 2000, Top 1000 World Banks.

[3] 美国花旗银行的不良资产率为2002年数据，其余的为2000年数据。

[4] 中国银监会主席刘明康：2003年5月29日记者招待会。

分增加了潜在的风险。由于坏账等问题的长期存在,暂且不论由于商业银行业务扩张导致的资本充足率下降的问题,仅就目前不良资产的规模而言,四大国有独资商业银行在理论上也都基本处于破产状态。就 2003 年末的情况看,四大国有独资商业银行中所有者权益规模最大的也只有 1800 亿元人民币左右,因此,如果按惯例用呆坏账直接冲减资本金,我国四大国有商业银行基本上都应该进入破产程序。

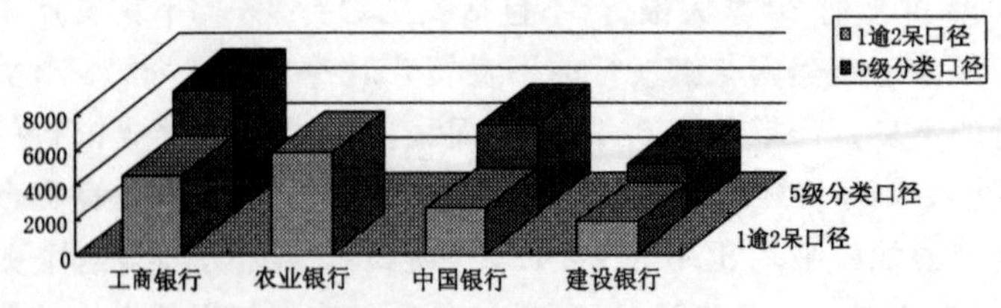

图 11-1 2003 年末我国四大国有商业银行的不良资产(单位:亿元)

（三）中小金融机构的支付危机

改革开放以来,为了适应经济发展的需要,我国金融领域中除了国有独资商业银行等大型金融机构持续发展壮大之外,还出现了大批中小金融机构。据中国人民银行统计,到 1998 年底,全国共有城市商业银行 88 家、城市信用社 3200 家、农村信用社 50000 多家,信托投资公司上百家,资产总额达 2.1 万亿元,占全国金融机构资产总额的 16%以上。中小金融机构的蓬勃发展,一方面适应了社会主义市场经济条件下多种所有制成分不同的金融需要,促进了综合国力增强和劳动就业机会扩大;另一方面也促成了多种金融机构分工合作、功能互补、平等竞争的金融服务体系的建立。

然而,由于长期以来这些中小金融机构内部治理结构不健全,并且,金融监管当局对其监管力度不够及其业务人员素质低下等原因的存在,中小金融机构中粗放经营甚至恶意经营现象普遍存在，乱拆借、乱集资、乱投资、高息揽储的违规问题严重，最终导致了 20 世纪 90 年代后期中小金融机构支付危机的发生。经过近几年的治理整顿后，局面虽有所改观，但是，中小金融机构的支付风险依旧存在。如果部分金融机构出现挤兑的话，极有可能出现“多米诺骨牌”效应，无疑会对整个金融领域产生巨大的不利影响。

二、我国金融风险源分析

（一）外部冲击：并非主要风险源

毋庸置疑，加入 WTO 以来，我国金融业开放的步伐明显加快，同时也不可否认，国际金融市场对我国金融业的方方面面，已经形成了直接或间接的影响。由此，理论界展开了关于我国金融风险源的新的探讨。银行业是我国整个金融业的主力军，资产总额、负债总额、利润总额等主要指标在我国金融业中均占有绝对统治地位，因此，以银行业为例，阐明外部金融冲击并非我国金融的主要风险源。

我国在银行业开放方面至今已出现了以下进展：(1)市场准入。根据国务院 2001 年公布的《外资金融机构管理条例》，外资金融机构在满足审慎性准入条件的前提下，可以在我国境内任何一个城市申请设立营业性机构。同时，取消人民币业务市场准入时对外资金融机构设定的业务规模数量指标，只规定申请人民币业务的外资金融机构须满足三个基本条件：在华开业 3 年、连续两年盈利和中国人民银行规定的审慎条件。(2)机构设置。2002 年 2 月，中国人民银行公布《商业银行设立同城营业网点管理办法》，允许外资银行设立同城营业网点，审批条件与中资银行相同，体现了 WTO 的国民待遇原则。(3)业务地域。2002 年以来我国取消了对外资银行经营外汇业务的地域限制，外资银行经营人民币业务的城市从上海、深圳扩大到天津、大连、广州、珠海、青岛、南京、武汉 9 大城市。到 2003 年 8 月，允许经营人民币业务的外资银行已增至73家。(4)业务对象。外资银行经营外汇业务的客户限制在2002年初已经取消,外资银行除了原先对外国客户可以提供外汇业务外,现在也可以向我国客户提供外汇业务。(5)机构数量与规模。入世第一年已受理四家外资银行在华设立分行的申请,批准了14家外资银行在华设立代表处。到2003年8月底,外资银行在华共有营业机构187家,其中外资银行分行154家,下设支行10家,外资法人机构16家,分支行及附属机构7家;外资银行总资产达437.36亿美元,其中人民币资产总额为599.32亿元。(6)外资入股中资银行。外资银行参股渗入国内商业银行,是近年银行业对外开放的又一重要进展。尽管在入世承诺中没有提及外资参股国内银行的条件和比例,《外资参股国内商业银行管理办法》也正在制定之中,但外资参股、收购国内商业银行已拉开序幕❶。

以上事实可能给人以这样的感受:金融业开放咄咄逼人,外资银行如潮水般涌向中国大陆,但是,外资银行的冲击只是在绝对数额上增加了,我国银行业的总体格局并没有本质上的改变。银行业的开放度是衡量一国银行业对外开放程度的重要指标,可以用外资银行在华资产占银行体系总资产的比重来测量。2000～2001年我国银行业开放度情况见表11-1。从表11-1来看,加入WTO后,我国银行业开放度表面上似乎增大,但实际开放度没有多大的变化。入世的第1年(2002年),外资银行在华资产占银行体系总资产的比重反而从上年的2.4%下降到1.9%。

金融竞争一般用市场份额和行业集中度两个指标来反映。首先,计算市场份额。在选取了资产总额、存款总额、贷款总额和利润总额这四个指标对各种类型的银行进行分析后。可以看到,四大国有商业银行在资产总额、存款总额、贷款总额、利润总额竞争

❶ 王维安:“银行业开放与国家金融安全”,《财经研究》,2003年12月。

表 11－1　我国银行业的开放度

	2000 年	2001 年	2002 年
外资银行营业性机构数	191	190	181
在华资产总额（亿美元）	343	452	372❶
在华资产总额/银行总资产(%)	2.0	2.4	1.9
在华人民币资产总额(亿元)	293	450	477❷
在华人民币资产总额/银行总资产(%)	0.2	0.3	0.2

资料来源：《中国金融年鉴》(2002 年)。

中占绝对优势，而外资银行所占市场份额都很小（见表 11－2)。其次，选用行业集中率指数(CRn)和赫芬达指数(HHI)测算我国银行业竞争度，结果发现这两个指数 2001 年比 2000 年均有所下降，表明国内商业银行的竞争增强❸。不过，通过与金融业发达国家银行业的竞争度比较，我国 CRn 和 HHI 仍然较高，竞争明显具有寡头垄断特征。

---

❶　2002 年 6 月底数据。

❷　2002 年 9 月底数据。

❸　两个指数的计算公式参见焦瑾璞：《中国银行业国际竞争力研究》，中国时代经济出版社，2002 年版，第 79 页。

表 11-2　2001 年末我国商业银行业务规模与市场份额

	资产总额（亿元）	%	存款总额（亿元）	%	贷款总额（亿元）	%	利润总额（亿元）	%
国有独资商业银行	122077	77.06	97363	80.68	70578	81.25	149	55.19
股份制商业银行	23865	15.07	15861	13.14	10491	12.08	81	30.00
城市商业银行	8730	5.51	6817	5.65	4258	4.90	24	8.89
外资银行	3736	2.36	641	0.53	1539	1.77	16	5.93
总计	158408	100.00	120682	100.00	86866	100.00	270	100.00

目前，外部金融冲击不会形成我国金融业主要的风险源，根本原因在于我国仍在实行严格的资本项目管制。1998 年亚洲金融危机发生后，在各种有关危机原因的解释中，有一种分析把危机发生的原因归咎于国际投资资本造成的金融冲击。马来西亚总理马哈蒂尔是这一观点的典型代表。马哈蒂尔曾说过："我们努力了 30～40 年，才把自己的国家发展到今天的水平，但是突然却有人挟着数 10 亿美元，在短短几个星期中摧毁了我们的成果。"马哈蒂尔在亚洲金融危机中大骂索罗斯，每骂一次马来西亚林吉特就贬值一次，骂

了六七次后，再也不骂了，因为不解决问题，反而越骂越跌。马哈蒂尔的做法实际上是在为本国经济问题找“替罪羊”，找货币贬值的“替罪羊”。索罗斯的量子基金只有在墨西哥、马来西亚等这样的国家才有机可乘。英国人巴克曼在其著作《亚洲之蚀》中写到：“经济危机给亚洲上了宝贵的一课。”的确，我们应该从亚洲金融危机中吸取经验教训。1997 年以前，东南亚各国为吸引外资，先后实现了本币在资本项目下的自由兑换，并且监管体系的建设没有跟上。最可笑的是：国际投机资金疯狂抛售的泰铢竟是从泰国借来的，第一批共 150 亿铢，等泰铢暴跌后，索罗斯的量子基金再低价买回泰铢，还给泰国，从中赚取差价。美国经济学家保罗·克鲁格曼认为，亚洲一些国家之所以发生金融危机，主要教训是因为没有像我国那样实行严格的资本管制。

当然，随着我国金融体制乃至整个经济体制改革开放的深入，最终我国是要开放资本项目的。届时，外部金融冲击在某些时候有可能成为我国金融业的主要风险源，但是，从根本上讲，我国金融业内部的问题才是真正的金融风险源，这是符合辩证法思想的。

（二）体制因素：主要风险源

在过去动荡的 20 多年中，我国金融运行总体是健康的，没有发生大的金融危机，特别是成功地回避了亚洲金融危机，但是，这并不表明我国金融体系是安全的。事实上，我国金融体系的稳定性并不比其他国家好。我国银行体系不良贷款率 2003 年高达 24.13%，远甚于爆发金融危机时的东南亚国家，这其中的 30%为彻底不能收回的坏账，其损失达 2000 多亿元，应该说我国银行体系已积聚了相当严重的潜在风险因素。那么，是什么因素造成潜在风险的生成呢？我的答案是：长期以来计划经济造成的体制因素，在市场经济条件下尚未完全消除，造就了我国金融系统潜在风险生生不息的生成机制。

1. 产权缺陷。从产权结构来看，国有独资商业银行惟一的所有者是国家,中国工商银行、中国农业银行、中国银行、中国建设银行都是国有独资商业银行。金融机构追求何种目标,取决于其产权所有者。100%产权归国家所有,国有独资银行经营的目标模式由国家来定并服务于国家利益也就顺理成章。从国有银行产权的不可分性角度,也能推断出在国有独资条件下,国有商业银行必然要被国家(政府)所干预。国有商业银行的产权属于全民,但却不能分解、量化到每一个人,没有哪一个自然人或法人能够合法占有国有商业银行的剩余财产和控制权。国有产权缺乏一个具体的人格化的代表,这就必然造成所有者代理人多元化。国家在取得国有商业银行财产的代理权后,要向各级政府、各部门分配部分控制权,这就给各级政府、各级部门干预商业银行提供了理论依据❶。国家或政府的目标是多元化的,这又必然造成这样一种局面:国有银行除追求利润最大化外,还担负着许多非商业性质、准商业性质的稳定社会等方面的职能。

我国国有企业效益普遍较差。据对全国与工商银行有稳定信贷关系的近90000家工业企业的调查:截至1995年末,国有企业35567户,亏损面为36.5%,资产负债率67.1%,流动比率99%,户均盈利1.4万元,资本金平均为299万元;"三资"企业1400户,亏损面为27.4%,资产负债率60.2%,流动比率114%,户均盈利243万元,资本金平均为3772万元;股份制企业460户,亏损面14.6%,资产负债率54.1%,流动比率126%,户均盈利4565万元,资本金平均为4482万元。经济效益排序依次为:股份制企业、"三资"企业,国有企业情况最差❷。"国企本是公家马,公家马私人骑,1年变头驴,3年剩张皮,你急他不急!"——这是职工为某些陷

❶ 殷树荣、李新颜:"浅析产权与国有商业银行金融风险",《金融理论与实践》,2002年12月。

❷ 王松奇编著:《金融学》,北京,中国金融出版社,2000年1月第1版,第575页。

入困境的国企所开的“诊断书”[1]。

在传统计划经济体制下，货币资源的集中和分配以财政为主导，银行只处于配角地位。在对货币资金分配中，银行在更多地只是负担超定额流动资金部分，而数额巨大的固定资金、定额流动资金则主要由财政供应。国有银行在货币资金分配中占比例较小的这一现实说明，传统体制下国有企业效益差所形成的投资风险实际上是一种财政风险，而不可能形成银行系统风险。在向社会主义市场经济体制的过渡中，国有企业尽管还同财政保持一定的关系，但它们同银行特别是国有商业银行的关系更加密切了。在全社会资金分配中，银行成为主要角色，财政已退居次要地位。

国有银行和国有企业这一“连带”关系，使得国有银行对国有企业经营不善形成金融风险无法规避。许多在改革前即已存在的国有企业，其负债比率(主要是对国家银行负债)已经达到80%以上，而在20世纪80年代以来新建的国有企业，其自筹配套资金按要求达到总投资的30%，其余资金由各家银行用贷款方式解决，但实际上，真正在建立之初就筹足30%自有资金的国有企业为数极少，绝大多数企业都存在着计划体制下就已存在的“钓鱼行为”，即用项目来套取国家银行的信贷资金。如果说，传统计划经济体制下的国有企业主要是依靠国家财政资金支持其发展的，那么，在改革开放27年后的今天，大多数国有企业则是靠国有银行信贷资金来维持的。今天，国有企业已经逐步地被推向市场，在股份制改造等方面比国有银行先行一步。所以，国有企业在市场经济中一旦经营不善，甚至出现巨额亏损，则银行信贷资金就要遭受损失。在传统计划体制下，并不存在国有企业倒闭的问题，但是，自从

---

[1] 苏萍：“浅议金钱言论”，《中华合作时报》，2000年12月14日。

1986年8月沈阳市防爆机械厂破产后[1],国有企业倒闭、被收购、被兼并已经屡见不鲜,许多倒闭和濒临倒闭的国有企业身背巨额的国有银行债务。

在我国,由于本位主义、地方保护主义的作用,地方政府往往倾向于为当地的国有企业争取国有银行的信贷资金。按照正常的货币供应过程,中央银行将规模切块给各国有商业银行及其他机构,国有商业银行等金融机构再根据资金及客户的效益和额度要求等情况将信贷资金投放出去。国有商业银行理应按照市场经济下银行厂商的一般经营理念和规则,根据有关商业银行法规自主决定贷款对象、信贷规模,并通过这种正常的经营活动追求自身利益,但是,在我国商业银行信贷资金供应过程中,却存在一种"倒逼"机制。即国有企业在地方政府的支持和帮助下,给国有商业银行施加种种压力,迫使其提供信贷资金,国有商业银行的既定贷款额度被强制突破。

由于我国国有银行存在着产权缺陷,使得国有商业银行不可能真正成为自主经营、自负盈亏的市场经济主体。为了拯救国有企业,国有商业银行发放了大量的"有去无回"贷款。许多国有企业负债比率在70%以上,且经营不善,导致国有银行系统存在大量不良资产。同时,由于国有企业占用了银行大量的信贷资金,使得效率相对较高的民营企业和大量的中小企业融资却非常困难。

因此,国有银行难以抗拒的风险源最终形成。

2. 法人治理结构缺陷。国有商业银行等金融机构的产权缺陷必然导致其法人治理结构的问题。由于国有商业银行不具有实际上的法人财产权,国有银行缺乏有效的法人治理结构,内控激励制度存在着很多的缺陷,无法保证银行稳健经营。

---

[1] 现年77岁的石永阶,在20世纪80年代被媒体称作"新中国第一破产厂长",但石永阶认为"思想不能倒闭",为重新创业历经艰辛磨难。

首先，国有银行太大，管理层级过多。规模过大带来的直接后果就是管理成本过高和由此导致的低效率。在组织体系上，国有商业银行采用的是与行政层级对应的总分行体制，总分行体制由以下五级构成：总行，省级分行，市、地区分行，县支行，县辖办事处、分理处及储蓄所。过长的代理链条加上国有商业银行过大的规模使得总行对于下级分支行的控制力很弱。最近披露的中国银行一个县级支行的三任行长在 9 年内利用管理上的漏洞向国外转移了 4.83 亿美元的案例[1]，正是这一问题的突出表现。为了避免总行控制力太弱带来的各种风险，各家银行不得不上收下级分支行的贷款权限。目前，四家国有银行的县级支行主要开展负债业务，而贷款权限很小，这也是导致当前县级企业和农民贷款难的原因之一。

其次，在激励制度和人事安排上，国有银行沿用了很多政府机构的方式从而缺乏效率。银行管理人员的工资标准也是比照公务员的标准制定的。高层管理人员并不直接负责选拔和提升职员，也很难处罚、解聘和替换工作人员。现有的银行薪酬制度是级别定额工资加上与业绩相关度很低的奖金和福利。在委托人规避风险、代理人风险中立的条件下，定额薪酬往往导致严重的激励不足问题；由于职位升迁与银行职员抑制信贷风险的努力也非高度正相关，所以国有商业银行在审查贷款和监控贷款的工作中的努力程度相对有限。国有商业银行也没有足够的动机在风险控制中投入更多的成本，包括发展适宜本机构的风险决策和控制模型。在我国现有信贷机制激励不足的条件下，必然产生“欠款不催”等不正常的现象。

现在，我国国有商业银行实行了贷款责任终身制，信贷决策者和实施人对贷款的安全负有终身责任。该政令旨在抑制“寻租”行

---

[1] 指中国银行开平支行行长许超凡等三任前行长。

为，提高相关人员工作的努力程度，但产生了近于苛求的“刚性”约束。由于不良贷款的产生具有客观因素且信贷人员工资固定，他们不愿承担太大的责任，所以选择避险的“惜贷”策略。如果宏观经济不景气，“惜贷”行为足以造成信贷市场的异常性收缩。贷款交易的内部性问题具有普遍性和周期性，但我国贷款交易中的内部性问题特别突出且有上升的趋势。这主要因为激励约束机制不健全造成道德风险不断上升，成为新增不良资产的主要根源之一。同时，我国商业银行高层管理人员的任命和职位的提升都和行政级别挂钩，这种选拔和考核通常偏离经理市场准则，对正常的选拔和任命机制造成扭曲。这些制度安排造成了国有商业银行看起来更像一个政府机构，而与真正的商业银行相去甚远。

我国国有商业银行在内部控制、内部审计、管理信息系统以及外部审计这些内部治理结构的基础设施上，也与一个规范的银行差距很大。总而言之，国有银行诸多问题的根源，是银行在产权和治理结构上的缺陷。这同时也为我国的银行改革指明了目标。

三、防范和化解金融风险的对策

我国已经加入 WTO，经济全球化程度日益加深，为化解业已存在的风险，并防范金融危机于未然，我国应对四大国有商业银行等一批金融机构进行股份制改造；同时，完善风险监测预警系统；建立存款保险制度；另外，开放资本项目必须采取审慎、渐进的策略。

（一）根本措施：国有商业银行等金融机构股份制改造

对国有商业银行等金融机构进行股份制改造，有利于“两权分离”，明确国家和银行的权利和责任；有利于“政企分开”，银行经营者对全体股东负责，政府基本上不对国有商业银行进行过多的干预（非常时期除外）。使国有商业银行等金融机构真正成为自主经营、自负盈亏的市场经济主体，从而从根本上提高其盈利能力和竞争能力，真正实现防范和化解金融风险的目标。

纵观世界范围内商业银行产生及发展的历史，可以看出，股份制造就了现代商业银行。同时，当前国际金融市场上发挥重要作用的商业银行，也以股份制银行为主。大量的金融实践证明：只有利益主体多元化，国有金融企业才有竞争的动力；只有产权多元化，国有金融企业才能有真正的经营压力。将我国的国有银行与国内的股份制商业银行对比，不难看出其中的巨大差距。我国四大国有独资商业银行的资产利润率近年来平均值为0.26%；10家新兴的股份制商业银行平均资产利润率则为1.70%，是国有商业银行的6.5倍，且呈上升之势。其中深圳发展银行和招商银行分别达到2.90%和2.52%，接近全球最佳银行的资产利润率水平。人均利润方面，股份制商业银行相当于国有银行的31倍。有关专家估计，新兴商业银行的不良资产比例，仅为总资产的2.36%。显而易见，我国股份制银行的金融风险要比四大国有银行等国有金融机构的风险要小得多。

解决国有商业银行资本金不足或提高资本充足率只是国有商业银行股份制改造的浅层次原因，而深层次的原因（或者说是根本原因），则是为了建立现代商业银行制度，其基本要求是：建立明晰的金融产权结构和完善的法人治理结构。众所周知，国有四大商业银行现行的国有独资产权模式，名为独资，实际上所有权由谁代表的问题并没有解决，导致产权关系模糊、资本非人格化以及所有权与经营权难以分离，由此产生的结果是国有独资商业银行责、权、利不清、缺乏有效的自我约束机制、经营效率和效益低下等。在国有独资产权模式下，国有商业银行很难摆脱来自政府部门的干预，再加上债权债务关系不清，作为债权人的国有商业银行与作为债务人的国有企业最终都为国家所有，从而无法形成真正的借贷关系或金融交易关系，导致了国有商业银行大量不良资产的产生。国有商业银行进行股份制改革，就是要建立与现代商业银行制度相适应的金融产权结构，使国有商业银行获得独立的法人产权地位和自主经营权，实现政企分开，彻底摆脱形形色色的政府干预。

国有金融机构股份制改造后，由于产权明晰，有利于形成高效的内部约束机制，形成对经营机构和人员的产权约束，防止“内部人控制”等问题的产生，极大程度上打碎了金融风险赖以滋生的温床。对商业银行来说，法人治理结构是指所有者对银行的控制形式，是一种产权约束制度，表现为决策机构、执行机构和监督机构的总和以及相互之间的关系。决策机构包括股东大会和董事会，其主要职责是制定发展目标和重大战略决策、确定经营方向、审议其他重大事项，以及任命管理层；执行机构是以行长为核心的经营管理层，其主要职责是组织经营活动；监督机构主要是指监事会，其主要职责是监督检查银行的财务会计活动，监督检查管理人员执行职务时是否存在违反法规或公司章程的行为等。三者的分离有利于责权明晰、相互制衡。这和宏观上西方国家的“三权分立”有共同之处。目前我国国有商业银行的法人治理结构也存在着严重的缺陷，与国有商业银行现行的国有独资产权模式相联系，董事会与监事会的设置以及经营管理层的任命基本上都是由政府决定，董事会形同虚设，监事会能否发挥有效作用还有待进一步的观察。这种状况难以形成对经营管理层的有效约束，至于法人治理结构所包括的各个方面相互之间关系的协调就更无从谈起。需要指出的是，即使在组织形式上建立了法人治理结构之后，仍然存在着如何使之充分发挥效能的问题。

现代企业制度的核心是公司法人治理结构，西方发达国家商业银行的法人治理结构采取了两种形式。在英美法系国家的银行股东构成中，机构持股者往往占主导地位，机构投资者一般不直接参与银行的经营管理。在大陆法系国家，大股东直接参与银行的经营管理，持股10%以上的大股东可以在监事会中拥有一个席位，直接行使决策表决权。在我国机构投资者发展还不充分和国有银行资产规模十分庞大的情况下，不具备采取英美法系的公司法人治理结构。而大陆法系的公司法人治理结构则比较符合我国的实际情况和目前《中华人民共和国商业银行法》的有关规定。国有股份的代表由国有资产管理委员会派出，商业银行的监事会应当包括普通员工代表、管理人员代表和小股东代表，以保证各自的利益不受损害。现在必须探索的是国有股份的代表如何产生，怎样从制度上保证其追求国有股份利益的最大化。其中一个可行的措施是对商业银行的国有股东代表实行年薪制，薪水的发放和奖金的激励都由国有资产管理委员会具体实施，防止“内部人控制”现象的出现。

国有商业银行等金融机构股份制改造的同时，国有企业的产权制度改革要继续进行，计划经济时代形成的国家与国有企业的特殊关系要彻底铲除。中共十五届四中全会提出国有企业的改革应从微观层面转向宏观层面的结构调整，在保证国有经济应有控制力的战略性重组中进一步推动国有企业的产权制度改革。只有国有银行等金融机构、国有企业成为真正意义上的市场经济主体，我国防范和化解金融隐患的努力才能达到“治本”的效果。

（二）设置金融风险监测预警指标

我国应建立和完善金融业风险预警系统，适时掌握金融体系脆弱性的积累程度，预测金融危机爆发的可能性，为防止或化解金融风险提供科学依据。

近年来各国频繁发生的金融危机，使人们越来越重视对金融危机预警指标体系的研究。1994 年墨西哥金融危机之后，IMF 经济学家戈尔茨坦提出了 7 项危机预警指标：短期债务与外汇储备比例失调、巨额经常醒目逆差、资本流入中短期资本比例偏高、汇率高估、货币供应量迅速增加、预算赤字大以及消费比例大；美国经济学家柏格斯坦通过对世界 200 个相关金融案例进行分析，提出六项金融危机的预警指标：实际汇率、贸易形势、资产价格、实际GDP增长态势、货币发行量增长情况、实际利率；Kaminsky、Lizondo、Reinhart等人提出了一种更加系统的货币危机预测信号分析法，该分析法首先需要通过分析货币危机发生的原因，来确定哪些变量可用于危机预测，在此基础上再运用历史数据进行统计分析，确定哪些变量与货币危机有显著关联，以此作为货币危机的先行指标，并计算出该指标对危机进行预测的“阀值”。

建立我国金融风险监测预警指标体系应该满足以下要求：(1)参照《巴塞尔协议》规定的银行最低限度资本要求以及《有效银行监管的核心原则》规定的全方位、多角度系统监管要求，同时借鉴发达国家的金融机构运营状况预警制度，如美国的CAEL排序系统和CAME1评级系统，建立一套符合国际惯例的指标体系；(2)我国金融业发展现状以及金融风险生成的特殊性决定了指标体系的设计不能完全采取“拿来主义”，应针对我国具体国情，建立一套科学、灵活、适用的指标体系。指标体系在指标的具体选取方面，我们注意把握锚定的原则：①代表性原则，选取的指标具有足够的代表性和健全反映的功能，对指标综合处理的结果能够客观评价金融风险状况；②可测性原则，指标必须是可以测算的量化指标，而且这些指标的初始数据容易取得，但为了使指标体系能够全面反映影响金融风险的各个方面，在量化指标的基础上，补充个别重要定性指标；③灵敏度原则，选择的指标应具有较高的灵敏性，指标的细微变化能够直接映射区内金融风险状况的变化，过于稳定的指标不宜选入；④可控性原则，针对指标量化分析反映的结果，金融监管当局可以通过管理工具或技术手段进行调控，否则决策者不知该用何种管理工具去调节，指标失去了存在的价值。

由于我国金融体系的风险更多地表现为体制性与政策性风险，这对宏观经济状况的影响较大，因此，选取预警体系指标首先要考虑到宏观经济变量的波动。宏观经济状况较好时，金融体系的风险就较低，反之风险就会上升。宏观经济方面可供选择的指标有：经济增长率、物价水平、总体消费水平、总体投资水平、货币供应量增长率、财政收支状况、外汇储备状况等。我国银行业的经营状况与企业（特别是国有企业）的经营状况高度相关，企业的盈利状况好，银行的风险就较低，盈利状况差，银行的风险就较高。因此，对于可以反映企业经营状况的指标也应予以重点关注，如企业的利润率、资产负债率、资金周转率等。银行本身的经营指标是其脆弱性最直接的反映，这一指标可分为单个银行指标和银行体系指标两类。前者包括利润率、资本充足率、流动资产比例、资本资产比率、不良贷款比例、抵押贷款比例、居民存款比例等；后者包括银行业贷款总额占 GDP 的比重、银行业总体不良贷款的比例、银行业风险贷款的比例、银行业总体资本金比例等。在预警系统中，必须确定各个指标在模型中所占的权重，以及各自的临界值标准，并需对结果进行统计计量上的检验。惟有如此，才能对我国金融脆弱的程度及金融危机发生的可能性进行预测。同时，金融监管当局需要充分掌握有关银行、保险、证券、信托等状况的信息，以便采取适当的措施。非商业秘密性的信息也应该向公众公示，以提高市场约束的力量。

根据我国实际，借鉴国际经验，除了上述各种非系统性金融风险和系统性金融风险的监测指标以外，还应增加如下预警指标：(1)固定资产投资率，即固定资产投资额/GNP×100%，警戒线可设为 30%；(2)GNP 平减指数，即按当年价格计算的 GNP/按固定价格计算的 GNP×100%，警戒线可设为 5%；(3)公共债务率，即预算赤字/GNP×100%，警戒线可设为 4%；(4)货币供应量合理性指标，即货币供应量(M_1)增长率减去经济增长率，再减去预期物价上涨率，应控制在正负 5%的幅度内，否则，预示着风险程度达到警戒水平；(5)偿债率，即外债还本付息额/商品劳务出口收入×100%，警戒线可设为 30%；(6)债务率，即外债余额/商品劳务出口收入×100%,警戒线可设为100%;(7)债务期限结构,即短期外债/外债总额×100%,警戒线可设为25%。

针对我国具体国情,对我国金融机构的资产质量给予特别的关注是非常必要的。因此,建议设立如下的指标:(1)呆滞贷款比率,即呆滞贷款余额占贷款总余额的比重,该指标应不高于5%,将这一数据作为"基本安全"的上限;(2)呆账贷款比率:即呆账贷款余额占贷款总余额的比重,警戒线可设为2%;(3)逾期贷款比率,即逾期贷款余额占各项贷款总额的比重,警戒线可设为7%;(4)对单一借款人贷款比率,即同一借款人贷款余额占各项贷款总余额的比重,警戒线可设为15%;(5)对最大10家客户贷款比重,即最大10家客户贷款余额占贷款总余额的比重,警戒线可设为35%。

金融风险监测系统可分为纵向和横向两个系统。纵向系统可按中央银行总行(或中国银行业监督管理委员会)、分行、中心支行、支行或各商业银行总行、分行、支行来完善。其风险信息的传递一般是自上而下或自下而上;横向系统是在中央、省、地(市)、县四级分别建立以中国人民银行(或中国银行业监督管理委员会)为领导、包含同级的各商业银行和非银行金融机构在内的金融风险信息跟踪监测中心,各商业银行应将有关的风险信息及时地传递给同级的中国人民银行,中国人民银行应迅速作出风险评估报告,并及时向各商业银行分支机构发出风险预警信号,以便于其采取有效措施,控制和防范金融风险。为了形成高效的金融风险监测系统,应强化中央银行(或中国银行业监督管理委员会)的金融监管。中央银行(或中国银行业监督管理委员会)的金融监管要变事后检查为事前预警监督,变合规性监管为审慎性监管,逐步建立和完善金融市场准入制度、金融风险报告制度、金融机构的经营状况公示制度以及资本充足条件审查、清偿能力管制、贷款集中程度限制等一系列金融监管制度,扩大金融监管范围,完善金融监管手段，提高金融监管的效率和质量。同时，应强化社会监督，由独立的会计师事务所、律师事务所和资信评估事务所按照国际通用的审计准则，对各金融机构财务报告的真实性进行审计，并提出独立的审计报告，然后通过传媒定期地向社会公示各金融机构的财务状况、风险程度和经营绩效，以提高金融活动的透明度。

（三）建立存款保险制度

实行存款保险制度是市场经济国家的惯常做法。为了防范和化解金融危机，我国也应该建立存款保险制度。存款保险制度是指依法对面临支付危机或破产银行的存款人给予一定支付保障的制度。建立存款保险制度，对于我国的金融安全具有重要作用。

存款保险制度可以在一定程度上防止市场化改革后的银行业危机。当前，金融业市场化改革已是大势所趋，同时，市场化进程的推进必然导致我国金融市场竞争因素的增加。这种竞争既能提高银行效率，也可催生金融风险与金融恐慌，进而使银行业出现挤兑风险的可能性增大。存款保险制度的建立，可以通过办理存款保险业务检查银行的经营活动，对问题银行提出警告，加收保险费等，促进银行进行整改以加强事前的危机防范。并且，可以在银行破产倒闭时充当事后救助手段，有效地防止对其他良好银行的挤兑所引发的“连带”银行业危机。存款保险制度有效保护了小额存款人的利益。小额存款对众多低收入的存款人保障基本生活、应付不测之需至关重要。这些小额存款人限于财力、信息、知识，难以对银行资产质量和财务状况作出正确评价，因而，让他们承担银行破产倒闭的损失有失公平，而且也不利于社会稳定。存款保险制度至少保护了众多小额存款人的利益，免除了他们监督和评估银行状况的困难。存款保险制度的建立，促进了各银行间的公平竞争。经济学基本知识告诉我们，垄断带来的效果必然是低效率。因此，提高金融市场效率和金融服务质量，必须减少市场的垄断因素。目前，我国不少存款人更加信任四大国有银行并向其转移存款。存款保险制度将有助于改变这种现状,提高其他银行与四大国有银行竞争的公平性,使我国人民能以更小的成本获得更优质的金融服务。

我国缺乏完善的银行产权法、最后贷款人规则等必要的金融法规,致使我国银行长期普遍存在大量不良资产、盈利能力低下。一些不法分子更是利用权力侵吞银行财产。没有其他金融法制配套的存款保险制度,只是将被保险银行维护存款人信心的责任转嫁给了存款保险机构,使一部分银行在从事高回报的高风险投资时,不必担心失去存款来源。一旦投资盈利则本部门受益,亏损了则大部分损失由存款保险机构承担。风险与收益的不对称,使国家不得不承担弥补存款保险基金缺口的重负。因此,实行存款保险制度的同时,配套的法制建设必须跟进。

存款保险机构只有及时获得关于被保险银行完整准确的信息,才能制定和实施合理的政策和措施。这意味着存款保险机构必须拥有必要的银行监管权限。目前,我国对单个银行的微观监管主要由中国银行业监督管理委员会负责。我国的存款保险机构完全可以附设于银监会,由此可以便捷、低成本地获取监管信息。美、英等国也是将存款保险机构和银行监管机构合二为一地设置,并独立于中央银行之外。存款保险基金应由参保银行共同出资。另外,在必要时,政府可以适当地给予财政注资。可以考虑成立存款保险公司,接受各金融机构的存款保险业务。应根据投保人的资本充足率、资产流动性等指标来确定不同的存款保险费率标准,通过存款保险基金来抵御金融业面临的风险。同时,基于防范、化解金融危机和保障弱势群体的动因,可以对小额存款人利益的给予特别关照,给予政策上的倾斜。财政对新设存款保险公司注资在理论上是合理的,因为宏观调控职能是财政的重要职能之一,使国民经济平稳运行是国家财政义不容辞的责任。存款保险制度对于经济社会的稳定意义重大。另外,分配职能是财政最为基本的职能，国家财政可以利用存款保险制度，影响社会再分配。如前所述，存款保险制度的建立对于维护小额存款人利益的作用重大。所以，国家财政可通过存款保险制度的设立，部分地实现其收入分配的职能。除了借鉴英美模式，在银监会下建立国家存款保险基金外，我国还可以参照德国模式，鼓励银行业协会建立类似于德国商业银行创办的民间性质的自愿性存款保险基金，对国家存款保险基金保障范围以外的存款给予保护。该自愿性基金的保障范围、限额等应由银行业协会根据本行业的具体情况自主确定。这种"双轨制"做法不仅可以减轻国家存款保险基金的压力，而且可以进一步促进我国金融安全网的稳定。

（四）审慎、渐进地开放资本项目

当前，我国的经常项目已经开放，从国际趋势看，我国未来开放资本项目似乎也可以下定论，争议只在于什么时候开放、开放的方式等问题上。资本项目开放后，我国金融业必然要应对更强烈的国际金融冲击。虽然如前所述，外部金融冲击并非我国金融业的主要风险源，但它毕竟是我国重要的金融风险源之一，而且在资本项目开放后，它的作用还会增强，因此，必须重视这一课题的研究。

在开放资本项目之前，首先要做好以下准备：(1)通过降低财政赤字使国家保持较为雄厚的财政实力，以便在最终支付发生时不致捉襟见肘。(2)贸易体制的改革和利率的自由化。管制型的僵化利率体制容易使国际资本的流出流入与国内的产业领域需求脱节。政府如果将官定利率定得过高，会导致不正常国际套利游资的涌入；如果官定利率偏低，又会出现资本外逃现象。因而有必要建立一个市场资金供求决定的利率机制。(3)汇率制度的改革。汇率自由浮动是资本项目开放的必要条件之一。如果在固定利率或联系汇率制下开放资本项目，国际资本的大量流出流入就会形成巨大的金融冲击力，在本币和外币供求关系严重失衡的情况下，一国政府勉强维持汇率的稳定性必然酿成国家支付风险或国际支付危机。金融危机后，泰国和巴西等国不得不放弃汇率管制的事实，验证了汇率制度改革对资本项目放开后的必要性。这些国家的汇率管制放开，其实质是一种被迫无奈的适应性调整行为。

2001 年 9 月，国际金融"炒家"索罗斯在接受记者采访时说："我当然不是鳄鱼……现在，在资本市场转移资本，政府是没法收税的。也就是说，转移实物有税收，但资本转移很快，现在却没有收税……"[1]索罗斯的话和拉美等地区的金融危机一再警示我们，在如何开放资本项目这个问题上，我国应该格外审慎。

资本项目的开放进程必须与本国经济发展阶段相适应，而且在开放的速度上不能急于求成。开放资本项目的速度当然没有一成不变的模式和标准，各国应具体情况具体分析，但是，一般说来，发展中国家宜循序渐进，并要不断总结经验。智利的资本项目开放被认为是比较成功的。许多研究表明，智利的成功与它采取的循序渐进战略息息相关。事实上，一些发达国家和中等发达国家，不仅开放资本项目的时间很晚，而且在开放时也采取了极为稳妥的方式。例如，西班牙、葡萄牙和爱尔兰直到 20 世纪 90 年代初还对资本流动实施一定的管制，以应付频繁的汇率波动。当汇率稳定基本实现后，资本管制措施才被取消。

我国应确定开放的先后顺序，尽可能做到"先易后难"。IMF 推荐的一般化原则是：先放开对外国直接投资的限制，再放松对外国间接投资的管制；先放开资本流入，后放开资本流出；先开放股票市场和债券市场，后开放金融衍生产品市场；先资本市场，后货币市场。拉美国家的正反两方面的经验表明，IMF 的这一原则基本上是可行的。智利按照这一"先易后难"的原则，而墨西哥等国则似乎没有做到这一点。许多研究表明，1994 年墨西哥金融危机

[1] 摘自《北京青年报》，2001 年 9 月 19 日。

的爆发与资本项目开放中的无序有一定的关系。

开放资本项目后，国际资金流动频繁。它对国民经济的影响之一就是汇率水平发生大幅度的波动。此外，大量外资的流入使本国货币升值，进而增加了扩大出口的难度，经常项目平衡面临巨大的压力。因此，在开放资本项目时，除了努力扩大出口贸易以外，还应该使汇率制度具有较强的灵活性。墨西哥、巴西和阿根廷等拉美国家曾把固定汇率或盯住汇率作为控制通货膨胀压力的工具，从而使汇率缺乏必要的弹性。面对资本项目开放后大量外资的流入，汇率无法发挥其应有的作用。必须保持充足的国际储备。开放资本项目之前，保持充足的国际储备，不仅有利于减少资本项目开放带来的副作用，而且还能缓解国际收支的周期性影响带来的冲击，维系国际投资者对国内经济政策和汇率政策的信心。拉美国家遇到的几次危机，都与国际储备入不敷出有一定的关系。事实上，在金融全球化时代，对于发展中国家来说，究竟需要多少国际储备，不能仅仅着眼于满足几个月的进口需求。在必要时应该实施资本管制措施。资本项目开放为短期外资的流入提供了便利，因此，在一定时期内实施资本管制是抵御金融风险的有效手段。除智利以外，哥伦比亚和巴西等国也曾实施过资本管制，从而减轻了投机性强的国际游资对本国经济的冲击。越来越多的研究表明，“北方利率”每增长1%，南方国家爆发银行危机或债务危机的可能性就增长3%。这是因为，国际资本的流动与“北方利率”的升降密切相关。“北方利率”下降时，国际资本就流入南方国家，而“北方利率”一旦上升，这些游资就立即离开，从而使南方国家处于非常被动的地步。可见，为了避免这种国际资本大进大出，适当的资本管制措施无疑是必要的。审慎运用“冲销”政策。“冲销”是指中央银行进行数量相等而方向相反的国外和国内资产的交易，以抵消外汇交易对国内货币供给的影响。就广义而言，“冲销”措施包括开放市场、限制信贷增长、提高银行的法定存款准备金比率、公开市场业务和限制再贴现，等等。智利的经验表明，如要实现既能吸引外资，又能维系稳定的汇率政策和货币政策，同时也能提高国民储蓄这样一个多重目标，需要对外资进行高度的“冲销”干预，并调节短期资本的流入。“冲销”可以被视为抵御资本大量流入的第一道防线。这一措施不仅可以在较快的时间内实施，而且还能在“冲销”国际储备的同时防止经常项目赤字的扩大。“冲销”使政府赢得了制定其他政策的时间，但它的代价也是高昂的。在许多拉美国家，在资本项目开放度较高的情况下，“冲销”措施的成效不太明显。此外，它还能扩大中央银行的准财政赤字。而“冲销”所包含的储备金要求的提高以及对银行信贷的限制，则会加重金融中介的成本，助长非正规金融活动的发展。必须强化本国金融体系的竞争力。拉美国家的经验表明，不成熟的资本项目开放可能会导致危机或其他一些灾难性的后果。

资本项目开放使国内金融市场与国外金融市场的联系更加密切，因此国际金融市场上的各种波动和冲击会迅速传播到国内。减少由此带来的负面影响的必要条件之一就是强化国内金融体系。在这一方面，强化银行体系的稳健度尤为重要。资本项目开放后，外资流入量增加。除非外资被用来弥补经常项目赤字或被央行“冲销”，否则，大量外资的流入必然会扩大银行的可贷资金量。在这种情况下，如果政府的监管不力，银行可能会从事高风险的放贷业务，从而增加银行体系的脆弱性。在我国资本项目开放后，要采取一些防止资本外逃的措施。早在20世纪80年代的债务危机和经济危机期间，拉美就有大量资本转移到国外。在一些国家，外逃的资本比债务额还多。由于大部分资金流向美国佛罗里达州的迈阿密，因此这个城市一直被誉为“拉美人的银行”。20世纪90年代以来，虽然拉美经济形势大大好转，但资本外逃的情况不仅没有缓解，反而因资本项目开放而有增无减。据报道，在1994年12月墨西哥政府正式宣布比索贬值前后，许多墨西哥人利用资本项目开放带来的各种机会,将大量资本转移到国外。因此,许多分析人士指出,如果墨西哥人没有从事资本外逃活动,墨西哥金融危机或许不会如此严重。

以上是关于我国应对金融风险对策的探讨,除了以上主要四个方面外,我国还必须采取其他相关的配套措施。例如,应该建立和完善金融危机应急处理机制、加强相关监管部门之间的信息共享等。有些金融危机或金融危机中的某些因素是很难预测的,很少有人预见到 1929 年的金融危机和 1997～1998 年的亚洲金融危机(保罗·克鲁格曼等极少数人预测到了),没有人真正预测到 2000 年阿根廷危机、2001～2002 年土耳其危机以及 2002 年的巴西危机。所以,我国建立风险预警系统的同时,也要做第二手准备:建立和完善金融危机应急处理机制。惟有如此,方保万无一失。

参考文献

一、中文版

1 吴敬琏．比较(第13辑)．北京:中信出版社,2004
2 王松奇．金融学(第2版)．北京:中国金融出版社,2000
3 李扬,王国刚,何德旭．中国金融理论前沿Ⅲ．北京:社会科学文献出版社,2003
4 刘溶沧,赵志耘．中国财政理论前沿Ⅱ．北京:社会科学文献出版社,2001
5 刘溶沧,赵志耘．中国财政理论前沿Ⅲ．北京:社会科学文献出版社,2003
6 刘永佶．中国经济矛盾论．北京:中国经济出版社,2004
7 李扬．中国金融发展报告(No.1, 2004)．北京:社会科学出版社,2004
8 陈孟熙．经济学说史教程．北京:中国人民大学出版社,1992
9 赵志超．毛泽东一家人．北京:中央文献出版社,2000
10 郭庆旺,赵志耘．财政理论与政策(第2版)．北京:经济科学出版社,2003
11 伍瑞凡．金融学．北京:科学出版社,2003
12 周正庆．证券知识读本．北京:中国金融出版社,1998
13 王东京．中国经济观察(2004年卷第1、2辑)．北京:中共中央党校出版社,2004
14 张建华．入世后再论中国面临的紧要问题．北京:经济日报出版社,2001
15 司马迁．史记．兰州:甘肃民族出版社,1997
16 张志雄．放量:中国股市事变亲历记．海南:海南出版社,2001
17 史源．商经．北京:金城出版社,2001
18 江时学．金融全球化与发展中国家的经济安全．北京:社会科学文献出版社,2004

19 孟建华．金融白话．福州:福建人民出版社,2004
20 蔡浩仪．抉择:金融混业经营与监管．昆明:云南人民出版社,2002
21 高鸿业．西方经济学(第2版)．北京:中国人民大学出版社,2000
22 俞乔,邢晓林,曲和磊．商业银行管理学．上海:上海人民出版社,1998
23 叶辅靖．全能银行比较研究．北京:中国金融出版社,2001
24 夏斌．金融控股公司研究．北京:中国金融出版社,2001
25 吴一夫．黑脑花:中国智能经济犯罪案例．北京:中国言实出版社,1999
26 金明善．经济学家茶座．济南:山东人民出版社,2004
27 黄达．货币银行学．成都:四川人民出版社,1992
28 黄达．宏观调控与货币供给．北京:中国人民大学出版社,1997
29 刘鸿濡．金融调控论．北京:中国金融出版社,1991
30 曹龙骐．金融学．北京:高等教育出版社,2003
31 彭刚,黄卫平,郭郁彬．中国经济发展理论与实践研究．北京:中国人民大学出版社,2004
32 陈彪如,冯文伟．经济全球化与中国金融开放．上海:上海人民出版社,2002
33 吴国平．21世纪拉美经济发展大趋势．北京:世界知识出版社,2002
34 余永定,李向阳．经济全球化与世界经济发展趋势．北京:社会科学文献出版社,2002
35 王云斌．网络犯罪．北京:经济管理出版社,2002
36 秦国楼．现代金融中介论．北京:中国金融出版社,2002

二、中译版

1 富兰克林·艾伦,道格拉斯·盖尔．比较金融系统．北京:中国人民大学出版社,2002
2 弗雷德里克·S. 米什金．货币金融学．北京:中国人民大学出版社,1998
3 弗里德曼．弗里德曼文萃．北京:北京经济学院出版社,1991
4 弗里德曼．货币分析的理论架构．台北:黎明文化事业公司,1974
5 凯恩斯．就业、利息和货币通论．北京:商务印书馆,1963

6 莱·威·钱得勒,斯·姆·哥尔特菲尔特.货币银行学.北京:中国财政经济出版社,1980

7 约翰·C. 格利,爱德华·S. 肖.金融理论中的货币.上海:上海人民出版社,1988

8 劳伦斯·S. 里特,威廉·L. 西尔伯:《货币、银行和金融市场原理》,上海:上海翻译出版公司,1990

9 罗纳德·I. 麦金农.经济发展中的货币与资本.上海:上海人民出版社,1988

10 雷蒙德·W. 戈德史密斯.金融结构与金融发展.上海:上海人民出版社,1995

11 杰弗里·萨克斯,费利普·拉雷恩.全球视角的宏观经济学.上海:上海人民出版社,1997

12 多恩布什,赫尔默斯.如何开放经济.北京:经济科学出版社,1999

13 泰德·克罗福德.金钱传.珠海:珠海出版社,1997

14 菲利普·莫利纽克斯,尼达尔·沙姆洛克.金融创新.北京:中国人民大学出版社,2003

15 斯蒂格利茨.经济学(第 2 版).北京:中国人民大学出版社,2000

16 兹维·博迪,罗伯特·C. 莫顿.金融学.北京:中国人民大学出版社,2000

三、英文版

1 Lydall. *A Crilique of Orthodox Economics*. London, Macmillan Press, 1998

2 Mankiw. *Preciples of Economics*. New York, Dryden Press, 1998

3 Barro. *Macroeconomics*. 5th., Ed.. MIT Press, 1998

4 Dominick Salvatore. 5th., Ed.. Prentice-Hall International, Inc

5 Thomas Skidmore & Peter Smith. *Modern Latin America*. Oxford, 1997

6 OECD. *Economics Survey*. Mexico, 1992

7 Kavaljit Singh, *A Citizen's Guide to the Globalization of Finance*. Madhyam Books, 1998

8 World Bank. *World Development Report*, 2000

9 UNCTAD. *World Investment Report*, 2002

10 Riordan Roett . *The Mexican Peso Crisis*. International Perspectives, L . Rienner, 1996

致　谢

2001年10月27日18时35分，被癌魔折磨了9个月零10天的母亲，永远离开了我们。我如梦方醒：靠拼命赚钱以拯救母亲生命的想法，是何等的幼稚。母亲身上凝聚了东方传统女性的朴实、勤俭、忠诚、慈爱与自尊；她是世界上最善良的人，她的善举感人肺腑，在家乡有口皆碑；她虽然连自己的名字也不会书写，但是，她对爱的领悟、对人生的感悟却是最为透彻的。我曾对亲人说："妈妈走了，我要用3～5年的时间为她写一本传记，就写那些再平常不过的山坡坡上的事，保证所有的读者都要为之流泪，读后都倍加珍爱父母之爱。"二姐劝道："那样你会写白头发的，不如好好教学，写写财经论著，难受之时，就给爸爸写封信。"就这样，我带着盛有母亲亲手采摘茶叶的水杯，走上了大学讲台。也是从那时开始，我退出了喧嚣的证券市场，与笔墨为伍。这些年来，年逾古稀的父亲一直对我的创作予以鼎力支持，母亲也几度于冥冥之中给我以力量。父母淳朴善良的期盼，永远召唤我努力向前。

因此，我要首先感谢父母，没有他们，我不可能取得这点小小的成绩，不可能懂得人间最美是真情，更不可能拥有生命的灵魂。

几度寒来，几回暑往，《金融理论与实务研究》终于可以画上句号了。在她艰难的出炉过程中，我得到了来自多方面直接或间接的激励、帮助与指导。

第一位要感谢的金融学专家是中央财经大学金融学院的吴慎之教授，感谢他曾经给予的无私、热忱、悉心的指导。吴老师是一位治学严谨的学者，又是一位充满慈爱之心的长者，他使我同时领略了学问和人格的高度。十余年来，中央财经大学党委书记、博士生导师李保仁教授想中财人所想，急中财人所急，给学生以刻骨铭心的爱，他是我们中财人心中永远的“保书记”。从“保书记”身上，许多人读懂了师者、长者的胸襟与风范。感谢马海涛、刘桓、刘玉平、金哲松、贺强、史建平等数十位经济学专家，他们不断地用自己的辛勤劳动哺育着中财学子。即使我们走上了工作岗位，许多老师仍在一如既往地激励我们，而恩师们的所得，惟有其脸上那一道道新添的岁月沧桑。感谢北京石油化工学院党委书记牛继升教授，他时时关注我校师生的学习与工作，只要石化学院的师生有困难，他在知悉后都会不遗余力地予以帮助。中国社会科学院研究生院岳福斌教授和高培勇教授、中国人民大学财政金融学院钱晟教授和朱青教授都曾给我以指点或帮助，在此一并表示衷心的感谢。感谢石化学院经济管理学院景永平、王伯安、陈彦玲教授、石化学院党委宣传部徐礼德研究员、人文社科学院刘超杰、刘希明、高秀云、陈宝生、赵树海、陈运辉、张建贤、邢林和、李明伟、邓俊英、牛敬党、王喜云等众位老师，感谢他们这两年来对我的关怀与帮助。在我创作最艰难的时刻，池启演堂兄和李翔嫂子伸出了温暖的援助之手，我将终生难忘。祝福林祥台、黄茂萌、陈传勇、付德生等诸位朋友，15 年来，彼此天各一方，远隔万水千山，但我心深处，他们永远是我此生最质朴、真诚的挚友。最后，感谢池水莲大姐、池珠莲二姐、池启兰、池启祯、池启参哥哥，因为有了他们，我才走出了八闽山峦，因为有了他们，我才拥有更多的快乐与幸福。他们始终与我骨肉相连、共品苦乐年华，并仍将与我携手同行，无论“贵贱”，无关变迁，永不相弃。

今后，我依然用心去教学，潜心研究经济问题，以回报社会给予我的一切。虽然本人水平有限，《金融理论与实务研究》存在许多不尽如人意的地方，但我坚信：今天的结束只是明天的开端！

池启水

2005 年 10 月